LÉON BLOY

LE
DÉSESPÉRÉ

> Lacrymabiliter !
> *Office des morts des Chartreux.*

DEUXIÈME MILLE

PARIS
NOUVELLE LIBRAIRIE A. SOIRAT
RUE MONTMARTRE, 146
1887

DU MÊME AUTEUR

LE RÉVÉLATEUR DU GLOBE. — *Christophe Colomb et sa Béatification future.* Préface de J. Barbey d'Aurevilly, 1 vol. in-8°, A. Sauton, éditeur, Paris, 1884.

PROPOS D'UN ENTREPRENEUR DE DÉMOLITIONS, 1 vol. in-18, Paris, Tresse et Stock, éditeurs, 1886.

LE PAL, pamphlet hebdomadaire, chez l'auteur, 1885, Paris, 136, rue Montmartre (les 4 numéros parus).

LE DÉSESPÉRÉ

PARIS. — IMP. LÉON BLOY, 7, RUE JEANNE.

LÉON BLOY

LE
DÉSESPÉRÉ

Lacrymabiliter!
Office des morts des Chartreux.

PARIS
NOUVELLE LIBRAIRIE A. SOIRAT
146, RUE MONTMARTRE, 146
MDCCCLXXXVI

A mon frère d'élection

Louis Montchal

d'un homme à un homme

L. B.

LE DÉSESPÉRÉ

I

« Quand vous recevrez cette lettre, mon cher ami, j'aurai achevé de tuer mon père. Le pauvre homme agonise et mourra, dit-on, avant le jour.

« Il est deux heures du matin. Je suis seul dans une chambre voisine, la vieille femme qui le garde m'ayant fait entendre qu'il valait mieux que les yeux du moribond ne me rencontrassent pas et qu'on m'avertirait *quand il en serait temps*.

« Je ne sens actuellement aucune douleur ni aucune impression morale nettement distincte d'une confuse mélancolie, d'une indécise peur de ce qui va venir. J'ai déjà vu mourir et je sais que, demain, ce sera terrible. Mais, en ce moment, rien; les vagues de mon cœur sont immobiles. J'ai l'anesthésie d'un assommé. Impossible de prier, impossible de pleurer, impossible de lire. Je vous écris donc, puisqu'une âme livrée à son propre néant n'a d'autre ressource que l'imbécile gymnastique littéraire de le formuler.

« Je suis parricide, pourtant, telle est l'unique vision de mon esprit! J'entends d'ici l'intolérable hoquet de cette agonie qui est véritablement mon œuvre, — œuvre de damné qui s'est imposée à moi avec le despotisme du destin!

« Ah! le couteau eût mieux valu, sans doute, le rudimentaire couteau du chourineur filial! La mort, du moins, eût été, pour mon père, sans préalables années de tortures, sans le renaissant espoir toujours déçu de mon retour à l'auge à cochons d'une sagesse bourgeoise; je serais fixé sur la nature légalement ignominieuse d'une probable expiation; enfin, je ne resterais pas avec cette hideuse incertitude d'avoir eu raison de passer sur le cœur du malheureux homme, pour me jeter aux réprobations et aux avanies démoniaques de la vie d'artiste.

« Vous m'avez vu, mon cher Alexis, coiffé d'une ordure cylindrique, dénué de vêtements, de souliers, de tout enfin, excepté de l'apéritive espérance. Cependant, vous me supposiez un domicile conjecturable, un semblant de subsides intermittents, une mamelle quelconque aux flancs d'airain de ma chienne de destinée, et vous ne connûtes pas l'irréprochable perfection de ma misère.

« En réalité, je fus un des Dix-Mille retraitants sempiternels de la famine parisienne, — à qui manquera toujours un Xénophon, — qui prélèvent l'impôt de leur fringale sur les déjections de la richesse et qui assaisonnent à la fumée de *marmites* inattingibles et pénombrales, la symbolique croûte de pain récoltée dans un urinoir.

« Tel a été le vestibule de mon existence d'écrivain, — existence à peine changée, d'ailleurs, même aujourd'hui que je suis devenu quasi célèbre. Mon père le savait et en mourait de honte.

« Excellent théologien maçonnique, adorateur de Rousseau et de Benjamin Franklin, toute sa jurisprudence critique était d'arpenter le mérite à la toise du succès. A ce point de vue, Dumas père et Béranger lui paraissaient des abreuvoirs suffisants pour toutes les soifs esthétiques.

« Il me chérissait, cependant, à sa manière. Avant que j'eusse fini de baver dans mes langes, avant même que je vinsse au monde, il avait soigneusement marqué toutes les étapes de ma vie, avec la plus géométrique des sollicitudes. Rien n'avait été oublié, excepté l'éventualité d'une pente littéraire. Quand il devint impossible de nier l'existence du chancroïde, sa confusion fut immense et son désespoir sans bornes. Ne discernant qu'une révolte *impie* dans le simple effet d'une intransgressable loi de nature, mais absolument pénétré de son impuissance, il me donna, néanmoins, une dernière preuve de la plus inéclairable tendresse, en ne me maudissant jamais tout à fait.

« Mon Dieu ! que la vie est une horrible dégoûtation ! Et combien il serait facile aux sages de ne jamais faire d'enfants ! Quelle idiote rage de se propager ! Une continence éternelle serait-elle donc plus atroce que cette invasion de supplices qui s'appelle la naissance d'un enfant de pauvre ?

« Déjà, dans toutes les conditions imaginables, un père et un fils sont comme deux âmes muettes qui se regardent de l'un à l'autre bord de l'abîme du flanc maternel, sans pouvoir presque jamais ni se parler ni s'étreindre, à cause, sans doute, de la pénitentielle immondicité de toute procréation humaine ! Mais, si la misère vient à rouler son torrent d'angoisses dans ce lit profané et que l'anathème effroyable d'une vocation supérieure soit prononcé, comment exprimer l'opaque immensité qui les sépare ?...

« Nous avions depuis longtemps cessé de nous écrire, mon père et moi. Hélas ! nous n'avions rien à nous dire. Il ne croyait pas à mon avenir d'écrivain et je croyais moins encore, s'il eût été possible, à la compétence de son diagnostic. Mépris pour mépris. Enfer et silence des deux côtés.

« Seulement, il se mourait de désespoir et voilà mon parricide ! Dans quelques heures, je me tordrai peut-être les mains en poussant des cris, quand viendra l'énorme peine. Je serai ruisselant de larmes, dévasté par toutes les tempêtes de la pitié, de l'épouvante et du remords. Et cependant, s'il fallait revivre ces dix dernières années, je ne vois pas de quelle autre façon je pourrais m'y prendre. Si ma plume de pamphlétaire catholique avait pu conquérir de grandes sommes, mon père, — le plus désintéressé des pères ! — aurait fait cent lieues pour venir s'asseoir devant moi et me contempler à l'aise dans l'auréole de mon génie. Mais il était de ma destinée d'accomplir moi-même ce voyage et de l'accomplir sans un sou, pour l'abominable contemplation que voici !

« Vous ignorez, ô romancier plein de gloire, cette parfaite malice du sort. La vie a été pour vous plus clémente. Vous reçûtes le don de plaire et la nature même de votre talent, si heureusement pondéré, éloigne jusqu'au soupçon du plus vague rêve de dictature littéraire.

« Vous êtes, sans aucune recherche, ce que je ne pourrais jamais être, un écrivain aimable et fin, et vous ne révolterez jamais personne, — ce que, pour mon malheur, j'ai passé ma vie à faire. Vos livres portés sur le flot des éditions innombrables, vont d'eux-mêmes dans une multitude d'élégantes mains qui les propagent avec amour. Heureux homme qui m'avez autrefois nommé votre frère, je crie donc vers vous dans ma détresse et je vous appelle à mon aide !

« Je suis sans argent pour les funérailles de mon père et vous êtes le seul ami riche que je me connaisse. Gênez-vous un peu, s'il le faut, mais envoyez-moi, dans les vingt-quatre heures, les dix ou quinze louis strictement indispensables pour que la chose soit décente. Je suis isolé dans cette ville où je suis né, pourtant, et où mon père a passé sa vie en faisant, je crois, quelque bien. Mais il meurt sans ressources et je ne trouverais probablement pas cinquante centimes dans une poche de compatriote.

« Donnez-vous la peine de considérer, mon favorisé confrère, que je ne vous ai jamais demandé un service d'argent, que le cas est grave, et que je ne compte absolument que sur vous.

« Votre anxieux ami,

« Caïn Marchenoir. »

II

Cette lettre, aussi maladroite que dénuée d'illusions juvéniles, était adressée, rue de Babylone, à M. Alexis Dulaurier, l'auteur célèbre de *Douloureux Mystère*.

Les relations de celui-ci avec Marchenoir dataient de plusieurs années. Relations troublées, il est vrai, par l'effet de prodigieuses différences d'idées et de goûts, mais restées à peu près cordiales.

A l'époque de leur rencontre, Dulaurier, non encore entré dans l'étonnante gloire d'aujourd'hui, vivait obscurément de quelques nutritives leçons triées pour lui, avec le plus grand soin, sur le volet de ses amitiés universitaires. Il venait de publier un volume de vers byroniens de peu de promesses, mais suffisamment poissés de mélancolie pour donner à certaines âmes liquides le mirage du *Saule* de Musset sur le tombeau d'Anacréon.

Aimable et de verve abondante, — tel qu'il est encore aujourd'hui, — sans l'érésipèle de vanité qui le défigure depuis ses triomphes, son petit appartement du Jardin des Plantes était alors le lieu d'un groupe fervent et cénaculaire de jeunes écrivains, dispersés maintenant dans les entrecolonnements bréneux de la presse à quinze centimes. Le plus remarquable de tous était cet encombrant tsigane Hamilcar Lécuyer, que ses goujates vaticinations antireligieuses ont rendu si fameux.

Alexis Dulaurier, ami, par choix, de tout le monde

et, par conséquent, sans principes comme sans passions, comblé des dons de la médiocrité, — cette force à déraciner des Himalayas ! — pouvait raisonnablement prétendre à tous les succès.

Quand l'heure fut venue, il n'eut qu'à toucher du doigt les murailles de bêtise de la grande Publicité, pour qu'elles tombassent aussitôt devant lui et pour qu'il entrât, comme un Antiochus, dans cette forteresse imprenable aux gens de génie, avec les cent vingt éléphants futiles chargés de son bagage littéraire.

Sa prépondérante situation d'écrivain est désormais incontestable. Il ne représente rien moins que la Littérature française !

Bardé de trois volumes d'une poésie bleuâtre et frigide, en excellent acier des plus recommandables usines anglaises, — au travers de laquelle il peut défier qu'on atteigne jamais son cœur ; inventeur d'une psychologie polaire, par l'heureuse addition de quelques procédés de Stendhal au *dilettantisme* critique de M. Renan ; sublime déjà pour les haïsseurs de toute virilité intellectuelle, il escalada enfin les plus hautes frises, en publiant les deux premiers romans d'une série dont nul prophète ne saurait prévoir la fin, car il est persuadé d'avoir trouvé sa vraie voie.

Il faut penser à l'incroyable anémie des âmes modernes dans les classes dites élevées, — les seules âmes qui intéressent Dulaurier et dont il ambitionne le suffrage, — pour bien comprendre l'eucharistique succès de cet évangéliste du Rien.

Raturer toute passion, tout enthousiasme, toute indépendance généreuse, toute indécente vigueur d'affirmation ; fendre en quatre l'ombre de poil d'un sénile fantôme de sentiment, faire macérer, en trois cents pages, d'impondérables délicatesses amoureuses dans l'huile de myrrhe d'une chaste hypothèse ou dans les aromates d'un élégant scrupule ; surtout ne jamais conclure, ne jamais voir le Pauvre, ne jamais s'interrompre de gémir avec lord Byron sur l'aridité des joies humaines ; en un mot, *ne jamais* ÉCRIRE ; — telles furent les victuailles psychologiques offertes par Dulaurier à cette élite dirigeante engraissée dans tous les dépotoirs révolutionnaires, mais qui, précisément, expirait d'une inanition d'aristocratie.

Après cela, que pouvait-on refuser à ce nourrisseur ? Tout, à l'instant, lui fut prodigué : l'autorité d'un augure, les éditions sans cesse renouvelées, la survente des vieux bouillons, les prix académiques, l'argent infini, et jusqu'à cette croix d'honneur si polluée, mais toujours désirable, qu'un artiste fier, à supposer qu'il l'obtînt, n'aurait même plus le droit d'accepter !

Le fauteuil d'immortalité lui manque encore. Mais il l'aura prochainement, dût-on faire crever une trentaine d'académiciens pour lui assurer des chances !

On ne voit guère qu'un seul homme de lettres qui se puisse flatter d'avoir joui, en ces derniers temps, d'une aussi insolente fortune. C'est Georges Ohnet, l'ineffable bossu millionnaire et avare, l'imbécile auteur du *Maître de Forges*, qu'une stricte justice devrait contraindre à pensionner les gens de talent dont il vole le salaire et idiotifie le public.

Mais, quelque vomitif que puisse être le succès

universel de ce drôle, qui n'est, en fin de compte, qu'un sordide spéculateur et qui, peut-être, se croit du génie, celui de Dulaurier, qui *doit* sentir la misère de son esprit, est bien plus révoltant encore.

Le premier, en effet, n'a vu dans la littérature qu'une appétissante glandée dont son âme de porc s'est réjouie, et c'est bien ainsi qu'on a généralement compris sa fonction de faiseur de livres. Le second a vu la même chose, sans doute, mais, sagement, il s'est cantonné dans la clientèle influente et s'est ainsi ménagé une situation littéraire que n'eut jamais l'immense poète des *Fleurs du Mal* et qui déshonore simplement les lettres françaises.

Cette réserve faite, la pesée intellectuelle est à peu près la même des deux côtés, l'un et l'autre ayant admirablement compris la nécessité d'écrire comme des cochers pour être crus les automédons de la pensée.

L'auteur de l'*Irrévocable* et de *Douloureux Mystère* est, par surcroît, travaillé de manies anglaises. Par exemple, on ne passe pas dix minutes auprès de lui sans être investi de cette confidence, que la vie l'a traité avec la dernière rigueur et qu'il est, à peu de chose près, le plus à plaindre des mortels.

Un brave homme qui venait de voir mourir dans la misère et l'obscurité un être supérieur dont quelques journaux avaient à peine mentionné la disparition, s'indignait, un jour, de ce boniment d'un médiocre à qui tout a réussi. — Après tout, dit-il en se calmant, il y a peut-être quelque sincérité dans cette vile blague. Ce garçon a l'âme petite, mais il n'est ni un sot, ni un hypocrite et, par moments, il doit lui peser quelque chose de la monstrueuse iniquité de son bonheur !

III

L'imploration postale de ce Marchenoir, au prénom si étrange, était donc doublement inhabile. Elle étalait une complète misère, la chose du monde la plus inélégante aux yeux d'un pareil dandy de plume, et laissait percer, dans les dernières lignes, un vague, mais irrémissible mépris, dont l'infortuné pétitionnaire, inexpert au maniement des vanités, et, d'ailleurs, anéanti, ne s'était pas aperçu. Il avait même cru, dans son extrême fatigue, pousser assez loin la flatterie et il s'était dit, avec le geste de lancer un trésor à la mer, que son effrayante détresse exigeait un tel sacrifice.

Dulaurier et lui ne se voyaient presque plus, depuis des années. Une sorte de curiosité d'esprit les avait poussés naguère l'un vers l'autre. Pendant des saisons, on les avait vus toujours ensemble, — la misanthropie enflammée du bohème qui passait pour avoir du génie, faisant repoussoir à la sceptique indulgence de l'arbitre futur des hautes finesses littéraires.

Dès la première minute de succès, Dulaurier sentit merveilleusement le danger de remorquer plus longtemps ce requin, aux entrailles rugissantes, qui allait devenir son juge et, suavement, il le lâcha.

Marchenoir trouva la chose très simple, ayant

déjà pénétré cette âme. Ce ne fut ni une rupture déclarée, ni même une brouille. Ce fut, de part et d'autre, comme une verte poussée d'indifférence entre les intentions inefficaces dont cette amitié avait été pavée. On avait eu peu d'illusions et on ne s'arrachait aucun rêve.

De loin en loin, une poignée de main et quelques paroles distraites, quand on se rencontrait. C'était tout. D'ailleurs, le rayonnant Alexis montait de plus en plus dans la gloire, il devenait empyréen. Qu'avait-il à faire de ce guenilleux brutal qui refusait de l'admirer?

Un jour cependant, Marchenoir ayant réussi à placer quelques articles éclatants au *Basile*, — journal pituiteux à immense portée, dont le directeur avait eu passagèrement la fantaisie de condimenter la mangeoire, — Dulaurier se découvrit, tout à coup, un regain de tendresse pour cet ancien compagnon des mauvais jours, qui se présentait en polémiste et qui pouvait devenir un ennemi des plus redoutables.

Heureusement, ce ne fut qu'un éclair. Le journal immense, bientôt épouvanté des témérités scarlatines du nouveau venu et de son scandaleux catholicisme, s'empressa de le congédier. L'exécuté Marchenoir vit se fermer aussitôt devant lui toutes les portes des journaux, sympathiquement agités du même effroi et, plein de famine, évincé du festin royal de la Publicité, pour n'avoir pas voulu revêtir la robe nuptiale des ripaillants maquereaux de la camaraderie, il replongea dans les extérieures ténèbres d'où ne purent le tirer deux livres supérieurs, étouffés sans examen sous le silence concerté de la presse entière.

Le fatidique Dulaurier, qui n'avait jamais eu la pensée de secourir ce réfractaire d'une parcelle de son crédit de feuilletoniste influent, n'était, certes, pas homme à se compromettre en jouant pour lui les bons Samaritains. Dans les rencontres peu souhaitées que leur voisinage rendait difficilement évitables, il sut se borner à quelques protestations admiratives, accompagnées de gémissements mélodieux et d'affables reproches sur l'intransigeance, au fond, pleine d'injustice, qui lui avait attiré cette disgrâce.

— Pourquoi se faire des ennemis ? Pourquoi ne pas aimer tout le monde qui est si bon ? L'Evangile, d'ailleurs, auquel vous croyez, mon cher Caïn, n'est-il pas là pour vous l'apprendre ?

Il osait parler de l'Evangile !... et c'était pourtant vers cet homme que le naufragé Marchenoir se voyait réduit à tendre les bras !

IV

Le *jeune maître* reçut la lettre dans son lit. Il avait passé la soirée chez la baronne de Poissy, la célèbre amphitryonne de tous les sexes, en compagnie d'un groupe élu de chenapans du *Premier-Paris* et de cabotins lanceurs de rayons. Il avait été *étincelant*, comme toujours, et même un peu plus.

Dès cinq heures du matin, le *Gil Blas* en avait répandu la nouvelle chez quelques marchands de vin du faubourg Montmartre, à huit heures, aucun employé de commerce ne l'ignorait plus. Le squammeux chroniqueur nocturne laissait entendre, avec la pudique diaphanéité congruente à ce genre d'informations, que la présence d'une jeune norwégienne des fiords lointains, à la gorge liliale et à la virginité ductile, avait été pour quelque chose dans l'éréthisme d'improvisation de l'irrésistible ténor léger de « nos derniers salons littéraires ».

En conséquence, il se réconfortait d'un peu sommeil, après cette lyrique dilapidation de son fluide.

— Est-ce vous, François? dit-il d'une voix languissante, en s'éveillant au faible bruit de la porte de sa chambre à coucher que le domestique entr'ouvrait avec précaution.

— Oui, Monsieur, c'est une lettre très pressée pour Monsieur.

— C'est bien, posez-la ici. Ouvrez les rideaux et apportez du feu. Je vais me lever, dans un instant... Il me semble que j'ai beaucoup dormi, quelle heure est-il donc ?

— Monsieur, la *demie* de huit heures venait de sonner, quand le facteur est arrivé.

Dulaurier referma les yeux et, dans la tiédeur du lit, au grondement d'un excellent feu, s'immergea dans l'exquise ignavie matutinale de ces colons de l'heureuse rive du monde, pour qui la journée qui monte est toujours sans menaces, sans abjection de comptoir ni servitude de bureau, sans la trépidation des coliques de l'échéance et le dissolvant effroi du créancier, sans tout le cauchemar des plafonnantes terreurs de l'expédient éternel !

Ah! que le Pauvre est absent de ces réveils d'affranchis, de ces voluptueux entrebâillements d'âmes entretenues, à la chantante arrivée du jour! Comme il est, — alors, — Cimmérien, télescopique, aboli dans l'ultérieure ténébrosité des espaces, le dolent famélique, le sale et grand Pauvre, ami du Seigneur!

La flûte pensante qu'était Dulaurier vibrait encore des bucoliques mondaines de la veille. L'édredon de Norwège ondulait mollement, à l'entour de son esprit, dans la grisaille lumineuse d'un demi-sommeil. Une jeune oie venue du Cap Nord, épandait sur lui de chastes songes, neige psychologique sur cette flottante imagination glacée...

— Quelle pureté! quelle âme fine! murmurait-il en étendant la main vers la lettre. *Très pressée, en cas d'absence, faire suivre.* C'est l'écriture de Marchenoir. Je le reconnais bien là. Comme s'il y a jamais eu rien de pressé dans la vie!

Il lut, sans aucune émotion visible, les quatre pages de cette écriture, droite et robuste, à la façon des dolmens, dont l'étonnante lisibilité a fait la joie de tant d'imprimeurs. Vers la fin, cependant, une alarme soudaine apparut en lui, accompagnée de gestes de détresse, aussitôt suivis de l'interprétative explosion d'une petite fureur nerveuse.

— Il m'embête, ce misanthrope, s'écria-t-il, en rejetant la prose cruciale de son onéreux ami. Me prend-il pour un millionnaire? Je gagne ma vie, moi, il peut bien en faire autant! Eh! que diable, son père ne sera pas jeté à la voirie, peut-être? Pourquoi pas les funérailles d'Héphestion à ce vieil imbécile?

Il s'habilla, mais sans enthousiasme. Sa journée allait être gâtée.

— J'avais bien besoin de ça ! Décidément, il n'y a de belles âmes que les mélancoliques et les tendres, et ce Marchenoir est dur comme le diable... Car, c'est la seule idée spirituelle que son père ait jamais eue, de le nommer ainsi. Mais que faire ? Si je ne lui réponds pas, je m'en fais un ennemi, ce qui serait absurde et intolérable. J'ai pu le blâmer pour son fanatisme et ses violences, dont j'ai vainement essayé de lui démontrer l'injustice, surtout lorsqu'il s'est attaqué d'une façon si sauvage à ce pauvre Lécuyer, qu'il devrait pourtant épargner, ne fût-ce que par amitié pour moi ; je me suis vu forcé, à mon grand regret, de m'écarter de lui, à cause de son insupportable caractère, mais, enfin, je ne l'ai jamais attaqué, moi, j'ai même dit du bien de lui, au risque de me compromettre et je lui ai laissé voir assez clairement la pitié que m'inspirait sa situation. Il abuse aujourd'hui de ce sentiment... Dix ou quinze louis, il va bien ! C'est à peine si je gagne deux mille francs par mois, je ne peux pas aller tout nu !..... D'un autre côté, si je lui réponds que je prends part à son chagrin, mais que je ne puis faire ce qu'il me demande, il ne manquera pas de m'accuser d'avarice. Tout est dangereux avec cet enragé. On est toujours trop bon, je l'ai dit bien souvent. Il faudrait pouvoir vivre dans la solitude, en compagnie d'âmes charmantes et incorporelles !... Quelle lassitude est la mienne !... Déjà dix heures et cinq cents lignes d'épreuves à corriger avant d'aller chez Des Bois qui m'attend à déjeuner !... Cette lettre m'exaspère !

Il s'assit devant le feu, ses épreuves à la main, et

se mit à considérer le volubile effort d'une flamme bleuâtre autour d'une bûche humide.

— Mais, au fait, c'est bien simple, dit-il, tout à coup, à voix basse, répondant à d'interrogantes pensées intérieures plus basses encore, Marchenoir est en fort bons termes avec Des Bois qui est riche, lui. Je déciderai sans doute le docteur à faire quelque chose.

Sa figure s'éclaira, le cordial de cette résolution ayant réconforté sa belle âme, et il put relire, avec la clairvoyance rapide d'un contempteur de la *petite bête* littéraire, les phrases collantes et albumineuses espérées par deux mille salons.

V

Le docteur Chérubin Des Bois habite un appartement somptueux dans le milliardaire quartier de l'Europe, au plus bel endroit de la rue de Madrid. C'est le médecin du monde exquis, la thérapeute des salons, l'exorciste délicat des petites névroses distinguées.

A peine au début de sa brillante carrière, il a déjà conquis des avenues et des boulevards. Ses grâces personnelles, faites de rien du tout, comme sa science même, passent généralement pour irrésistibles. Sa petite tête ascendante et mobile de casoar consultant, est habituellement scrutatrice à la manière d'un speculum qui aurait d'aimables sourires. Casuiste médical plein de mystères et conjecturant brochurier plein d'intentions, — mais thaumaturge hypothétique, — il serait peut-être le premier docteur du monde pour guérir les gens de mettre le pied chez lui, s'il n'avait reçu l'admirable don de tranquilliser Cypris ulcérée et d'attraire ainsi une vaste clientèle de muqueuses aristocratiques dont il est devenu le tentaculaire confident.

Curieux d'alchimie et de traditions occultes, mais sans archaïque manipulation de substances, jobardement épris de toute absconse doctrine capable de travestir son néant, fanatique de littérature décente et d'art correct, ami respectueux de cabots puissants, tels que Coquelin Cadet, ou d'avares scribes, tels que Georges Ohnet, — prototypes accomplis des relations de son choix, — il gratifie d'excellents dîners tous les estomacs influents qu'il suppose coutumiers des reconnaissantes digestions.

On l'a dit un peu plus haut, le lamentable Marchenoir avait eu sa minute de célébrité. On avait pu penser un moment qu'il allait s'asseoir dans une situation formidable. Le docteur, aussitôt, rêva de l'annexer.

Marchenoir était, alors, comme il fut tant de fois, dans une de ces agonies, où le lycanthrope le plus imprenable s'abandonne à la moite main qui veut le saisir, au lieu de la trancher férocement d'un coup de mâchoire.

Puis, le misérable était ainsi fait, pour sa confusion et son indicible rage, que la grimace de l'amour l'avait toujours vaincu et qu'il se trouvait toujours désarmé devant l'expression postiche de la plus manifestement droguée des bienveillances.

Des Bois s'étant arrangé pour le rencontrer comme

par hasard, sut entrer, avec une souplesse fondante, dans les sentiments du pamphlétaire et emporta, presque sans effort, les sauvages répugnances du révolté. Il obtint que Marchenoir déjeunât chez lui, sans témoins.

— Mon cher monsieur Marchenoir, lui dit-il sur-le-champ, je gagne cent mille francs par an et je les dépense. Par conséquent, je suis pauvre, *plus pauvre que vous*, peut-être, à cause des charges écrasantes qui résultent de ma situation même. Je suis donc en état de très bien comprendre certaines choses. Permettez-moi de vous parler avec une entière franchise. Vous êtes évidemment appelé au plus brillant avenir littéraire, mais je sais que vous êtes momentanément embarrassé. Droit au but. Je mets vingt-cinq louis à votre disposition. Acceptez-les sans façon, comme d'un ami qui croit en vous et qui serait heureux de pouvoir vous offrir bien davantage.

Cela fut si parfaitement dit et d'une cordialité si sûrement décochée, que le pauvre Marchenoir, ravagé d'angoisses provenant du manque d'argent, menacé d'imminentes catastrophes et croyant voir le ciel s'entr'ouvrir, accepta sans délibérer, avec un enthousiasme imbécile.

Quant à Des Bois, il était bien trop habile et complexe pour comprendre quoi que ce fût à la simplicité incroyablement rudimentaire d'un tel homme et il se tint pour assuré d'avoir conclu un heureux marché.

Cette amitié, si étrangement assortie, fut quelque temps sans nuages. Mais, un jour, Marchenoir ayant commencé de broncher dans la vivifiante estime des journaux, le Chérubin docteur commença d'être oraculaire.

Avec d'infinies mesures, en de circonspectes exhortations, ce dernier fit comprendre à son hôte que le bon sens était tenu de réprouver l'absurde inflexibilité de ses principes, que le bon goût endurait, par ses insolences écrites, un intolérable gril, qu'il fallait soigneusement se garder de croire qu'une si farouche indépendance d'esprit fût un rail rigide pour arriver à l'indépendance par l'argent, enfin qu'on avait espéré beaucoup mieux de lui et qu'on était navré de tout ça jusqu'à l'effusion des larmes.

En même temps, des paroles moins humides et beaucoup plus nettes étaient dites à un tiers commensal qui s'empressa de les répéter à Marchenoir. On se plaignait de ses visites abusivement fréquentes et la vie privée de ce vaincu ne fut pas exemptée de blâme. On le savait vivant avec une jeune femme et le mot infamant de *collage* fut prononcé.

C'était la fin. Marchenoir ramassa tous ces propos au ras de l'ordure et les flanqua, pêle-mêle, avec l'argent, comme un tas de trésors dans une incorruptible caisse de cèdre, bardée d'un airain vibrant, au plus profond de son cœur !

VI

La loi des « attractions proportionnelles » devait, au contraire infailliblement précipiter l'un vers l'autre et souder ensemble Alexis Dulaurier et le docteur

Chérubin Des Bois. Evidemment, de telles âmes avaient été créées pour fonctionner à l'unisson.

Ils n'avaient à déplorer que de s'être rencontrés si tard. Ils se connaissaient, par malheur, depuis peu de temps. Quoiqu'ils fréquentassent à peu près les mêmes salons, — l'un raffermissant et cicatrisant ce que l'autre se contentait de lubrifier, — un inconcevable guignon avait longtemps écarté les occasions, qui eussent dû être sans nombre, d'une si désirable conjonction.

Cette circonstance, regrettable au point de vue de l'entrelacs de leurs esprits, avait été providentielle pour Marchenoir, que le consciencieux Dulaurier n'aurait jamais permis de secourir avec un tel faste, s'il avait pu être consulté.

Si maintenant, celui-ci venait, de lui-même, inciter Des Bois à de nouvelles largesses, c'était uniquement, comme on vient de le voir, pour ménager une amitié dangereuse encore, bien que jugée inutile, en préservant au meilleur marché, du maculant soupçon de ladrerie, sa pure hermine d'excellent enfant.

C'est toujours une allégresse chez le docteur quand Dulaurier s'y présente. De part et d'autre, on se placarde de sourires, on se plastronne de simagrées affectueuses, on se badigeonne au lait de chaux d'une sépulcrale sensibilité.

C'est un négoce infini de filasse sentimentale, d'attendrissements hyperboréens, de congratulatoires frictions, de susurrements apologétiques, de petites confidences pointues ou fendillées, d'anecdotes et de verdicts, une orgie de médiocrité à cinquante services dans le dé à coudre de l'insoupçonnable femelle de César !

Car ces fantoches sont, *à leur insu*, des majestés fort jalouses, et c'est une question de savoir si Dieu même, avec toute sa puissance, arriverait à leur inspirer quelque incertitude sur l'irréprochable beauté de leur vie morale.

C'est peut-être l'effet le moins aperçu d'une dégringolade française de quinze années, d'avoir produit ces dominateurs, inconnus des antérieures décadences, qui règnent sur nous sans y prétendre et sans même s'en apercevoir. C'est la surhumaine oligarchie des Inconscients et le Droit divin de la Médiocrité absolue.

Ils ne sont, *nécessairement*, ni des eunuques, ni des méchants, ni des fanatiques, ni des hypocrites, ni des imbéciles affolés. Ils ne sont ni des égoïstes avec assurance, ni des lâches avec précision. Ils n'ont pas même l'énergie du scepticisme. Ils ne sont absolument rien. Mais la terre est à leurs pieds et cela leur paraît très simple.

En vertu de ce principe qu'on ne détruit bien que ce qu'on remplace, il fallait boucher l'énorme trou par lequel les anciennes aristocraties s'étaient évadées comme des ordures, en attendant qu'elles refluassent comme une pestilence. Il fallait condamner à tout prix cette dangereuse porte et les Acéphales furent élus pour chevaucher un peuple de décapités !

Aussi, la fille aînée de l'Eglise, devenue la Salope du monde, les a triés avec une sollicitude infinie, ces lys d'impuissance, ces nénuphars bleus dont l'innocence ravigote sa perverse décrépitude ! Si l'Exterminateur arrivait enfin, il ne trouverait plus une âme vivante dans les quartiers opulents de Paris, rien aux Champs-Élysées, rien au Trocadéro, rien au parc Montceau, trois fois rien au Faubourg-Saint-Germain et, sans doute, il dédaignerait angéliquement de frapper du glaive les simulacres humains pavés de richesses qu'il y découvrirait!

VII

Dulaurier ne parla pas immédiatement de Marchenoir. Par principe, il ne parlait jamais immédiatement de rien et rarement, ensuite, se décidait-il à parler avec netteté de quoi que ce fût. Il gazouillait des conjectures et s'en tenait là, abandonnant les grossièretés de l'affirmation aux esprits sans délicatesse.

Cette fois, pourtant, il fallut bien en venir là.

— J'ai reçu une lettre de Marchenoir, commença-t-il. Le pauvre diable m'écrit de Périgueux que son père est à l'agonie. La mort était attendue hier matin. Il me demande d'une manière presque impérieuse de lui envoyer quinze louis, aujourd'hui même, pour les funérailles. Il a l'air de croire que j'ai des paquets de billets de banque à jeter à la poste, mais il paraît affligé et je suis fort embarrassé pour lui répondre.

— Je ne vois pas d'autre réponse que le silence, prononça Des Bois. Marchenoir est un orgueilleux et un ingrat qu'il faut renoncer à secourir utilement. Il méprise et offense tout le monde, à commencer par ses meilleurs amis. J'ai voulu le tirer d'affaire et il s'en est fallu de peu qu'il ne me mît dans l'embarras. C'est assez comme cela. Je n'ai pas le droit de sacrifier mes intérêts et mes devoirs d'homme du monde à un personnage de mauvaise compagnie qui finirait par me compromettre.

— Il a du talent, c'est bien dommage !

— Oui, mais quelle odieuse brutalité ! Si vous saviez le ton qu'il apportait ici ! Il paraissait ne faire aucune différence entre ma maison et une écurie qui eût été l'annexe d'un restaurant. Heureusement, je ne l'ai jamais reçu quand j'avais du monde. Il prenait à tâche de dire du mal de tous mes amis. Un jour, malgré mes précautions, il rencontra mon vieux camarade Ohnet, à qui il ne peut pardonner son succès. Eh bien ! il affecta de le considérer comme une épluchure. Vous conviendrez que ce n'est pas fort agréable pour moi. Croiriez-vous qu'il avait pris l'habitude de manger constamment de l'ail et qu'il empestait de cette infâme odeur mon appartement et jusqu'à mon cabinet de consultation ? Je me suis vu forcé de le consigner et je crois qu'il a fini par comprendre, car il a cessé de venir depuis deux ou trois mois.

— Il est malheureux. Il faut avoir pitié de lui. Tout mon spiritualisme est là, mon bon Des Buis. Il n'y a de divin que la pitié ! Je vois Marchenoir tel que vous le voyez vous-même et je pourrais faire les mêmes plaintes. Je lui ai bien souvent, et combien vainement, reproché son intolérance et son injustice ! Lui-même, il s'accuse d'avoir fait mourir son père de chagrin. Il ne m'a jamais répondu que par le mépris et l'injure. Une fois, ne s'est-il pas emporté jusqu'à me dire qu'il ne m'estimait pas assez pour me haïr ? Il est vrai que je lui avais rendu, moi aussi, quelques services, mais il m'a laissé entrevoir que je devais me sentir fier d'avoir été sollicité par un homme de son mérite. Il faut en prendre son parti, voyez-vous ! Cet énergumène catholique est ingrat, mais pas vulgaire, et c'est assez pour qu'on en puisse jouir. Vous rappelez-vous ce fameux esclave des solennités triomphales de l'ancienne Rome, chargé de tempérer l'apothéose en insultant le triomphateur ? Tel est Marchenoir. Seulement, sa journée finie et sa hotte d'injures vidée, il s'en va tendre humblement la main, pour l'amour de Dieu, à ceux-là mêmes qu'il vient d'inonder de ses outrages. Ne pensez-vous pas qu'il serait criminel de décourager cette industrie ?...

Dulaurier ayant expulsé ces choses, une brise de contentement passa sur son cœur. Il se replanta sous l'arcade un instable monocle que l'émotion du discours en avait fait tomber et, levant son verre, il regarda le docteur en homme qui va porter un toast à la Justice éternelle.

— Mais que voulez-vous donc que je fasse ? repartit Des Bois. Je ne peux pourtant pas le prendre chez moi avec son ail et ses perpétuelles fureurs !

— Assurément, mais ne pourriez-vous, une dernière fois, le secourir de quelque argent ? Il s'agit d'enterrer son père et le cas est grave, ainsi qu'il me l'écrit lui-même, avec une légère nuance de menace, le pauvre garçon ! La pitié doit intervenir ici. Par malheur, je ne peux rien ou presque rien en ce moment, ma récente *promotion* m'ayant forcé à des dépenses infinies. Je ne veux pas vous le dissimuler, Des Bois, j'ai espéré vous attendrir sur ce malheureux. En toute autre circonstance, je ne vous eusse pas importuné de cette mince affaire. Vous me connaissez. J'aurais fait ce qu'il désire sans hésitation et sans phrases, mais je suis étranglé et, précisément, parce qu'il me suppose comblé des dons de la fortune, je craindrais qu'il ne se crût en droit de m'accuser d'une dureté sordide si je n'accomplissais ostensiblement aucun effort....

La voix chantante de Dulaurier était descendue du soprano des vengeresses subsannations jusqu'aux notes gravement onctueuses d'un baryton persuasif.

Il avait su ce qu'il faisait, ce légionnaire, en rappelant, d'un seul mot explicativement détaché, sa décoration toute fraîche éclose. Cette boutonnière était extrêmement agissante sur le docteur, pour qui elle représentait une irréfragable sanction des préférences esthétiques de son milieu ; l'auteur de *Douloureux Mystère* ayant surtout attrapé ce signe de grandeur à force de rapetisser la littérature.

Le juteux succès de son dernier livre, — irréprochablement glabre, — avait été l'occasion, longtemps espérée, de cette récompense nationale dont le titulaire, un beau matin, reçut la nouvelle, — à l'heure précise où l'un des plus rares écrivains de la France contemporaine accueillait, en pleine figure, le quarante-cinquième coup de poing hebdomadaire de ses fonctions de *moniteur* dans une salle de boxe anglaise, aux appointements de soixante francs par mois, — pour nourrir son fils !

VIII

— Soit ! conclut Des Bois, après un assez long

combat. Par considération pour vous, Dulaurier, je consens à faire encore un sacrifice. Mais, songez-y, ce sera le dernier. Je me croirais coupable si j'encourageais l'orgueil et la paresse de ce garçon qui n'est malheureux que par sa faute, vous en convenez vous-même. Voici trois louis. Je ne puis ni ne veux donner davantage. Envoyez-lui cet argent comme vous le jugerez convenable. Vous m'obligerez en lui faisant comprendre qu'il ne doit plus rien espérer de moi.

En conséquence, le poète sigisbéen des flueurs psychologiques du grand monde jetait à la poste, le soir même, un message ainsi libellé :

« Mon cher Marchenoir,

« Votre lettre m'a fait beaucoup de peine. Vous savez combien est vraie mon amitié pour vous, en dépit des superficielles différences d'opinion qui ont paru l'altérer et vous ne pouvez pas douter de la part sincère que je prends à votre chagrin. Je sais trop ce que c'est que de souffrir, quoi que vous en pensiez, et personne, peut-être, n'a senti aussi douloureusement que moi, depuis lord Byron, le mal d'exister. Je me suis appelé moi-même, dans un poème du plus désolant scepticisme, une âme « à la fois exaspérée et lasse ». Rien de plus vrai, rien de plus triste.

« Vous m'avez quelquefois reproché, bien à tort, ce que vous appeliez mon indifférence et ma légèreté, sans tenir compte des déchirements affreux d'une vie écartelée à vingt misères. Votre demande d'argent m'a plongé dans le plus cruel embarras. Vous me croyez riche sur la foi de succès fort exagérés qui compensent bien faiblement des années d'obscur labeur et de continuel effort pour imprégner d'idéalisme les plus répugnantes vulgarités.

« Apprenez que je suis très pauvre et, par conséquent, très éloigné de pouvoir, même *en me gênant*, vous envoyer ce que vous me demandez. Cependant, je n'ai pas voulu vous faire une réponse aussi affligeante avant d'avoir essayé d'une démarche. J'ai donc été chez Des Bois, à qui j'ai fait connaître votre situation.

« Il vous aime beaucoup, lui aussi, mais vous l'avez froissé comme tant d'autres, souffrez que je vous le dise amicalement, mon cher Marchenoir. Votre inflexible caractère a toujours rebuté les gens les mieux disposés. Je vous ai défendu avec toute la chaleur de mon amitié pour vous, sans pouvoir surmonter ses préventions. J'espérais obtenir la somme entière et ce n'est qu'à force d'instances et de guerre lasse qu'il a consenti à me remettre pour vous soixante francs, en me chargeant de vous avertir que toute tentative du même genre serait désormais inutile.

« Je joins de bon cœur à cet argent les deux louis nécessaires pour vous compléter une centaine de francs et je vous jure, Marchenoir, qu'il a fallu l'horrible urgence du cas pour que je me décidasse, en ce moment, à un pareil sacrifice.

« Cependant, je le prévois bien, vous allez dire qu'on vous marchande un misérable service et vous ferez d'amères plaintes sur ce que vous ne pouvez réaliser pour votre père les funérailles excessives que vous aviez rêvées. Mais, mon pauvre ami, nul n'est tenu à l'impossible et il n'y a aucun déshonneur à s'en tenir à la fosse commune quand on ne peut faire les frais d'une sépulture moins modeste.

« Je sais que je vous afflige en parlant ainsi, mais ma conscience aussi bien que ma raison me dicte ce langage et, comme catholique, vous n'avez pas le droit de repousser une exhortation à l'humilité chrétienne.

« — Pourquoi, me disait le docteur, Marchenoir ne resterait-il pas à Périgueux ? Il y serait assurément beaucoup mieux qu'à Paris où il est aussi mal que possible. Il y trouverait infailliblement des amis de sa famille, d'anciens condisciples qui seront heureux de lui procurer des moyens d'existence...

« Je trouve qu'il a raison et je ne puis m'empêcher de vous donner le même avis. Prenez-le en bonne part, comme venant d'une âme unie de tristesse à la vôtre et qui a renoncé, depuis longtemps, à toute illusion.

« La littérature vous est interdite. Vous avez du talent, sans doute, un incontestable talent, mais c'est pour vous une non-valeur, un champ stérile. Vous ne pouvez vous plier à aucune consigne de journal, et vous êtes sans ressources pour subsister en faisant un livre. Pour vivre de sa plume, il faut une certaine largeur d'humanité, une acceptation des formes à la mode et des préjugés reçus dont vous êtes malheureusement incapable. La vie est plate, mon cher Marchenoir, il faut s'y résigner. Vous vous êtes cru appelé à faire la justice et tout le monde vous a abandonné, parce qu'au fond, vous étiez injuste et sans *charité*.

« Croyez-moi, renoncez à la littérature et faites courageusement le premier métier venu. Vous êtes intelligent, vous avez une belle écriture, je vous crois appelé à un infaillible succès dans n'importe quelle autre carrière. Tel est le conseil désintéressé d'un homme qui vous aime sincèrement et qui serait heureux d'apprendre que vous avez enfin trouvé votre véritable voie.

« Votre dévoué,

« ALEXIS DULAURIER. »

IX

« Un éternel mouvement dans le même cercle, une éternelle répétition, un éternel passage du jour à la nuit et de la nuit au jour ; une goutte de larmes douces et une mer de larmes amères! Ami, à quoi bon moi, toi, nous tous, vivons-nous? A quoi bon vécurent nos aïeux? A quoi bon vivront nos descendants? Mon âme est épuisée, faible et triste. »

Ces lignes furent écrites, dans les dernières années du siècle passé, par l'historien Karamsine.

On le voit, l'étrange Russie était déjà travaillée de ce célèbre désespoir qui descend aujourd'hui, comme un dragon d'apocalypse, des plateaux slaves sur le vieil Occident accablé de lassitude.

Ce Dévorateur des âmes est si formidable, dans sa lente mais invincible progression, que toutes les autres menaces de la météorologie politique ou sociale commencent d'apparaître comme rien devant cette Menace théophanique, dont voici l'épouvantante et trilogique formule inscrite en bâtardes de feu sur le pennon noir du Nihilisme triomphant :

Vivent le chaos et la destruction !

Vive la mort !

Place à l'avenir !

De quel avenir parlent-ils donc, ces espérants à rebours, ces excavateurs du néant humain ? Ils ne s'arrangent pas des *fins dernières* notifiées par le catholicisme et protestent avec rage contre l'intolérable déni de justice d'une imbécile évasion de l'âme pensante dans la matière.

Quoi donc, alors ? Nul ne peut le dire, et jamais la pauvre mécanique raisonnable n'avait enduré les affres d'une telle agonie. On s'est raccroché autant qu'on l'a pu, on a essayé de toutes les amarres et de tous les crampons du rationalisme ou du mysticisme humanitaire, pour ne pas tomber jusque-là. Tout vésicatoire philosophique, supposé capable de ressusciter un instant le souffle de l'Espérance, a été appliqué à cette phtisique, depuis l'hiérophante Saint-Simon qui parlait de rédemption, jusqu'au patriarche des nihilistes, Alexandre Herzen, qui en parlait aussi.

« Prêchez la *bonne nouvelle* de la mort, dit ce dernier, montrez aux hommes chaque nouvelle plaie sur la poitrine du vieux monde, chaque progrès de la destruction ; indiquez la décrépitude de ses principes, la superficialité de ses efforts, montrez qu'il ne peut guérir, qu'il n'a ni soutien, ni foi en lui-même, que personne ne l'aime réellement, qu'il se maintient par des mésentendus ; montrez que chacune de ses victoires est un coup qu'il se porte ; préchez la *Mort* comme bonne nouvelle, comme annonce de la *prochaine* Rédemption. »

Tel est le gravitant Absolu de doctrine que nul cric religieux ne déplacera jamais plus !

Négation absolue de tout bien présent et certitude absolue de récupérer l'Eden après l'universelle destruction. Enthymème délateur du néant de la vie par le néant de la mort, dernier acculement de l'Orgueil, sommant une suprême fois l'X de la Justice, au nom de toute la douleur terrestre, d'accorder enfin autre chose que le *simulacre* d'une rédemption ou de raturer, — comme un solécisme, — en même temps que la malheureuse race humaine, l'inexpiable Infini de notre nature !

Cette pensée terrible, cette convoitise de *derrière le cœur*, s'est jetée sur la société moderne et l'a enveloppée comme un poulpe. Les plus myopes esprits commencent à comprendre qu'elle est en train de confectionner un fameux cadavre, — le cadavre même de la Civilisation ! — aussi grand que cinquante peuples, dont les chiens sans Dieu se préparent à ronger le crâne en Occident, pendant que ses pieds putréfiés répandront la peste au fond de l'Orient !...

Expectans, expectavi, attendre en attendant. Les mille ans du Moyen Age ont chanté cela. L'Eglise a continué de le chanter depuis l'égorgement du Moyen Age par les savantasses bourgeois de la Renaissance, comme si rien n'avait changé de ce qui pouvait donner un peu de patience et, maintenant, on en a tout à fait assez.

Attendre cinquante siècles à la marge enluminée d'un livre d'heures saturé de poésie, comme un de ces expectants patriarches, au sourire fidèle, qui regardent sempiternellement pousser des cèdres sortis de leur ventre, passe encore.

Mais attendre sur un trottoir venu de Sodome, en plein milieu de la retape électorale, dans le voisinage immédiat de l'Américain ou de Tortoni, avec la crainte ridicule de mettre le pied dans la figure d'un premier ministre ou d'un chroniqueur, c'est décidément au dessus des forces d'un homme !

C'est pourquoi tout ce qui a quelque quantité virile, depuis une trentaine d'années, se précipite éperdument au désespoir. Cela fait toute une littérature qui est véritablement une littérature de désespérés. C'est comme une loi toute despotique à laquelle il ne semble pas qu'aucun plausible poète puisse désormais échapper.

Il ne faut pas chercher cette situation inouïe des âmes supérieures en un autre point de l'histoire que cette fin de siècle, où le mépris de toute transcendance intellectuelle ou morale est précisément arrivé à une sorte de contrefaçon du miracle.

Antérieurement à Baudelaire, on le sait trop, il y avait eu lord Byron, Chateaubriand, Lamartine, Musset, postiches lamentateurs qui trempèrent la soupe de leur gloire avec les incontinentes larmes d'une mélancolie *bonne fille* qui leur partageait ses faveurs.

Or, qu'est-ce que le *vague passionnel* de l'incestueux René, bâtard de Rousseau, ou la frénésie décorative de Manfred, auprès de la tétanique bave de quelques réprouvés tels que Baudelaire, Ackerman, Ernest Hello, Villiers de l'Isle-Adam, Verlaine, Huysmans ou Dostoïewski ?

Ceux-là ne *se souviennent* plus *des cieux*, blague

Lamartinienne tant admirée ! Ils ne s'en souviennent plus du tout. Mais ils se souviennent de la tangible terre où ils sont forcés de vivre, au sein de l'ordure humaine, dans une irrémédiable *privation de la vue de Dieu*, — quel que soit leur concept de cette Entité substantielle, — avec un désir enragé de s'en repaître et de s'en soûler à toute heure !...

A cette profondeur de spirituelle infortune, il n'y a plus qu'une seule torture, en qui toutes les autres se sont résorbées pour lui donner une épouvantable énergie, je veux dire : le besoin de la Justice, nourriture infiniment absente !

Parbleu ! ils savent ce que disent les chrétiens, ils le savent même supérieurement. Mais il faut une foi de tous les diables et ce n'est pas la vue des chrétiens modernes qui la leur donnerait ! Alors, ils produisent la littérature du désespoir, que de sentencieux imbéciles peuvent croire une chose très simple, mais qui est, en réalité, une sorte de mystère,... annonciateur d'on ne sait quoi. Ce qui est certain, c'est que toute pensée vigoureuse est maintenant poussée, emportée, balayée dans cette direction, aspirée et avalée par ce Maëlstrom !

Serait-ce que nous touchons enfin à quelque Solution divine dont le voisinage prodigieux affolerait la boussole humaine ?...

L'un des signes les moins douteux de cet acculement des âmes modernes à l'extrémité de tout, c'est la récente intrusion en France d'un monstre de livre, presque inconnu encore, quoique publié en Belgique depuis dix ans : les *Chants de Maldoror*, par le comte de Lautréamont (?), œuvre tout à fait sans analogue et probablement appelée à retentir. L'auteur est mort dans un cabanon et c'est tout ce qu'on sait de lui.

Il est difficile de décider si le mot *monstre* est ici suffisant. Cela ressemble à quelque effroyable polymorphe sous-marin qu'une tempête surprenante aurait lancé sur le rivage, après avoir saboulé le fond de l'Océan.

La gueule même de l'Imprécation demeure béante et silencieuse au conspect de ce visiteur, et les sataniques litanies des *Fleurs du Mal* prennent subitement par comparaison, comme un certain air d'anodine bondieuserie.

Ce n'est plus la *Bonne Nouvelle de la Mort* du bonhomme Herzen, c'est quelque chose comme la Bonne Nouvelle de la *Damnation*. Quant à la forme littéraire, il n'y en a pas. C'est de la lave liquide. C'est insensé, noir et dévorant.

Mais ne semble-t-il pas à ceux qui l'ont lue, que cette diffamation inouïe de la Providence exhale, par anticipation, — avec l'inégalable autorité d'une Prophétie, — l'ultime clameur imminente de la conscience humaine devant son Juge ?.....

X

Marchenoir était né désespéré. Son père, petit bourgeois crispé, employé aux bureaux de la Recette générale de Périgueux, l'avait affublé, sur le conseil du *Vénérable* de sa Loge et par manière de défi, du nom de Caïn, à l'inexprimable effroi de sa mère qui s'était empressée de le faire baptiser sous le vocable chrétien de Marie-Joseph. La volonté maternelle ayant été, par extraordinaire, la plus forte, on l'appela donc Joseph dans son enfance et le nom maléfique, inscrit au registre de l'état civil, ne fut exhumé que plus tard, en des heures de mécontentement solennel.

D'autres ont besoin des déconfitures ou des crimes de leur propre vie pour en sentir la nausée. Marchenoir, mieux doué, n'avait eu que la peine de venir au monde.

Il était de ces êtres miraculeusement formés pour le malheur, qui ont l'air d'avoir passé neuf cents ans dans le ventre de leur mère, avant de venir lamentablement traîner une enfance chenue dans la caduque société des hommes.

Il fut orné, dès son premier jour, de la déplorable faculté, trop rare pour qu'on ait pu l'observer, de porter, autour de son intelligence, comme une brume de choses anciennes et indiscernables, comme un halo de rêveries antérieures qui ne lui permirent longtemps qu'une vision réfractée du monde ambiant. Il eut le maillot réminiscent, si l'on veut concéder cette façon d'exprimer une chose naturellement indicible.

— Cette anomale disposition extatique, racontait-il, à trente ans, ce prenant despotisme du Rêve qui me faisait incapable de toute application, en me livrant à une perpétuelle stupeur, attira sur moi des tribulations et des épouvantes à défrayer un martyrologe d'enfants. Mon père, endurci par d'imbéciles préjugés sur l'éducation et résolument enfermé dans la forteresse inexpugnable d'un tout petit nombre d'idées absolues, ne voulut jamais voir en moi qu'un paresseux et m'assommait avec une fermeté lacédémonienne.

Peut-être avait-il raison. Je suis même arrivé à me persuader que la culture intensive du roseau pensant est, en général, la résultante spirituelle d'un ascendant épidermique. Malheureusement, le pauvre homme stérilisait ses raclées en ne les faisant jamais suivre d'aucun retour de tendresse qui en eût intellectualisé la cuisson. Naturellement incliné à chérir, cet éducateur infortuné, nourri au râtelier de Plutarque, avait cru faire des miracles en prenant conseil de cette rosse antique et refoulant son cœur, à lui, son moderne cœur scarifié par d'anachroniques immolations, il s'était infligé de n'avoir jamais une caresse de son enfant, dans le civique espoir de sauvegarder la majesté paternelle.

Quand il me mit au lycée, ce fut un enfer. Hébété déjà par la crainte, méprisé des autres enfants dont la turbulence me faisait horreur, bafoué par d'ignobles cuistres qui m'offraient en risée à mes camarades, puni sans relâche et battu de toutes mains, je finis par tomber dans un taciturne dégoût de vivre qui me fit ressembler à un jeune idiot.

Cette parfaite détresse, cette perpétuelle constriction du cœur, ordinairement dévolue aux enfants mélancoliques dans les pénitentiaires de l'Université, s'aggravait pour moi de l'impossibilité de concevoir une condition terrestre qui fût moins atroce. Il me semblait être tombé, j'ignorais de quel empyrée, dans un amas infini d'ordures où les êtres humains m'apparaissaient comme de la vermine. Telle était, à quatorze ans, et telle est encore aujourd'hui, ma conception de la société humaine !

Un jour, cependant, je me révoltai, la malice de mes condisciples ayant dépassé je ne sais plus quelles bornes. Je dérobai un couteau de réfectoire heureusement inoffensif et m'élançai, après une bravade emphatique, sur un groupe de quarante jeunes drôles dont je blessai deux ou trois. On me releva écumant, broyé de coups, superbe ! Mon couteau avait fait peu de mal, à peine quelques écorchures, mais mon père dut me retirer de l'abrutissant séjour et me garder à la maison.

XI

Marchenoir père, instruit par sa propre expérience du néant des espérances administratives, avait décidé de pousser son fils dans l'industrie. Les chemins de fer se construisaient alors partout avec fureur. Périgueux était précisément le foyer d'irradiation de ce réseau de lignes que la spéculation jeta comme un filet sur le centre de la France et qui s'appela, pour cette raison, le *Grand Central d'Orléans*.

L'araignée industrielle, aujourd'hui repue, et même crevée, avait fixé là son laboratoire et pompait les sucs financiers de beaucoup de provinces, naguère tranquilles, qu'elle avait promis d'enrichir. La frénésie californienne, la prostitution et le jobardisme civilisateur battaient leur plein. La vieille petite cité romaine, envahie par plusieurs armées d'ingénieurs poussiéreux et de limousins prolifiques, s'était accrue du double en quelques années et menaçait tout à l'heure, de son inondante obésité, les montagnes à hauteur d'appui qui l'avaient contenue pendant vingt siècles...

En conséquence, le besogneux employé de l'Etat avait formé le bouddhique vœu d'immerger le fils de ses secrètes ambitions déçues dans ce Brahmapoutre d'or.

A ce point de vue, c'était sans doute un bien qu'il n'eût pas mordu aux *humanités*. Apparemment, l'estomac de son esprit n'avait été calculé que pour la digestion des mathématiques. Il s'agissait de le gaver sans retard de cet aliment nouveau.

Le pauvre garçon n'y mordit pas davantage. L'hypothèse préliminaire, l'acte de foi primordial, planté comme un basilic sur le seuil de toute science naturelle, suffit pour éteindre, du premier coup, la timide flamme de curiosité que les pollicitantes exhortations de son père avaient paru allumer en lui. L'insuffisance de l'outillage cérébral chez le jeune Périgourdin éclata manifestement, dès qu'il fallut excogiter l'impossible roman d'une ligne conjecturale, problématiquement engendrée par copulation dubitable d'une multitude de points inexistants !...

Il fallut se résigner à de médiocres destins et devenir expéditionnaire. Caïn-Joseph, désormais abandonné comme une lande inculte, livré à une tâche presque manuelle qui ne comprimait plus ses facultés, retourna de lui-même, par une pente insoupçonnée, aux premières études dont il avait paru si prodigieusement incapable. Seul, presque sans effort, il apprit en deux ans ce que le despotisme abêtissant de tous les pions de la terre n'aurait pu lui enseigner en un demi-siècle. Il se trouva soudainement rempli des lettres anciennes et commença de rêver un avenir littéraire.

Au fait, que diable voulez-vous que puisse rêver, aujourd'hui, un adolescent que les disciplines modernes exaspèrent et que l'abjection commerciale fait vomir? Les croisades ne sont plus, ni les nobles aventures lointaines d'aucune sorte. Le globe entier est devenu raisonnable et on est assuré de rencontrer un excrément anglais à toutes les intersections de l'infini. Il ne reste plus que l'Art. Un art proscrit, il est vrai, méprisé, subalternisé, famélique, fugitif, guenilleux et catacombal. Mais, quand même, c'est l'unique refuge pour quelques âmes altissimes condamnées à traîner leur souffrante carcasse dans les charogneux carrefours du monde.

Le malheureux ne savait pas de quelles tortures il faut payer l'indépendance de l'esprit. Personne, dans sa sotte province, n'eût été capable de l'en instruire et l'ironique mépris de son père, résolument hostile à tout ambitieux dessein qu'il n'eût pas couvé lui-même, ne pouvait être qu'un stimulant de plus. D'ailleurs, il se croyait un cœur de martyr, capable de tout endurer.

Un jour donc, ayant, à force de démarches, obtenu à Paris le plus misérable des emplois, il s'en vint docilement agoniser, après cent mille autres, dans cet Ergastule de promission où l'on met à tremper la fleur humaine dans le pot de chambre de Circé.

La hideuse Goule des âmes qui n'a qu'à les siffler pour qu'elles accourent à ses sales pieds des extrémités de la terre, une fois de plus, avait été obéie!

XII

Il avait dix-huit ans, une de ces physionomies rurales où le mufle atavique n'avait pas encore eu le temps de livrer sa dernière bataille à l'envahissante intelligence qui monta, bientôt, pour tout ennoblir, des vallées intimes du cœur.

Il tenait de sa mère, morte depuis longtemps, le ridicule romantique d'une origine espagnole, partagé d'ailleurs avec cette multitude de prêtres infâmes dont on peut lire les identiques forfaits dans la plupart des romans anticléricaux.

Cette origine, — à peine démentie par des yeux d'un bleu si naïf qu'il avait toujours l'air de s'en servir pour la première fois, — était surabondamment attestée par l'extraordinaire énergie de tous les autres traits sans exception. Seulement, c'était l'énergie contemplative de ces amoureux de l'action héroïque qui n'estiment pas que l'action vulgaire vaille la dépense de l'autre énergie.

Hirsute et noir, silencieux et avare de gestes, exécrateur victimaire du propos banal et de la rengaîne, il portait sur l'extrémité de sa langue une catapulte pour lancer d'erratiques monosyllabes qui vous crevaient à l'instant même une conversation d'imbéciles. Bouche close, narines vibrantes, sourcils presque barrés et entrant l'un dans l'autre à la plus légère commotion il avait parfois des colères muettes et blanches de séditieux comprimé, qui eussent donné la colique à un éventrable despote. En ces rencontres, le cannibale sortait du rêveur, instantanément. Les yeux noyés et d'une tendresse presque enfantine, — seuls capables de tempérer l'habituelle dureté de l'ensemble, — changeaient alors de couleur et devenaient noirs !...

Des années d'humiliations et de supplices tamisèrent peu à peu sur la friche de ce visage la fertilisante poudrette de quelques inévitables accommodements. Le teint, déjà bilieux, prit cette lividité brûlante d'un chrétien mal lapidé, de la première heure, qui serait devenu sacristain dans les catacombes.

Il avait le don des larmes, signe de *prédestination*, disent les Mystiques. Ces larmes furent l'allégresse cachée, l'occulte trésor d'une des existences les plus dénuées et les plus tragiques de ce siècle.

Quand il avait avalé une de ces couleuvres à dimensions de boa *devin*, qui furent si souvent son exclusive nourriture, il répandait autour de lui, dans sa chambre solitaire, avec des prudences d'avare, cette gemme liquide qu'il n'aurait pas échangée contre les consolations desséchantes d'une plus solide richesse.

Car il avait l'étrangeté de chérir sa peine, cet *incunable* de mélancolie, qui était tombé dans son berceau comme dans un Barâthre et que sa mère stupéfaite regardait pleurer, des journées entières, sur ses genoux, — silencieusement ! Il eut, tout enfant, la concupiscence de la Douleur et la convoitise d'un paradis de tortures, à la façon de sainte Madeleine de Pazzy. Cela ne résultait ni de l'éducation, ni du milieu, ni d'aucune lésion mentale, ainsi que d'oraculaires idiots entreprirent de l'expliquer. Cela ne tenait à aucune opération discernable de l'esprit naissant. C'était le tréfonds mystérieux d'une âme un peu moins inconsciente qu'une autre de son abîme et naïvement enragée d'un absolu de sensations ou de sentiments qui correspondît à l'absolu de son entité. Quand le christianisme lui apparut, Marchenoir s'y précipita comme les chameaux d'Eliézer à l'abreuvoir nuptial de Mésopotamie.

Il était expirant de soif depuis si longtemps ! Son incrédule père n'avait pas cru devoir s'opposer à ce semblant d'instruction religieuse que des simulacres de prêtres, empaillés de formules, tordent comme du linge sale de séminaire, sur de jeunes fronts inintéressés. Il avait fait sa première communion sans malice et sans amour. Les deux seules facultés qui parussent vivantes en lui, — les deux seules anses par lesquelles on pût espérer de le saisir, — la mémoire et l'imagination avaient tout simplement reçu cette vague empreinte *littérale* du symbolisme chrétien que de sacrilèges entrepreneurs jugent suffisante pour être admis au *bachot* de l'Eucharistie. Aucun débitant de formules ne s'étant avisé de s'enquérir de son cœur, le pauvre enfant n'avait pu rien garder de ce pain mal cuit et, comme tant d'autres, l'avait revomi presque aussitôt sur ce chemin verdoyant de la quinzième année, où l'on voit rôder le grand lion à tête de porc de la Puberté.

XIII

Ce ne fut que beaucoup plus tard, — après dix ans d'un impur noviciat dans les latrines de l'examen philosophique, étant déjà sur le point de prononcer de stercoraires vœux, — qu'ayant parcouru, pour la première fois, le Nouveau Testament, durant l'oisive chaufferie de pieds d'une nuit de grand'garde, en 1870, il eut l'aperception immédiate, foudroyante d'une Révélation divine.

Il s'est toujours rappelé le trouble immense, l'ahurissement surhumain de cette minute aux ailes d'aigle qui l'enleva dans un ouragan d'ininterprétables délices. Il s'était dressé dans le sentiment nouveau d'une force inconnue, artères battantes et cœur en flammes; ivre de certitude, secoué par le roulis d'une espérance mêlée d'angoisse, prêt à toutes les acceptations du martyre. Car cette âme divinatrice et synthétiquement ardente, bondissant au-dessus des intermédiaires leçons de la foi, s'était emportée, du premier coup, au décisif concept de l'immolation.

Il lui sembla sortir d'un de ces rares songes, aux déterminables contours, qui feraient croire à quelque vision sensible de la Conscience, réflexement manifestée dans l'extra-lucide intussusception des dormants. Il avait cru s'apparaître à lui-même, inimaginablement transmué *pour se ressembler davantage*, mais horrible, ruisselant d'abominations et triste par delà toute hyperbole.

Cette impression s'ajustait assez aux effrayantes scrutations inspirées de certains mystiques, — à propos de l'Enfer et de la paralysante affreuseté de l'Irrévocable, — dont la lecture déjà ancienne avait laissé sur sa mémoire comme des brûlures d'enthousiasmes et des ecchymoses de poésie.....

Un double abîme s'ouvrit en cet être, à dater de ce prodigieux instant. Abîme de désir et de fureur que rien ne devait plus combler. Ici, la Gloire essentielle, inaccessible ; là, l'ondoyante muflerie humaine, inexterminable. Chute infinie des deux côtés, ratage simultané de l'Amour et de la Justice. L'enfer sans contrepoids, rien que l'enfer !

Le Christianisme lui donnait sa parole d'honneur de l'Eternité bienheureuse, mais à quel prix ! Il la comprenait, maintenant, cette fringale de supplices de toute son enfance ! C'était le pressentiment de la Face épouvantable de son Christ !... Face de crucifié et face de juge sur l'impassible fronton du Tétragramme !...

Les misérables se tordent et meurent depuis deux mille ans devant cette inexorable énigme de la Promesse d'un Règne de Dieu qu'il faut toujours demander et qui jamais n'arrive. « Quand telles choses commenceront, est-il dit, sachez que *votre Rédemption approche.* » Et combien de centaines de millions d'êtres humains ont enduré la vie et la mort sans avoir rien vu commencer !

Marchenoir considérait cette levée d'innombrables bras perpétuellement suppliants et perpétuellement inexaucés, et il comprit que c'était là le plus énorme de tous les miracles. — Voilà dix-neuf siècles, pensa-t-il, que cela dure, cette demande sans réponse d'un Père qui règne *in terrâ* et qui délivre. Il faut que le genre humain soit terriblement constant pour ne s'être pas encore lassé et pour ne s'être pas assis dans la caverne de l'absolu désespoir !

Il conclut au conditionnel désespoir des millénaires.

Il avait senti passer l'Amour, l'amour spirituel, absolu. Il avait, lui aussi, comme tous les autres, répandu son cœur dans cet infidèle crible de l'Oraison dominicale et... il avait été saturé de la joie parfaite. Il y avait donc quelque chose sous cet amas de sépultures, sous cette Maladetta de cœurs souffrants en poussière, au fond de ce gouffre du silence de Dieu, — un principe quelconque de résurrection, de justice, de triomphe futur ! A force d'amoureuse foi, il se fit de l'éternité palpitante avec une poignée de temps pétrie dans sa main et se fabriqua de l'espérance avec le plus amer pessimisme.

Il se persuada qu'on avait affaire à un Seigneur Dieu volontairement eunuque, infécond par décret, lié, cloué, expirant dans l'inscrutable réalité de son Essence, comme il l'avait été symboliquement et visiblement dans la sanglante aventure de son Hypostase.

Il eut l'intuition d'une sorte d'impuissance divine, *provisoirement* concertée entre la Miséricorde et la Justice, en vue de quelque ineffable récupération de Substance dilapidée par l'Amour.

Situation inouïe, invocatrice d'un patois abject. La *Raison* ternaire suspend ses paiements depuis un tas de siècles et c'est à la Patience humaine qu'il convient de l'assister de son propre fonds. Ce n'est que du Temps qu'il faut au solvable Maître de l'Éternité et le temps est fait de la désolation des hommes. C'est pourquoi les Saints et les Docteurs de la foi ont toujours enseigné la nécessité de souffrir pour Dieu.

Le brûlant néophyte, ayant deviné ces choses, arracha l'épine de son pied boiteux de catholique arrivé si tard et, — se ruant à la Douleur, — en fit un glaive qu'il s'enfonça dans les entrailles, après s'être crevé les yeux.

Plus que jamais, il fut un désespéré, mais un de ces désespérés sublimes qui jettent leur cœur dans le ciel, comme un naufragé lancerait toute sa fortune dans l'océan pour ne pas sombrer tout à fait, avant d'avoir au moins entrevu le rivage.

D'ailleurs, il regardait comme fort prochaine la catastrophe de la séculaire farce tragique de l'Homme. Certaines idées étonnantes qui lui vinrent sur l'histoire universelle, — et qu'il déroula jusqu'à leurs plus extrêmes conséquences, — lui faisaient conjecturer, avec une autorité d'exégèse quasi prophétique, l'imminent accomplissement des scripturales Vaticinations.

L'exaltation des humbles, l'essuiement des larmes, la béatitude des pauvres et des maudits, la préséance paradisiaque des voleurs et le couronnement réginal des prostituées, enfin cette venue si solennellement annoncée d'un Paraclet libérateur, — tout ce que la fratricide surdité des argousins de la Tradition a conspué, tout ce qui empêche les orphelins et les captifs de mourir d'horreur, — il ne croyait pas possible qu'on l'attendît longtemps encore et il donnait ses raisons.....

Mais les seuls crevants de faim étaient dans la confidence, non par crainte qu'on le jugeât ridicule ou insensé, — à cet égard, il n'avait plus rien à gagner ni à perdre depuis longtemps, — mais par l'horreur de la bienveillance viscérale des digérants heureux qui l'eussent écouté.

XIV

Telle fut la doctrine de Marchenoir. Doctrine qui ne le séparait pas du catholicisme, puisque l'Eglise romaine a tout permis de ce qui n'altère pas le canonique Symbole de Nicée, mais jugée singulièrement audacieuse par les vendeurs de contremarques célestes, qui vocifèrent le boniment sulpicien sur le trottoir fangeux des consciences.

Un croyant qui voulait contraindre les regrattiers du salut à repeser devant lui leur marchandise et que l'orgueil chrétien révoltait plus que le pharisaïsme crucificateur de la Thora, ne pouvait pas se faire beaucoup d'amis dans le sacerdoce.

Il n'en put trouver qu'un seul, un prêtre doux et humble à la manière de cet émule ignoré de saint Vincent de Paul, que le peuple de Paris nommait le *Pauvre Prêtre* et qui, un jour, pressé par le tout-puissant Cardinal de Richelieu de lui demander quelque importante faveur, lui fit cette simple réponse :

— Monseigneur, veuillez donner des ordres pour qu'on remette des planches neuves à la charrette qui porte les condamnés à mort au lieu de leur supplice, afin que la crainte de *tomber en chemin* ne les détourne pas de recommander leur âme à Dieu!

Marchenoir eut l'inespérée fortune de dénicher un prêtre de cette sorte, mais ce fut pour très peu de temps. En général, le Clergé français n'aime pas les saints ni les apôtres. Il ne vénère que ceux qui sont morts depuis longtemps et en poussière. Rejeton ligneux de la vieille souche gallicane et légataire de son coriace orgueil, il abhorre par-dessus tout la supériorité de l'esprit, naturellement incompressible comme l'eau du ciel, et, par conséquent, dangereuse pour l'équilibre sacerdotal.

L'abbé T... était mort à la peine, peu de temps après la rencontre du Périgourdin. Ecarté soigneusement de toutes les chaires où ses rares facultés de prédicateur apostolique eussent pu servir à quelque chose, navré du cloaque de bêtise où il voyait le monde catholique s'engouffrer, abattu par le chagrin au pied de l'autel, il avait à peine eu le temps d'ensemencer ce vivipare dont la monstrueuse fécondité immédiate eût peut-être suffi pour le faire expirer d'effroi.

Il est certain que Marchenoir tenait de lui le meilleur de ce qu'il possédait intellectuellement. Le défunt lui avait transmis d'abstruses méthodes d'interprétation sacrée qui devinrent aussitôt une algèbre universelle dans le miroir ardent de cet esprit concentrateur. L'élève, plus robuste que le maître, avait violemment répercuté du premier coup, dans toutes les directions imaginables, l'ésotérisme brûlant d'un *intégral* de Beauté divine, que le timide apôtre, de nature moins incendiaire, se bornait à convoiter avec la douceur résignée d'un saint.

Marchenoir accomplit ce prodige de dépasser toutes les audaces d'investigation ou de conjecture, sans oblitérer en lui la soumission filiale à l'autorité souveraine de l'Eglise. Ce poulain sauvage, affronteur de gouffres, ne cassa pas son licol et resta dans le brancard.

Seulement, il avait réussi de telles escalades que la

société catholique contemporaine ne pouvait plus avoir pour lui le moindre prestige. L'obéissance fut un décret de sa raison, un hommage tout militaire et de pure consigne aux Eunuques du Sérail de la Parole. Il ne fallait pas lui en demander davantage.

Le *sel de la terre*, — pour employer le saint Texte liturgiquement adopté dans le *commun* des Docteurs, — il le voyait dénué de saveur, incapable de saler, même une tranche de cochon, gravier sédimentaire bon tout au plus à sablonner de vieilles bouteilles ou à ressuyer les allées d'un parc mondain sous les vastes pieds du dédaigneux « larbin de Madame ».

Investi des plus transcendantales conceptions, il considérait avec d'horrifiques épouvantements, ce collège œcuménique de l'Apostolat, cette cléricature fameuse qui avait été réellement « la lumière du monde, » — si formidable encore que la dérision ne peut l'atteindre sans rejaillir sur Dieu comme une tempête de fange, — devenue pourtant le décrottoir des peuples et le tapis de pied des hippopotames !

Il se disait que c'était justice, cela, et que la grande Prévarication sacerdotale allait sans doute recommencer, puisqu'on revenait à l'obduration et à l'enflure théologique de la Synagogue, — avec l'aggravation, pour les seuls bourreaux, cette fois, de l'universel mépris.

De l'ignominie du Christianisme naissant à l'ignominie du Catholicisme expirant, la translation s'achevait enfin dans ce char de gloire qui avait roulé dix-neuf siècles, par toute la terre !

Le Seigneur n'avait plus qu'à se montrer. Les pasteurs des âmes allaient lui régler son compte, plus sûrement encore que les Princes des prêtres et les

Pharisiens de l'ancienne loi, qui *ne surent ce qu'ils faisaient*, dit l'Evangile.

Emasculation systématique de l'enthousiasme religieux par médiocrité d'alimentation spirituelle ; haine sans merci, haine punique à l'imagination, à l'invention, à la fantaisie, à l'originalité, à toutes les indépendances du talent ; congénère et concomitant oubli absolu du précepte d'évangéliser les pauvres ; enfin, adhésion gastrique et abdominale à la plus répugnante boue devant la face des puissants du siècle : tels sont les pustules et les champignons empoisonnés de ce grand corps, autrefois si pur !...

Marchenoir collait l'oreille à toutes les portes de son enfer, pour entendre venir ce Dieu que ses propres domestiques allaient massacrer.

XV

Il avait peu de consolation à espérer des chrétiens laïques. Ils sont faits à l'image de leurs pasteurs et c'est tout ce qu'on en peut dire. Ici, comme là, l'innocence est presque toujours imbécile, hélas ! quand elle n'est pas faisandée.

Les hardiesses viriles de sa foi et les indignations trop éloquentes de sa probité religieuse, révoltèrent, au début, ce lanigère troupeau qui s'en va paissant, sous des houlettes paroissiales, au mugissement automatique des petites cataractes dominicaines. D'ailleurs, il était pauvre et, par conséquent, élagable...

Il vécut seul, dans le voisinage d'un unique ami, à peine moins indigent, qui le sauva de la mort quinze ou vingt fois.

Les dix années antérieures à sa *conversion* avaient été faites à la ressemblance de toutes les années d'adolescent pauvre, niais, timide, ambitieux, mélancolique, misanthropique, épiphonémique et brutal. Mais il avait apporté de sa province, en excédent de ce commun bagage, le particulier viatique d'impuissance que j'ai dit plus haut. Ce sempiternel rêveur ne pouvait voir les choses telles qu'elles étaient et il n'y eut peut-être jamais un homme d'aussi peu de ressource et moins ambidextre pour s'emparer du toupet de l'occasion.

Son auge unique, l'emploi de copiste qui avait été le prétexte et le moyen de son embauchage pour la lutte parisienne, à laquelle il était si merveilleusement impropre, il le perdit au bout de quelques mois. Son chef de bureau, vieillard adipeux et favorable, mais plein de principes et sans faiblesses, lui révéla, un jour, que l'administration ne le payait pas pour ne rien faire et le mit tranquillement à la porte avec une dignité incroyable.

Ce fut la misère classique et archi-connue, tant de fois explorée et décrite. Le pauvre garçon n'était bon absolument à rien. Il était de ces fruits sauvages, d'une âpreté terrible, que la cuisson même n'édulcore pas et qui ont besoin de mûrir longtemps « sur la paille », ainsi que Balzac l'a judicieusement observé dans son âge mûr.

Il a fait plus tard ce calcul, basé sur d'approximatives défalcations, qu'il avait passé, alors, huit années entières sur dix, sans prendre aucune nourriture ni porter aucune sorte de vêtement !...

Successivement évincé de toutes les industries et de tous les trucs suggérés par l'ambition de subsister, il se vit réduit à condescendre aux plus linéamentaires expédients. Ramasseur diurne et noctambule investigateur, il s'acharna faméliquement à la recherche de tout ce qui peut être glané ou picoré, dans les mornes steppes de l'égoïsme universel, par le besoin le plus fléchisseur, en vue d'apaiser l'intestinale vocifération.

Forcé d'ajourner indéfiniment son éclosion littéraire, il enfouit sa précieuse tête sous les décombres de ses illusions et s'en alla se ronger le cœur dans les carrefours de l'indifférence. — Cette époque de ténèbres a été le Moyen Age de mon ère, disait-il, au lendemain de sa *renaissance* chrétienne.

Les lettres, il est vrai, n'y perdaient pas grand'chose. Cet esprit noué comme un cep, condamné à se chercher et à s'attendre bien longtemps, ne devait se développer, littérairement, que fort tard, sous un arrosage emphytéotique de pleurs.

Les bibliothèques publiques étant devenues pour lui l'habituel refuge, il y connut cet ami déjà mentionné, le seul qu'il ait jamais eu. C'était un doux maniaque d'histoire ecclésiastique et de monographies pontificales, âme sereine et peu croyante, en tout l'opposé de Marchenoir.

Privé de fortune, comme il convient aux lapicides de l'érudition, ce documentaire vivait besogneusement d'un grisâtre bulletin bibliographique dans une grande revue. A ce titre, il voyait passer chez lui le torrent des livres lancés sur le monde par la sottise ou la vanité contemporaines.

Providentiellement, il y avait menace de déluge, vers le temps où il commença de s'intéresser à ce vagabond, qui avait l'air de marcher dans une gloire de misères et dont la physionomie douloureuse lui parut extraordinaire.

Un jour donc, ému de compassion, il le fit dîner et l'emmena chez lui, pour qu'il le débarrassât, disait-il, de ce monceau de brochures dont la vente seule pouvait être utile. C'est à dater de ce bienheureux instant que Marchenoir s'élança dans la carrière enviée d'*ami du critique*, la seule que, durant une assez longue période, on lui ait vu exercer avec avantage.

Mais, surtout, il eut un ami, enfin ! « Un ami fidèle, *medicamentum vitæ et immortalitatis*, » prononce mystérieusement le Saint Livre, — comme si la véritable amitié pesait les milliards de mondes qu'il faut pour contrebalancer la miette de pain transsubstantiée que ces expressions rappellent !

XVI

La Femme n'apparut dans la vie de Marchenoir qu'à la fin de cette première période, c'est-à-dire après la guerre et après cette décisive secousse d'âme qui l'avait subitement restitué au sentiment religieux dont il portait en lui, dès son premier jour, les prédéterminations ignorées.

Auparavant, il avait été chaste à la manière des prisonniers et des matelots, lesquels ne voient ordinairement dans l'amour qu'une désirable friction malpropre, en l'obscurité de coûteux repaires. Tantale stoïque d'un festin d'ordure, il s'était résigné, comme il avait pu, à la privation des inespérables immondices. D'un côté, le dénuement absolu, de l'autre, la timidité la plus incroyable chez un tel violent, le préservèrent plus efficacement que la religion même, quand elle intervint pour lui amollir le cœur...

Les hauts penseurs qui décrètent professionnellement le balayage de toute notion religieuse, ont cette amusante contradiction d'exiger que les chrétiens dont la foi résiste à leurs récurages et à leur potasse soient, au moins, des saints. Surtout, ils les veulent purs. Ils leur disent des choses aussi robustes que ceci : Vous péchez, *donc* vous êtes des hypocrites; enthymème lacustre d'une autorité certaine sur les palmes et les squames du marécage antireligieux.

Ce ne serait pas encore trop bête, s'il ne s'agissait ici pour l'âme pensante, livrée aux Dévorants invisibles, que d'un combat très difficile où l'héroïsme continuel fût de rigueur. Après tout, c'est une politique judicieuse et barbue comme l'expérience même, d'empiler sur les épaules d'autrui d'écrasants fardeaux qu'on ne voudrait pas seulement remuer du bout des doigts.

Mais le sentiment religieux est une passion d'amour et voilà ce qu'ils ne comprendront jamais, ces pédagogues de notre dernière enfance, quand il pleuvrait des clefs de lumière pour leur ouvrir l'entendement !

Or, ce tison incendiaire, lancé tout à coup, du plus inaccessible des sommets, dans le misérable torchis humain, au travers du chaume défoncé, — il serait pourtant nécessaire d'en tenir compte, si l'on voulait être raisonnable et juste, à la fin des fins !...

Marchenoir était, plus qu'aucun autre, une conquête de l'Amour et son cœur avait été l'évangéliste de sa raison. Les châtiments et les récompenses du prône, par lesquels on explique si bassement les plus désintéressés transports, n'avaient été pour rien dans son exode spirituel. Il s'était rué sur Dieu comme sur une proie, aussitôt que Dieu s'était montré, — avec la rudimentaire spontanéité de l'instinct.

Alors, comme si sa destinée se fût accomplie à cet instant, une soudaine et corrélative révélation s'était faite, en cet élu de la Douleur, de sa propre puissance affective, jusqu'alors inconnue de lui-même, enveloppée et flottante dans l'amnios... Une surprenante avidité de tendresse humaine fut l'accompagnement immédiat des surnaturelles appétences de ce vierge cœur.

Du premier coup, sans avoir passé par le cloaque des intermédiaires impressions cupidiques, il se trouva prêt pour la grande tribulation passionnelle. Tout ce que la misère et les défiances d'un rétractile orgueil avaient, jusque-là, comprimé, fit explosion : l'ignorance, les niaises pudeurs, les crédulités jobardes, les lyriques éruptions, les attendrissements dangereux, le besoin subit de se fendre l'âme du haut en bas, au milieu même du hennissement sexuel, enfin, tout le déballage coquebin d'un chérubinisme attardé et grandiloque. Eternelle dilapidation des mêmes trésors pour aboutir à l'empyreume fatal de la passion satisfaite !

Cet éphèbe de vingt-huit ans, sourcilleux et mal vêtu, — qui portait son cœur comme un hanneton dans une lanterne et dont le redoutable esprit, semblable à la fleur détonnante du cactus, commençait à peine à se détirer sous ses membraneuses enveloppes, — était une proie trop facile pour que de passantes curiosités libertines ne s'en emparassent pas.

Marchenoir fit de l'amour extratique dans des lits de boue, avec une conscience dilacérée, en se vomissant lui-même, — à l'instar de ces anachorètes pulvérulents de l'ancienne Egypte que l'aiguillon de la chair contraignait parfois à venir secouer leurs carcasses mortifiées dans d'impures villes et qui s'enfuyaient ensuite, gavés d'horreur.

Plus coupable encore, cet assidu relaps d'incontinence laissait mijoter son vomissement de chien de la Bible, en prévision des lâches retours. Ecartelé à Dieu et aux femmes, navré du perpétuel fiasco des héroïques puretés qu'il avait rêvées, — également incapable de s'asseoir dans un granitique parti-pris de paillarder impavidement, et d'exterminer le bouc intérieur qui renaissait jusque sous le couteau des holocaustes pénitentiels, il se vit souffleter par l'imperturbable nature, juste autant de fois qu'il avait prématurément espéré de la dompter.

Lâche pénitent, sans aucun doute, mais vergogneux et humilié. Il avouait, du moins, sa détresse et ne cadenassait pas exclusivement son ignominie dans le coffre-fort des confessionnaux et des tabernacles. Il eût été difficile de rencontrer un fornicateur plus éloigné de l'hypocrisie ou de la plus légère velléité de contentement de lui-même.

Il faut le redire, cet adolescent ne ressemblait à aucun autre. Il était né pour le désespoir et le christianisme *dérangea* sa vie, en le remplissant, — si tard ! — de l'affictive famine d'amour, surajoutée à l'autre famine. A moins d'un miracle que Dieu ne fit pas, comment cet ébloui de la Face du Seigneur, — Icare mystique aux ailes fondantes, — aurait-il pu échapper au vertige qui l'aspirait vers les argileuses créatures conditionnées à cette Ressemblance !...

Il serait évidemment insensé d'espérer que des contemporains de M. Zola, par exemple, auront la bonté de concéder ces prolégomènes enfantins de la très rare grandeur morale qui va être racontée. La déliquescente psychologie littéraire de cette fin de siècle n'acceptera pas non plus que d'aussi peu perverses prémisses puissent jamais engendrer une concluante délectation esthétique. Enfin et surtout, la porcine congrégation des sycophantes de la libre-pensée pourra s'accorder le facile triomphe de contemner, — jusqu'au fientement vertical ! — l'exacte genèse de ce catholique ballotté par d'impures vagues au-dessus d'absurdes abîmes..... Qu'importe ?

XVII

Marchenoir pleurait auprès du corps de son père, lorsqu'il reçut à la fois deux lettres de Paris : celle de Dulaurier et une autre de son ami le bibliographe.

Il ouvrit aussitôt cette dernière :

« Mon affligé, Voici cinq cents francs que j'ai pu réunir en tricotant activement de mes deux jambes de derrière depuis ton départ, et que je t'adresse avec une joie infinie. Pas de remerciements, surtout, n'est-ce pas, tu sais si je les méprise ?

« Cher cœur souffrant, ne te laisse pas dévorer par ton chagrin. Tu as ton livre à faire. Tu as de grandes choses à dire à certaines âmes, à qui personne ne parle plus. Relève-toi. Je n'ai pas d'autre parole de consolation à t'offrir. Ton infortuné père, que tu n'as pas plus tué que je n'ai tué le mien, a beaucoup plus besoin, à cette heure, de tes *suffrages* actifs que de tes larmes. Tu dois, ce me semble, comprendre ce langage.

« Tu ne m'as pas écrit, — naturellement ! — et je n'y comptais guère, malgré ta promesse. Mais, en revanche, tu as écrit à Dulaurier pour lui demander de l'argent, comme si je n'existais pas, moi ! Je l'ai rencontré, aujourd'hui même, alors que j'étais en course précisément pour t'en procurer, et il m'a tout appris.

« Tu es un traître, mon pauvre Caïn, et un imbécile par-dessus le marché. Comment pouvais-tu espérer que ce fantoche de lettres, cet Harpagon-Dandy, se porterait volontiers à te secourir ? Est-ce que, par hasard, tu tomberais dans le gâtisme définitif de supposer que cette reliure, soi-disant pensante, de tous les lieux communs et de toutes les inanités clichées, puisse être capable d'entrevoir seulement l'immense honneur que tu lui fais en l'implorant? C'est par trop idiot et si tu n'étais pas si malheureux, je t'assommerais d'injures.

« Il m'a joué tous les airs de sa mandoline, le misérable ! Il s'est attendri, comme toujours, sur tes chagrins, sur ta malechance littéraire, etc. Puis, prenant mon silence pour une approbation de tout ce qu'il lui plairait de me faire entendre, cet eunuque, — pour qui le *fanatisme* consiste à dire *oui* ou *non* sur n'importe quoi, — a parlé, une fois de plus, de ton intolérance si regrettable et de ton injuste rage de dénigrement ; il m'a donné sa parole d'honneur que tes absurdes principes étaient incompatibles avec l'idée qu'on pouvait se faire d'une tête sagement équilibrée et qu'ainsi tu n'arriverais jamais à rien. Au fond, il te redoute terriblement et voudrait bien que tu restasses à Périgueux.

« J'ai parfaitement senti qu'il tenait surtout à se justifier par avance du soupçon de ladrerie. Il paraît qu'il a poussé le zèle de l'amitié jusqu'à s'en aller demander pour toi l'aumône à Des Bois, qui s'est fendu de quelques pièces de cent sous, à ce que j'ai pu comprendre. Ça ne doit pas être gros. Une bien jolie pratique, celui-là encore ! J'espère bien que tu vas leur renvoyer immédiatement leur sale monnaie.

« Ce Dulaurier a eu un mouvement admirable : — Voulez-vous prendre ma montre ? m'a-t-il dit d'une voix mourante, vous la porteriez au mont-de-piété et vous enverriez l'argent à ce malheureux.

« Moi, toujours silencieux, je regardais l'oignon monter et descendre dans le gousset, puis finalement disparaître, comme un pauvre cœur qu'on dédaigne. Cela tournait au Palais-Royal.

« Cette oblation grotesque me rappela, néanmoins, que l'heure galopait. Je me hâtai de le féliciter sur son ruban rouge et sur le prix de cinq mille francs qu'on vient de lui décerner, en le suppliant avec douceur de vouloir bien épandre désormais sa protection sur quelques écrivains supérieurs que je lui nommai, et que les récompenses n'atteignent jamais. Il m'a regardé alors avec des yeux de merlan au gratin et s'est immédiatement fait disparaître. J'espère que m'en voilà débarrassé pour quelque temps.

« Maintenant, très cher, pleure à ton aise, tant que tu pourras, en une seule fois, et quand ce sera bien fini, fais ce que je vais te dire.

« Va-t'en à la Grande Chartreuse et demande l'hospitalité pour un mois. Je connais ces excellents religieux, confie-leur tes idées, tes projets, ils te feront la vie douce et, si tu sais leur plaire, ils ne te laisseront pas revenir à Paris sans ressources. N'hésite pas, ne délibère pas, je sais ce que je te dis. Je vais même écrire au Père Général pour t'annoncer et te présenter. On te sinapisera le cœur sur cette montagne et tu pourras ensuite reprendre la lutte avec une vigueur nouvelle qui déconcertera plusieurs sages.

« Ne t'inquiète pas au sujet de ta Véronique. La bonne fille s'extermine à prier pour toi dix-huit heures par jour. Tu peux te flatter d'être aimé d'une bien extraordinaire façon. Sa hâte de te revoir est extrême, mais elle comprend que je te donne un bon conseil en t'envoyant à la Chartreuse.

« Rien à craindre pour le pot-au-feu. Je suis là et tu dois un peu me connaître, n'est-ce pas ? Je te serre dans mes bras.

« GEORGES LEVERDIER. »

XVIII

Ce Georges Leverdier, à peine connu dans le monde des lettres, était bien, en réalité, le seul homme sur lequel Marchenoir pût compter. L'avare destinée ne lui avait donné que cet ami et, encore, elle l'avait choisi pauvre, comme pour empoisonner le bienfait.

Il faut l'expérience de la misère pour connaître l'affreuse dérision d'un sentiment exquis frappé d'impuissance. La crucifiante blague archaïque sur les consolations lambrissées et trimalcyonnes de l'amour dans l'indigence, ne paraît pas une ironie moins insupportable quand il s'agit de la simple amitié. C'est peut-être la plus énorme des douleurs, et la plus suggestive de l'enfer, que cette nécessité quotidienne d'éluder le réciproque secours qui s'achèterait quelquefois au prix de la vie, — si l'infâme vie du Pauvre pouvait jamais avoir le poids d'une rançon !

Leverdier, passionné pour Marchenoir, qu'il regardait comme un homme du plus rare génie, et dont il s'honorait d'être l'*inventeur*, avait réalisé des prodiges de dévouement. Il se comptait pour rien devant lui et ne s'estimait qu'à la mesure des services qu'il pouvait lui rendre.

Il l'avait connu en 1869, il y avait déjà quatorze ans, — alors que la supériorité hivernale de son étonnant ami ne donnait encore aucun signe de maturité prochaine. Mais il l'avait fort bien démêlée sous la gourmande frondaison de chimères et de préjugés qui en retardait le développement. Il avait même, en horticulteur plein de diligence, pratiqué, d'un sécateur tremblant, quelques émondages respectueux.

Marchenoir était un peu son œuvre. Naturellement froid et peu enthousiaste pourtant, cet original critique avait livré son âme en esclavage pour cette Galathée d'airain qui aurait lassé la ferveur d'un Pygmalion moins intellectuel. Cette donation de tout son être avait été jusqu'au célibat volontaire ! — la piété de ce séide ne lui permettant pas de reculer devant aucune immolation avantageuse pour son prophète.

Il est vrai que celui-ci lui avait à peu près sauvé la vie pendant la guerre. Ils faisaient partie du même bataillon de francs-tireurs et, dans l'effroyable sauve-qui-peut de la retraite du Mans, le chétif Leverdier, épuisé de fatigue et tordu par le froid, serait peut-être mort sur la neige, au milieu de l'indifférence universelle, si son compagnon, doué d'une vigueur extraordinaire, ne l'eût porté dans ses bras pendant plus de deux lieues et n'eût enfin réussi, par supplications et menaces, à le faire admettre dans une charrette quelconque dont il faillit égorger le conducteur.

Aussi, Leverdier ne pouvait s'absoudre de n'être pas millionnaire. Volontiers, il s'accusait de sa pauvreté comme d'une trahison.

— Je déteste l'argent pour lui-même, disait-il, mais je devrais être un sac d'écus sous la main de Marchenoir. J'aurais ainsi une excuse plausible d'encombrer sa voie.

Et cependant, il n'était guère assuré d'un futur triomphe ! Sa pensée, fort enflammée quand elle se fixait sur son ami, redevenait singulièrement lucide et froide quand il l'abaissait sur le public contemporain. L'espérance d'un avenir moins sombre était chez lui en raison inverse de la hauteur de génie qu'il supposait et ce calcul n'allait pas sans déchirement.

Marchenoir, son aîné de quelques mois, venait d'entrer dans sa quarante et unième année, il avait publié déjà deux livres jugés de premier ordre et la gloire aux mains pleines d'or ne venait pas. Elle se prostituait dans les pissotières du journalisme.

Leverdier avait fait des démarches inouïes auprès des directeurs et rédacteurs en chef qui se refusèrent toujours au lancement d'un écrivain dont l'indépendance révoltait leur abjection. Celui-ci, d'ailleurs, ne leur avait jamais caché son absolu dégoût. Littéralement, il les déféquait. Il laissait agir son fidèle esclave pour qu'on ne lui reprochât pas de refuser absolument de s'aider lui-même, mais il se serait fait couper tous les membres avec des cisailles de tondeur de jument et scier entre deux planches à bouteilles longtemps savonnées, par un maniaque centenaire ivre depuis trois jours, avant de consentir à une démarche personnelle en vue de recueillir, de leurs nidoreuses mains, un quartier de cette charogne archi-putréfiée dont ils sont les souteneurs et qu'ils vendent pour de la vraie gloire !

On ne pouvait raisonnablement pronostiquer un succès beaucoup plus éclatant à la nouvelle œuvre qui se préparait. Marchenoir allait toujours s'exaspérant dans sa forme déchaînée, qui rappelait l'invective surhumaine des sacrés Prophètes. Il se faisait de plus en plus torrentiel et rompeur de digues.

Leverdier qui l'admirait précisément à cause de cela, ne pouvait, cependant, se dissimuler, qu'on allait ainsi à d'inévitables catastrophes. Il avait fini par en prendre son parti et s'était fait le résigné pilote de la tempête et du désespoir.

XIX

La munificence de Leverdier consterna Marchenoir sans le surprendre. Depuis longtemps, il était habitué à ces merveilles de dévouement qui le bourrelaient d'inquiétude. Il ne s'était pas adressé à lui, le sachant fort gêné et capable, néanmoins, de s'écorcher vif et de se tanner sa propre peau, s'il eût fallu, pour lui procurer un peu d'argent. Quoique l'égoïsme affectueux et l'élégante sordidité de Dulaurier lui fussent parfaitement connus, il avait espéré que, pour cette fois, du moins, il n'oserait se dérober et que l'exceptionnelle monstruosité d'un tel refus l'épouvanterait par ses conséquences possibles. Il n'avait pas prévu le truc du docteur.

Il mit, un moment, les deux lettres sur le visage du mort, comme pour le faire juge, puis il alla s'occuper des préparatifs funèbres, non sans avoir cacheté avec soin, sous une vierge enveloppe, le billet de cent francs de Dulaurier qu'il lui renvoya, le soir même, sans un seul mot.

Il avait terriblement besoin d'une impression qui le protégeât contre les dévorements de sa pensée, et le message de son ami lui fut, de toutes manières, une délivrance.

Son père était mort sans le reconnaître, ou, ce qui revenait au même, sans témoigner, par aucun signe, qu'il le reconnût. Le silence de plusieurs années de séparation et de mécontentement n'avait pas été interrompu, même à ce suprême instant. Les deux dernières heures de l'agonie, il les avait passées auprès du moribond, agenouillé, pénitent, plein de prières, portant son cœur, — comme un calice, — dans ses mains tremblantes, pour qu'une parole, un regard ou seulement un geste de pardon y tombât. Le mystère de la Mort était entré, sans prendre conseil, et s'était assis entre eux sur son trône d'énigmes...

Cette reine de Saba qui pérambule sans cesse avec ses effrayants trésors de devinailles, Marchenoir la connaissait bien ! Il l'avait appelée en de néfastes heures, et elle était venue frapper à côté de lui, — tellement près qu'il en avait odoré le souffle et bu la sueur. Il lui en était resté comme un goût de pourriture et des crevasses au cœur !...

Mais, cette fois, il lui semblait avoir été mieux atteint. Il se découvrait une palpitation filiale ignorée et cet arrachement nouveau, après tant d'autres, lui parut une lésion énorme, hors de proportion avec le reliquat d'énergie qu'on lui laissait pour le supporter.

Un moment, il oublia tout, les deux êtres dont il etait aimé, les vastes projets de son esprit, le cadavre même qui bleuissait sous son regard, une glaçante rafale d'isolement vint tournoyer dans cette chambre mortuaire embrumée de crainte, il se sentit « unique et pauvre », ainsi qu'il est écrit du Sabaoth terrible, et il sanglota sur lui-même, comme un enfant abandonné dans les ténèbres...

Mais, bientôt, l'épine de révolte aux noires fleurs, dont il s'était transpercé de sa propre main, renouvela ses élancements. — Pourquoi une vie si dure ? Pourquoi cette aridité invincible de l'humus social autour d'un malheureux homme ? Pourquoi ces dons de l'esprit, si semblables à d'efficaces malédictions, qui ne semblaient lui avoir été départis que pour le torturer ? Pourquoi, surtout, ce piège à peu près inévitable, de ses facultés rationnelles en conflit perpétuellement inégal avec ses facultés affectives ?...

Tout ce qu'il avait entrepris pour la gloire de la vérité ou le réconfort de ses frères, avait tourné à sa confusion et à son malheur. Les entraînements de sa chair, les avait-il assez infernalement expiés ! C'était fini, maintenant, tout cela, c'était très loin, c'était effacé par toutes les canoniques pénitences qui raturent la coulpe du chrétien. Le torrent d'immondices avait passé sans retour, mais le vase de la mémoire avait gardé la lie la plus exquise d'anciennes douleurs, qui avaient été presque sans mesure.

Deux cadavres de femmes, naguère lavés de ses larmes, lui paraissaient étendus à droite et à gauche de celui de son père, et un quatrième, cent fois plus lamentable, — celui d'un enfant, — gisait à leurs pieds.

De ces deux femmes qu'il avait adorées jusqu'à la

démence et dont il avait accompli le miracle de se faire aimer exclusivement, la première, arrachée à une étable de prostitution, était morte phtisique, — après deux ans de misère partagée, — dans un lit d'hôpital, où le malheureux, n'ayant plus un sou, avait dû la faire transporter. Administrativement avisé du décès et voulant, au moins, donner une sépulture à la pauvre fille, il avait avalé, en l'absence momentanée de son ami, des vagues de boue pour trouver les quelques francs du convoi des pauvres, et il était arrivé une minute à peine avant l'expiration du délai réglementaire.

Ce déplorable corps nu, jeté sur la dalle de l'amphithéâtre, éventré par l'autopsie, environné d'irrévélables détritus, suintant déjà les affreuses liqueurs du charnier, avait commencé, pour ce contemplatif dévasté, la dangereuse pédagogie de l'Abyme !

XX

L'aventure de la seconde morte n'avait pas été moins tragique. Celle-ci, Marchenoir ne l'avait pas épousée sur un grabat de déjections, dans le gueulement d'épithalame d'une porcherie d'ivrognes en rut.

C'était une de ces pauvresses d'esprit de la débauche, — à casser les bras à la Justice ! — une de ces irresponsables chasseresses, ordinairement bredouilles, du Rognon pensant, sommelières sans vocation, inhabiles à soutirer la futaille humaine.

Il l'avait trouvée une nuit, dans la rue, désolée et sans asile. Son histoire, infiniment vulgaire, était la navrante histoire de cent mille autres. Séduite par un drôle sans visage que d'inscrutables espaces avaient presque aussitôt englouti, chassée de sa pudibonde famille et ballottée comme une épave, elle était tombée sous la domination absolue d'un de ces sinistres voyous naufrageurs, moitié souteneurs et moitié mouchards, qui monopolisent à leur profit la camelotte de l'innocence.

Forcée, depuis des mois, de transmuer sa chair en victuaille de luxure, sous la menace quotidienne d'épouvantables volées, la malheureuse, décidément inapte, mourante d'horreur et n'osant plus réintégrer l'horrible caverne, accepta sans hésitation les offres de service de Marchenoir, exceptionnellement galionné de quelques pièces de cent sous.

Incapable d'abuser d'une pareille détresse et rempli d'évangéliques intentions, celui-ci dormit sur une chaise plusieurs nuits de suite, cachant dans sa chambre et dans son lit cette désirable créature qui tremblait à la seule pensée de sortir. Il fallut devenir amoureux et le devenir passionnément. Le fragile chrétien interrompit, à la fin, ses dormitations cathédrales et une grossesse imprévue récompensa bientôt sa ferveur.

Il gagnait alors un peu d'argent, aux Archives de l'État, comme harponneur de documents onctueux, pour le compte d'un fabricant d'huile de baleine historique de l'Institut. Cette énorme aggravation de sa misère ne l'épouvanta pas. Praticien du concubinage héroïque, la circonstance d'un enfant à naître, loin de le troubler, lui parut un bénissable surcroît providentiel de tribulations.

Un soir, la grossesse étant déjà fort avancée, on rapporta chez lui sa maîtresse à moitié morte et l'enfant naissant. La mère étant tombée sur son ancien éditeur, avait été rouée de coups et sauvagement piétinée, au conspect d'un troupeau de boutiquiers dont pas un seul n'intervint. L'infortunée expira dans la nuit, après avoir accouché avant terme, laissant au seul ami qu'elle eût jamais rencontré, le souvenir crucifiant de la plus délicieusement naïve des tendresses.

Fauvement, il se jeta à son fils. Dans cette âme d'ancêtre, altérée de dilection, le sentiment paternel éclata comme un incendie.

Ce fut une nouvelle sorte de délire, fait de toutes les agitations précordiales du passé et de toutes les antérieures tempêtes, un epitomé sublime de toutes les procellaires véhémences de la passion, enfin clarifiée, spiritualisée, concentrée et dardée uniquement sur le berceau de cet enfantelet débile !

Redoutant les meurtrières abominations des nourriceries lointaines, il voulut le garder auprès de lui et, à force d'amoureuse énergie, parvint à le faire vivre jusqu'à l'âge de cinq ans. Ce que cela lui coûta, lui-même n'aurait pu le dire ! Mais il voulut être heureux de souffrir et se fit une volupté de râler toutes les agonies. Pour son enfant, il aurait accepté de cheminer dans une voie lactée de douleurs !

Lorsqu'après avoir fait n'importe lequel des quinze ou vingt métiers humiliants que la nécessité lui suggéra, il venait le reconquérir chez une vieille voisine qui le gardait en son absence, c'était un cri et une extase !...

Il prenait ce petit être comme Hercule dut prendre le grand Antée, fils de la terre, avec des bras enveloppeurs que l'écroulement des cieux n'aurait pu désenlacer. Il l'emportait dans sa chambre, comme un ravisseur, et le roulait éperdument dans son sein. C'étaient des baisers de folie, des balbutiements, des cataractes de pleurs !...

Il sortait de lui de si pénétrants effluves d'amour que l'enfant ne sentait aucun effroi de toutes ces furies et ne tremblait que du tremblement de douceur de ces bras terribles.

Voyant son père toujours en larmes, il lui essuyait les yeux du bout de ses faibles doigts, trop pâles. — Pauvre petit père, ne pleure pas, tu sais bien que ton petit André ne veut pas mourir sans ta permission, lui disait-il, la *dernière fois* qu'ils se virent, avec une précoce et surprenante lumière de pitié dans les deux lampes sépulcrales de ses vastes yeux d'enfant marqué pour la mort.

Cette frêle créature devait normalement expirer bientôt sur le cœur du malheureux homme, qui ne pouvait pas être le thaumaturge qu'il aurait fallu pour l'empêcher de mourir. Même cette redoutable consolation ne lui fut pas accordée ! La destinée, jusqu'alors simplement impitoyable, se manifesta soudain si noirement atroce, si démoniaquement hideuse, que le hurlement identique d'une éternité de damnation put être défié d'exprimer la touffeur de désespoir d'un plus hermétique enfer !

Comment la chose arriva-t-elle exactement ? Ce réprouvé ne parvint jamais à le savoir. Après trois jours d'une disparition que personne ne put expliquer, le corps du pauvre petit fut découvert par Leverdier, à la Morgue, entre un noyé et une assommée qui ressemblait vaguement à sa mère. Il fut établi que le *sujet* était mort d'inanition.

Comment et pourquoi? Questions sans réponse, mystère insoluble que rien ne put éclaircir...

Ce fut le bon Leverdier qui passa de jolis instants! Marchenoir eut quinze jours de frénésie admirablement caractérisée. Il fallut l'intervention du commissaire de police pour l'enterrement et huit paires de robustes bras pour lui arracher le corps de son fils. Il ne se retrouva lui-même qu'au bout de deux mois d'une sorte de fièvre turbulente, son organisme puissant ayant vaincu, — pour lui seul, hélas! — la mort jugée presque inévitable, une demi-douzaine de fois.

XXI

On conçoit maintenant ce que pouvaient être les idées et les sentiments de Marchenoir, veillant le cadavre de son père qu'il s'accusait d'avoir fait mourir. Le retour spectral de ses propres songes de béatitude paternelle éclairait d'une lumière fantastiquement désolée, — à la manière d'une lune déclinante et rasant le niveau des eaux, — la vengeresse coalition de ses remords. Les remontrances expiatrices de son passé lui faisaient, une fois de plus, indéniablement manifeste, l'inoxydable équité des glaives dans les cœurs qui sont à point pour être transpercés.

C'était vrai, cependant, que pour lui, les glaives avaient été jugés par trop nobles. Ce qu'il avait enduré, c'était une transfixion de pilotis, enfoncés à coups de marteaux qui pesaient le monde, avec cent mille hommes au cabestan !

Mais, en cet instant de méditative rétrogradation de sa conscience, envahi du grandiose quasi divin de la paternité et mesurant à ses souffrances personnelles les présumables souffrances du mort, il se persuadait qu'une Justice incapable d'erreur s'était exercée, ici et là, comme toujours, dans d'irrépréhensibles arrêts, quoiqu'il se proclamât sans intelligence pour en pénétrer les indéchiffrables considérants. Etant arrivé par cette route à un complet attendrissement, les larmes avaient redoublé dans le silence précaire de l'esprit et le facteur de la poste avait dû présenter son registre ponctuel au plus beau milieu d'une tempête de pleurs.

Dans son actuelle disposition à tout magnifier, la fidélité canine de son ami lui parut immense, surhumaine, et, par un bonheur inouï, il ne se trompait pas. Leverdier était véritablement unique. On pouvait croire qu'il avait été créé spécialement pour cette besogne de se donner à un être d'exception qui, sans lui, eût été tout à fait seul. Pour employer une image extravagante et monstrueuse, ce dévouement était comme l'appendice génital de la supériorité virile de Marchenoir, probablement inféconde sans ce testicule providentiel !

Sa lettre lui fut donc un dictame, un électuaire, un rafraîchissement céleste. Sans hésiter une seconde, il résolut d'accomplir le voyage que lui conseillait un homme dont il avait eu tant d'occasions d'éprouver le pratique discernement. D'ailleurs, cette retraite à la Grande Chartreuse était, depuis longtemps, un de ses vœux et lui souriait étrangement.

Il était, certes, bien éloigné de la vocation cénobitique. Après la mort de son enfant, il y avait deux ans, la pensée lui était venue d'essayer de la Trappe et il avait été se faire tâter à la Maison-Dieu. L'expérience, fort bien faite, avait donné un résultat surabondamment négatif et on ne s'était pas gêné pour lui dire qu'une excessive activité d'imagination s'opposait en lui à l'architecture de cet acéphale rigide et pieux qu'on nomme un trappiste.

Mais quelques semaines de recueillement dans la mouvance plus intellectuelle de saint Bruno lui paraissaient extrêmement désirables. Il pourrait, dans la paix sédative de ce désert, vérifier à l'aise certaines inductions métaphysiques encore insuffisamment élaborées, pour un livre qu'il avait entrepris dans les affres écartelantes de son existence de Paris. Surtout, il appuierait son âme exténuée à ce rouvre monastique du silence et de la prière qui lui communiquerait, sans doute, quelque chose de sa tranquille vigueur.

Du côté de cette femme que Leverdier nommait Véronique et qui n'était pas la maîtresse de Marchenoir, quoiqu'elle vécût avec lui et par lui, la sollicitude pélicane de son mamelouck le délivrait de tout rongeur souci, au sujet de la subsistance quotidienne, aussi longtemps que durerait sa départie. Il y avait là une histoire aussi simple que peu vraisemblable.

Véronique Cheminot, célèbre, naguères, au quartier latin sous le nom expressif de la *Ventouse*, était une splendide goujate que dix années, au moins, de prostitution sur vingt-cinq, n'avaient pu flétrir. Et Dieu sait, pourtant, l'effroyable périple de ce paquebot de turpitudes !

Née dans un port breton, d'une ribaude à matelots malencontreusement fruitée par un cosmopolite inconnu, nourrie, on ne savait comment, dans cet égout, polluée dès son enfance, putréfiée à dix ans, vendue par sa mère à quinze, on l'avait vue se débiter dans toutes les halles à poisson de la luxure, se détailler à la main sur tous les comptoirs de stupre, pendre à tous les crocs de la grande triperie du libertinage.

Le boulevard Saint-Michel l'avait assez connue, cette rousse audacieuse qui avait l'air de porter sur sa tête tous les incendies qu'elle allumait dans les reins juvéniles des écoles !

Elle ne passait pas généralement pour une *bonne fille*. Quoiqu'elle eût fait d'étranges coups de tête pour des hommes qu'elle prétendait avoir aimés, cette avide guerrière se livrait à de terrifiques déprédations qui la rendaient infiniment redoutable aux familles. A l'exception de quelques rares et singuliers caprices qui lui faisaient mettre parfois dans son lit des vagabonds sans asile, — et qu'on expliquait inexactement par la fangeuse nostalgie de sujétion particulière à ces réfractaires, — ses caresses les plus authentiques étaient d'une vénalité escaladante, qui montait jusqu'au lyrisme. Elle avait gardé cette ingénuité de croire fermement que les hommes qui la désiraient étaient tous des apoplectiques d'argent qu'aucune saignée ne pouvait jamais anémier.

Sa cupidité fort à craindre n'était pourtant pas hideuse. Elle vidait facilement son porte-monnaie dans la main de ses camarades moins achalandées et, quelquefois même, ne se refusait pas la fantaisie d'inviter brusquement le premier mendiant guenilleux qu'on rencontrait, à l'inexprimable consternation du *type*, horripilé de ce convive et menacé, — s'il aventurait un mot séditieux, — de l'apparition d'Adamastor.

XXII

Marchenoir avait été désigné pour retirer ce Maëlstrom de la circulation. Il n'y pensait guère, pourtant, quand la chose lui arriva. Il commençait à peine à se remettre et à se radouber de l'énorme tourmente de cœur qui vient d'être racontée. Il ne se sentait nullement disposé à recommencer ces sauvetages, ces rédemptions de captives qui lui avaient coûté si cher et qui avaient été si nombreux en une dizaine d'années, quoique les deux plus considérables seulement aient dû être mentionnés, à cause de leur durée et du tragique de leur dénouement.

D'ailleurs, une grande révolution s'était faite en lui, fort antérieure à la récente catastrophe. Il vivait dans la continence la plus ascétique et les sophismes de la chair n'avaient plus aucune part aux déterminations victorieuses de sa volonté. Parvenu enfin à la plénitude de sa force intellectuelle et physiologique, il était, de tous les hommes, le plus tendre et le plus inséductible.

Aucune circonstance dramatique ne signala le commencement de ses relations avec la *Ventouse*. Ayant cessé, depuis Leverdier, le famélique vagabondage de ses débuts, gagnant à peu près sa vie et, aussi, souvent celle des autres, par diverses industries dont la littérature était la moins lucrative, connu déjà par des scandales de journaux et même un peu célèbre, — ce sombre individu, si différent de tout le monde et qui ne parlait jamais à personne, intrigua fortement la bohémienne qui le voyait habituellement déjeuner à quelques pas d'elle, dans un petit restaurant du carrefour de l'Observatoire. Ce fut à un point qu'elle prit des informations et rêva d'exercer sur lui son ascendant.

Le manège de circonvallation fut banal, comme il convenait, et tout à fait indigne de la majesté de l'histoire. Elle obtint ceci que Marchenoir, très doux sous son masque de fanatique, répondit, sans même fixer les yeux sur elle, aux remarques saugrenues qu'elle supposait grosses d'une conversation, par d'inanimés monosyllabes qu'on aurait crus péniblement tirés à la poulie du fond d'un puits de silence.

Exaspérée de ce médiocre résultat, elle lui dit un jour :

— Monsieur Marchenoir, j'ai envie de vous et je vous désire, voulez-vous coucher avec moi ?

— Madame, répondit l'autre avec simplicité, vous tombez fort mal, je ne couche jamais.

Et c'était vrai. Il travaillait jour et nuit avec furie

et ne dormait qu'un petit nombre d'heures dans un fauteuil, ce qui fut laconiquement expliqué.

Cette rousse, très stupéfaite, entreprit alors le seul déballage nouveau pour elle, des sages remontrances. Elle parla comme une mère prudente de la nécessité d'une meilleure hygiène, de la longueur des jours et du nécessaire repos des nuits, faites pour dormir, assurait-elle. Enfin, elle crut discerner le besoin pour *un homme de pensée* d'avoir quelqu'un qui s'occupât de ses petites affaires, etc. Marchenoir paya son déjeuner et ne revint plus.

Un mois après, rentrant chez lui par un minuit très froid, il la trouva accroupie et grelottante sur le seuil de sa porte. Il ne demanda aucune explication, la fit entrer dans sa chambre, alluma du feu, lui montra son lit et se mit au travail. Pas un mot n'avait été prononcé.

Elle vint lui passer ses superbes bras autour du cou.

— Je t'aime, lui souffla-t-elle, je suis folle de toi. Je ne sais pas ce que j'ai. Je ne voulais plus penser à ce caprice que j'avais eu de te tenir dans mes bras, mais ce soir, je me serais traînée sur les genoux pour venir ici. Je vois bien que tu n'es pas comme les autres et que tu dois fièrement me mépriser. Tant pis, dis-moi ce que tu voudras, mais ne me repousse pas.

Et l'impudique vaincue, craignant de déplaire par un baiser, se coula par terre à ses pieds et fondit en larmes.

Marchenoir eut le frisson de la mort. — Ne sera-ce donc jamais fini ? pensa-t-il. Il se pencha et partageant l'épaisse chevelure de cette Salamandre en *abime*, ondée de flammes, — avec une douceur qui était presque de la tendresse, il lui raconta sa pauvreté et son deuil immense; il lui représenta, sans espoir d'être compris, l'impossibilité de nouer ou de ficeler deux existences telles que les leurs et son horreur, désormais insurmontable, de tout partage, aussi bien dans le passé que dans l'avenir.

A ce mot de *partage*, la belle fille redressa la tête et, sans vouloir se relever, croisant ses mains en suppliante sur les genoux du maître qu'elle s'était choisi :

— Pardonnez-moi de vous aimer, dit-elle, d'une voix singulièrement humble. Je sais que je ne vaux rien et que je ne mérite pas que vous fassiez attention à moi. Mais il ne peut y avoir de partage. Vous m'avez prise et je ne peux plus être qu'à vous, à vous seul. Les infamies de mon passé, je me les reproche comme des *infidélités* que je vous aurais faites... Vous êtes un homme religieux, vous ne refuserez pas de sauver une malheureuse qui veut se repentir. Laissez-moi près de vous. Je ne vous demande pas même une caresse. Je vous servirai comme une pauvre domestique, je travaillerai et je deviendrai peut-être une bonne chrétienne pour vous ressembler un peu. Je vous en supplie, ayez pitié de moi !

Jamais Marchenoir n'avait été si bien ajusté. Il ne se crut pas le droit de renvoyer au marché cette esclave qui lui paraissait s'offrir encore plus à son Dieu qu'à lui. Tous les dangers qui peuvent résulter pour un catholique exact d'une si prochaine occasion habituelle de manquer de continence, il les accepta, avec la certitude résignée de compromettre et de surcharger abominablement sa vie.

Quelques jours après, il s'installait avec Véronique, rue des Fourneaux, au fond de Vaugirard, dans un petit appartement d'ouvrier. Alors, commença cette cohabitation tant calomniée de deux êtres absolument chastes, à la fois si parfaitement unis et si profondément séparés. La formidable machine à vanner les hommes qui s'était appelée la *Ventouse*, devint, par miracle, une fille très pure et un encensoir toujours fumant devant Dieu. Les pratiques religieuses, d'abord commencées en vue de s'identifier avec l'homme qu'elle aimait, devinrent bientôt un besoin de son amour, son amour même, transfiguré, transporté dans l'infini !

XXIII

Il y eut peu de monde à l'enterrement, les pauvres cercueils n'étant pas, à Périgneux plus qu'ailleurs, convoyés par des multitudes. Il est vrai que Marchenoir, ayant oublié jusqu'aux noms de la plupart de ses concitoyens d'autrefois, s'était borné à faire insérer dans l'*Echo de Vésone* un entrefilet de convocation générale aux obsèques du défunt. D'ailleurs, la Liturgie mortuaire de l'Eglise, — la plus grande chose terrestre à ses yeux — agissait sur tout son être, en cette circonstance, avec une force inouïe et l'exiguïté du bétail condolent ne fut inaperçue que de lui.

Pour un pareil désenchanté de la vie, qui n'en

connut jamais que les plus atroces rigueurs, et qui semblait avoir été créé eunuque aux joies de ce monde, il y avait dans l'appareil religieux de la mort une force de vertige qui le confisquait tout entier avec un absolu despotisme. C'était la seule majesté à laquelle ce révolté ne résistât pas. On l'avait vu souvent suivre des enterrements d'inconnus et il fallait qu'il fût bien pressé pour ne pas entrer dans une église, lorsque le seuil tendu de noir l'avertissait de quelque cérémonie funèbre. Combien d'heures il avait passées dans les cimetières de Paris, à des distances infinies du vacarme social, déchiffrant les vieilles tombes et les surannées épitaphes des adolescents en poussière, dont les contemporains étaient aujourd'hui des ancêtres et dont personne au monde ne se souvenait plus !

Aux yeux de ce contempteur universel, la Mort était vraiment la seule souveraine qui eût le pouvoir d'ennoblir pour de bon la fripouille humaine. Les médiocres les plus abjects lui devenaient augustes aussitôt qu'ils commençaient à pourrir. La charogne du plus immonde bourgeois se calant et se cantonnant dans sa bière, pour une sereine déliquescence, lui paraissait un témoignage surprenant de l'originelle dignité de l'homme.

Cette irraisonnée induction, venant à refluer intérieurement sur le plexus syllogistique de son esprit, Marchenoir avait toujours été rempli de conjectures devant tous les signes funèbres. Sans doute, les oracles de la foi touchant les fins dernières et l'ultime rétribution de l'animal responsable, suffisaient à ce croyant. Mais le visionnaire qui était au fond du croyant avait de bien autres exigences, que Dieu seul, sans doute, eût été capable de satisfaire.

Précisément, ce mot d'exigence le faisait bondir. Lui que la mort avait tant déchiré, il se raidissait, en des transports de rage, contre la rhétorique de résignation, qui nomme *repos* ou *sommeil*, la liquéfaction des yeux et le rongement des mains de l'être aimé, et le grouillement d'helminthes de sa bouche, et tous les viols inexprimables de la matière sur cette argile si vainement spiritualisée ! Il trouvait que l'exigence n'était vraiment pas du côté d'un homme à qui on prenait sa femme ou son enfant, pour en faire, il ne savait quoi, et qu'on priait d'attendre jusqu'à la consommation des siècles !

Si ce n'était pas là une dérision à faire crouler les étoiles, c'était terriblement demander en échange de dons si précaires ! Même en sachant tout, ce serait intolérable, et la vérité, c'est qu'on ne sait rien, absolument rien, sinon ce que le christianisme a voulu nous dire.

Mais quoi ! c'est un atome d'espérance pour contrepeser un mont de terreurs ! La religion seule donne la certitude de l'immortalité, mais c'est au prix de l'enfer *possible*, de la défiguration sans retour, du monstre éternel !

Cette pauvre créature qu'il pleure, le misérable et qu'il appelle en de désolées clameurs du fond de ses nuits, — qui fut son paradis terrestre, son arbre de vie, son rafraîchissement, sa lumière et sa paix dans ses combats, — qu'il n'aille pas s'imaginer, au moins, qu'il lui suffise de l'avoir vu mourir et d'avoir livré le déplorable corps, aux dévorants hideux qui sont sous la terre. Si son âme est profonde, tout cela n'est que le commencement des douleurs.

Il y a, — qu'il ne l'oublie pas ! — le ciel et l'enfer, c'est-à-dire une chance de béatitude contre dix-sept cent mille de malédiction et de hurlements sempiternels, ainsi que l'enseigne Monsieur Saint Thomas d'Aquin, dont le Bon Pasteur ne paraît pas avoir prévu les doctrines !

Les irrésistibles entraînements de cœur qui jetèrent dans ses bras l'infortunée, les caresses presque chastes, mais non permises, qui lui faisaient oublier, un instant, l'abomination de sa misère, — pendant qu'il s'attendrit confortablement sous les marronniers en fleur, — elle est probablement en train de les expier d'une façon qu'on ne pourrait pas, sans crever de rire, le voir entreprendre de conjecturer.

C'est toute la puissance divine qui est en armes pour supplicier cette douce fillette qui buvait les pleurs de ses yeux et qui se mettait à genoux pour laver ses pieds en sang, quand il avait trop marché pour sa rédemption. C'est maintenant contre elle toute une armée de Xerxès d'épouvantements. La plus intime essence du feu sera tirée de l'actif noyau des astres les plus énormes, pour une inconcevable flagrance de tortures qui n'auront *jamais* de fin. Cette affreuseté de la putréfaction sépulcrale qui est à faire se cabrer les cavalcades de l'Apocalypse, — ah ! ce n'est rien, c'est la beauté même, comparée à l'infamation surnaturelle de l'image de Dieu dans ce brûlant pourrissoir !...

Le désolé catholique avait eu souvent de ces pensées qui le roulaient par terre, rugissant, épileptique, écumant d'horreur. — Dix mille ans de séparation, criait-il, je le veux bien, mais au moins, que je sache où ils sont ceux que j'ai aimés !

Obsécration insensée d'une âme ardente ! Il aurait tout accepté, le diadème de crapauds, le mouvant collier de reptiles, les yeux de feu luisant au fond des arcades de vermine, les bras visqueux, tuméfiés, pompés par les limaces ou les araignées, et l'épouvantable ventre plein d'antennes et d'ondulements, — enfin des apparitions à le tuer sur place, — s'il eût été possible d'apprendre quelque chose, au prix de cette monstrueuse profanation de ses souvenirs !

Et, maintenant, au bord de la fosse où, le prêtre étant parti, les pelletées de terre tombaient comme des pelletées de siècles sur le nouveau stagiaire de l'éternité, il ne trouvait, en fin de compte, d'autre refuge que la Prière. Cette âme lassée ne s'épuisait plus en sursauts et en convulsions inutiles. Catholique étonnamment fidèle, il s'arrangeait pour retenir le dogme tridentin de l'enfer interminable, en écartant l'*irrévocabilité* de la damnation. Il avait trouvé le moyen de mettre debout et de donner le souffle de vie à cette antinomie parfaite qui ressemblait tant à une contradiction dans les termes, quoiqu'elle devînt une opinion singulièrement plausible quand il l'expliquait. Mais la prière seule lui était vraiment bienfaisante, — l'infinie simplicité de la prière, par laquelle une vie puissante et cachée sourdait tout au fond de lui, par-dessous les plus ignorés abîmes de sa pensée...

Il resta longtemps à genoux, si longtemps que les fossoyeurs achevèrent leur besogne et, pleins d'étonnement, l'avertirent qu'on allait fermer la porte du cimetière. Il eut une satisfaction à s'en aller seul ayant fort redouté les crocodiles du sympathique regret. Son départ de Périgueux était fixé pour le lendemain et il se proposait de ne voir personne. Il rentra donc immédiatement, se fit apporter une nourriture quelconque et passa une partie de la nuit à écrire la lettre suivante à son ami Leverdier.

XXIV

« J'ai reçu ton argent, mon fidèle, mon unique Georges. Je ferai ce que tu me conseilles de faire, comme si c'était la Troisième Personne divine qui eût parlé, et voilà tout mon remerciement. J'arrive du cimetière et je pars demain pour la Grande Chartreuse.

« Je t'écris afin de me reposer en toi des émotions de ces derniers jours. Elles ont été grandes et terribles. Une virginité de cœur m'a été refaite, je pense, tout exprès pour que je visse expirer mon père que je ne croyais, certes, pas aimer tant que cela. Tu sais combien peu de place il avait voulu garder dans ma vie. Nous nous étions endurcis l'un contre l'autre, depuis longtemps, et je n'attendais rien de plus que cette obscure trépidation que donne à des mortels la vision immédiate et sensible de la mort. Il s'est trouvé qu'il m'a fallu prendre une hache et trancher des câbles pour échapper à ce trépassé qu'on portait en terre...

« Je suis saturé, noyé de tristesse, mon ami, ce qui ne me change guère, tu en conviendras, mais la grande crise est passée et le voyage de demain m'apparaît comme une de ces aubes glacées et apaisantes que je voyais poindre, il y a deux ans, du fond de mon lit de fiévreux, après une nuit de fantômes. Ils encombrent désormais ma vie, les fantômes ! ils m'environnent, ils me pressent comme une multitude, et les plus à redouter, hélas ! ce sont encore les innocents et les très pâles qui me regardent avec des yeux de pitié et qui ne me font pas de reproches !

« Je viens de parcourir, en gémissant, cette pauvre maison de mon père où je suis né, où j'ai été élevé et qu'il va falloir vendre pour payer d'anciennes dettes, ainsi qu'on me l'a expliqué. La mélancolique sonorité de ces chambres vides, plafonnées, pour mon imagination, de tant de souvenirs anciens, a retenti profondément en moi. Il m'a semblé que j'errais dans mon âme déserte à jamais.

« Pardonne-moi, mon bon Georges, ce dernier mot. Je crois que je ne pourrai jamais dire exactement ce que tu es pour le sombre Marchenoir. J'ai eu un frère aîné mort très jeune, dans la même année que ma mère. Tout à l'heure, j'ai retrouvé des objets enfantins qui lui ont appartenu. Je t'en ai déjà parlé. Il s'appelait Abel et c'est, sans doute, ce qui détermina mon père à m'accoutrer de ce nom de Caïn dont je suis si fier. Je l'aurais peut-être aimé beaucoup s'il avait pu vivre, mais je ne me le représente pas comme toi et je ne te nommerais pas volontiers mon frère.

« Tu es autre chose, un peu plus, ou un peu moins, je ne sais au juste. Tu es mon gardien et mon toit, mon holocauste et mon équilibre, tu es le chien sur mon seuil, je ne sais pas plus ce que tu es, que je ne sais ce que je suis moi-même. Mais, quand nous serons morts à notre tour, si Dieu veut faire quelque chose de nos poussières, il faudra qu'il les repétrisse ensemble, cet architecte, et qu'il y regarde à trois fois avant d'employer l'étrange ciment qui lui collera ses mains de lumière!

« Tu as sans doute raison de me reprocher d'avoir écrit à Dulaurier et j'ai raison aussi, très probablement, de l'avoir fait. Il a jugé convenable de me répondre par une lettre qui le déshonore. N'est-ce pas là un beau résultat? Tout ce que tu m'écris de lui, il a pris la peine de me l'écrire lui-même. Le pauvre garçon, c'est à peine s'il se cache de la terreur que je lui inspire.

« Franchement, j'avais cru que ce sentiment bien connu de moi, à défaut de magnanimité, vaincrait son avarice et le déterminerait à me rendre le facile service que je lui demandais. Il a eu la bonté de me conseiller la *fosse commune*, en me rappelant à l'humilité chrétienne. Pour être si imprudent, il faut qu'il me croie tout à fait vaincu, autrement ce serait par trop bête d'outrager un homme dont la mémoire est fidèle et qui a une plume pour se venger!

« Quant au docteur, je ne l'avais pas prévu dans cette affaire. Ah! ils sont dignes de s'estimer et de se chérir, ces négriers de l'amitié qui m'ont jeté pardessus bord à l'heure de prendre chasse, et qui mettraient à mes pieds les trésors de leur dévouement si j'obtenais un succès qui me rendît formidable! Avec quelle joie je leur ai renvoyé leur argent, tu le devines sans peine.

« Mais laissons cela. J'ai reçu la visite du notaire de la famille. Je lui suppose d'autres clients, car il est gras et luisant comme un lion de mer. Cet authentique personnage m'apportait d'infinies explications auxquelles je n'ai rien compris, sinon que mon père, vivant uniquement d'une pension de retraite, ne laisse absolument que sa maison et le mobilier, l'un et l'autre de peu de valeur, ce que je savais aussi bien que lui. Mais il m'a révélé certaines dettes que j'ignorais. Il faut tout vendre et l'acquéreur est déjà trouvé, paraît-il. J'ai même cru démêler que je pouvais bien n'en être séparé que de l'envergure d'un large soufflet. N'importe, j'ai signé ce qu'il a fallu, le drôle ayant tout préparé d'avance. Les pauvres n'ont pas droit à un foyer, ils n'ont droit à rien, je le sais, et je me suis cerclé le cœur avec le meilleur métal de ma volonté pour signer plus ferme.

« On me fait espérer un reliquat de quelques centaines de francs qui me seront envoyés, le tripotage consommé. Ce sera mon héritage. Si ton Général des Chartreux veut me gratifier de son côté, il m'en coûtera peu de recevoir l'aumône de sa main. Nous pourrons, alors, faire l'acquisition d'un nouveau cheval de bataille pour la revanche ou pour la mort. J'ai le pressentiment que ce sera plutôt la mort et je crois vraiment qu'il me faudrait la bénir, car je commence à furieusement me lasser de jouer les Tantales de la justice !

« Dis à ma chère Marie l'Egyptienne qu'elle continue de prier pour moi dans le désert de notre aride logement. Elle ne pourrait rien faire qui me fût plus utile. Tu ne comprends pas trop bien tout cela, toi, mon pauvre séide. Tu ne sais que souffrir et te sacrifier pour mon service, comme si j'étais un Manitou de première grandeur, et la merveille sans rivale de cette fille consumée de l'amour mystique, est presque entièrement perdue pour toi. Tous les prodiges de l'Exode d'Egypte se sont accomplis en vain, sous tes yeux, en la personne de cette échappée à l'ergastule des adorateurs de chats et des mangeurs de vomissements à l'oignon de la Luxure.

« Pour moi, je grandis chaque jour dans l'admiration et je m'estime infiniment honoré d'avoir été choisi pour récupérer cette drachme perdue, cette perle évangélique flairée et contaminée par le groin de tant de pourceaux.

« Il est étrange que je sois précisément l'homme qu'il fallait pour rapprocher deux êtres si exceptionnels et si parfaitement dissemblables. Dans votre émulation à me chérir, c'est toi, l'homme de glace, qui me brûles et c'est elle, l'incendiée, qui me tempère. Tu ne te rassasies jamais de ce que tu nommes mes audaces et elle tremble parfois de ce qu'elle appelle naïvement *mes justices*. En même temps, vous vous reprochez l'un à l'autre de m'exaspérer. Chers et uniques témoins de mes tribulations les plus cachées, vous êtes bien inouïs tous les deux et nous faisons, à nous trois, un assemblage bien surprenant !

« Aujourd'hui, tu m'envoies à la Chartreuse du même air d'oracle que tu voulus, autrefois, me détourner d'aller à la Trappe. Seulement, cette fois, je t'obéis sans discussion et même avec autant d'allégresse qu'il est possible. Tel est le progrès de ton génie.

« Tu te portes garant de la roborative et intelligente hospitalité des Chartreux. Je le crois volontiers. Cependant il est peu probable que j'écrive beaucoup dans leur maison. Mais je ferai de l'ordre dans le taudion de mes pensées et je ferai passer le fleuve de la méditation la plus encaissée au travers des écuries d'Augias de mon esprit.

« Quel livre pourrait être le mien, pourtant, si j'enfantais ce que j'ai conçu ! Mais quel accablant, quel formidable sujet ! Le *Symbolisme de l'histoire !* c'est-à-dire l'hiérographie providentielle, enfin déchiffrée dans le plus intérieur arcane des faits et dans la kabale des dates, le sens *absolu* de signes chroniques, tels que Pharsale, Théodoric, Cromwell ou l'insurrection du 18 mars, par exemple, et l'orthographe *conditionnelle* de leurs infinies combinaisons ! En d'autres termes, le calque linéaire du plan divin rendu aussi sensible que les délimitations géographiques d'un planisphère, avec tout un système corollaire de conjecturales aperceptions dans l'avenir !!... Ah ! ce n'est pas encore ce livre qui me fera populaire, en supposant que je puisse le réaliser !

« Je te quitte, mon ami, la fatigue m'écrase et l'heure galope avec furie. J'ai hâte de fuir cette ville où je n'ai que des souvenirs de douleur et des perspectives de dégoût. Or, j'ai beaucoup à brûler, avant mon départ, dans cette maison qu'on va vendre. Je ne veux pas de profanations. Mais, ça ne va pas être fertile en gaîté, non plus, cette exécution de toutes les reliques de mon enfance !... Bonsoir, mes chers fidèles, et au revoir dans quelques semaines.

« Marie-Joseph Caïn Marchenoir. »

XXV

Le surlendemain, Marchenoir commençait à pied l'ascension du Désert de la Grande Chartreuse. Lorsqu'il eut franchi ce qu'on appelle l'entrée de Fourvoirie, rainure imperceptible entre deux rocs monstrueux, au delà desquels la vie moderne paraît brusquement s'interrompre, une sorte de paix joyeuse fondit sur lui. Il allait enfin savoir à quoi s'en tenir sur cette Maison fameuse dans la Chrétienté, — si bêtement entrevue, de nos jours, à travers les fumées de l'alcoolisme démocratique, — ruche alpestre des plus sublimes ouvriers de la Prière, de ceux-là qu'un vieil écrivain comparait aux Brûlants des cieux et qu'il appelait pour cette raison, les « Séraphins de l'Eglise militante ! »

Les gens badigeonnés d'une légère couche de christianisme, qui veulent que les pèlerinages soient commodes, affirment sous serment que le monastère est inaccessible dans la saison des neiges. L'effet heureux de ce préjugé est une restitution périodique de l'antique solitude cartusienne tant désirée par saint Bruno pour ses religieux !

L'énorme affluence des voyageurs, dans ce qu'on est convenu d'appeler la belle saison, doit être, pour les solitaires, une bien pesante importunité. La foi du plus grand nombre de ces curieux n'aurait certainement pas la force évangélique qui fait bondir les montagnes, et beaucoup viennent et s'en vont qui n'ont pas d'autre bagage spirituel que le très sot journal d'un touriste sans ingénuité. N'importe ! ils sont reçus comme s'ils tombaient du ciel, — aérolithes mondains de peu de fulgurance, qui ne déconcertent jamais l'accueillante résignation de ces moines hospitaliers.

La Grande Chartreuse doit donc être visitée en hiver par tous ceux qui veulent se faire une exacte idée de cette merveilleuse combinaison de la vie érémitique et de la vie commune qui caractérise essentiellement l'ordre cartusien, et dont la triomphante expérience accomplit, tout à l'heure, son huitième siècle.

Fondée, en 1084, la famille de saint Bruno, — rouvre glorieux qui couvrit le monde chrétien de sa puissante frondaison, — seule entre toutes les familles religieuses, a mérité ce témoignage de la Papauté : *Cartusia nunquam reformata, quia nunquam deformata*, l'ordre des Chartreux, ne s'étant point déformé, n'a jamais eu besoin d'être réformé. »

Dans un siècle aussi jeté que le nôtre aux lamproies ou aux murènes de la définitive anarchie qui menace de faire ripaille du monde, il est au moins intéressant de contempler cet unique monument du passé chrétien de l'Europe, resté debout et intact, sans ébranlement et sans macule, dans le milieu du torrent des siècles.

« D'où cela vient-il ? — dit un auteur chartreux contemporain. — De la sagesse qui accompagne nécessairement les résolutions du Définitoire, puisque ses Ordonnances n'obligent qu'après avoir été mises à l'essai ; puisque ses Constitutions doivent être approuvées par ceux qui ne les ont pas faites. Ce qui nous a sauvés, c'est ce Définitoire libre, impartial, toujours indépendant, puisque les religieux qui peuvent et doivent le composer arrivent en Chartreuse ignorants ou incertains de leur nomination ; ils y viennent alors sans idées préconçues, sans parti-pris : la brigue et la cabale seraient impossibles.

« Dans les séances annuelles du Chapitre Général, la première occupation de cette assemblée est de former le Définitoire, composé de huit *Définiteurs* nommés au scrutin secret et n'ayant point fait partie du définitoire de l'année précédente. Ce définitoire, sous la présidence du R. P. Général, est chargé du bien de tout l'Ordre et exerce, conjointement avec le chef suprême, la plénitude du pouvoir, en vue d'ordonner, de statuer et de définir.

« Ce qui nous a sauvés, c'est l'énergie de cette espèce de concile, composé de membres de différentes nations qui, pour la plupart, n'ont point vécu et ne doivent point se retrouver avec ceux qu'ils frapperont d'une juste sentence. Parfaitement libre, il n'a jamais reculé, en aucune occasion, devant un coup d'énergie. Jamais, dans l'Ordre entier, jamais, dans une province, un abus n'a été approuvé, même tacitement ; nous pouvons même dire, histoire en main, que jamais un manquement grave aux Règles fondamentales de la vie cartusienne n'a été toléré dans aucune Chartreuse. Le Définitoire a averti, patienté, insisté, menacé ; enfin, il a pris un moyen extrême, mais décisif, en vue du bien commun : il a rejeté telle maison qui n'observait plus la Règle dans son entier et refusait de s'amender et de se soumettre ; il l'a rejetée, déclarant que ni les personnes ni les biens n'appartenaient plus à l'Ordre, laissant aux réfractaires, édifices, rentes, propriétés, tout, excepté le nom de Chartreux et la Règle de saint Bruno.

« *Cartusia nunquam deformata*, parce que dès que l'Ordre prit de l'extension, au commencement du douzième siècle, nos ancêtres surent nous donner une Constitution aussi forte qu'elle était large, aussi sage qu'elle était gardienne de la seule vraie liberté qui consiste, non point à pouvoir faire le mal ou le bien, mais, au contraire, à être dans l'heureuse nécessité de ne faire que le bien, tout en choisissant, parmi ce qui est bien, ce qui nous paraît le meilleur. »

Du reste, il suffit de franchir les limites de ce célèbre Désert, pour sentir l'absence soudaine du dix-neuvième siècle et pour avoir, autant que cela est possible, l'illusion du douzième. Mais, il faut que la route ne soit pas encombrée par les caravanes tapageuses de la Curiosité. Alors, c'est vraiment le Désert sourcilleux et formidable que Dieu lui-même, dit-on, avait désigné à son serviteur Bruno et à ses six compagnons, pour que leur postérité spirituelle y chantât, pendant huit cents ans, au moins, dans la paix auguste des hauteurs, la Jubilation de la terre devant la face du Seigneur Roi. *Jubilate Deo omnis terra... Jubilate in conspectu Regis Domini!*

Marchenoir n'avait jamais savouré si profondément la beauté religieuse et pacifiante du silence, que dans cette montée de la Grande Chartreuse, entre Saint-Laurent-du-Pont et le monastère. La nuit avait été fort neigeuse et le paysage entier, vêtu de blanc comme un chartreux, éclatait aux yeux sous la mateur grise d'un ciel bas et lourd qui semblait s'accouder sur la montagne. Seul, le torrent qui roule au fond de la gorge sauvage, tranchait par son fracas sur l'immobile taciturnité de cette nature sommeillante. Mais, — à la manière d'une voix unique dans un lieu très solitaire, — cette clameur d'en bas, qui montait en se dissolvant dans l'espace, y était dévorée par ce silence dominateur et le faisait paraître plus profond encore et plus solennel.

Il se pencha pour regarder en rêvant cette eau folle et bondissante, qu'on appelle si improprement le *Guiers-Mort*, et dont la couleur, pareille au bleu de l'acier quand elle se précipite, ressemble à une moire verte ondulée d'écume, quand elle se recueille, en frémissant, dans une conque de rochers, pour un élan plus furieux et pour une chute plus irrémédiable.

Il se prit à songer à l'énorme durée de cette existence de torrent qui coule ainsi, pour la gloire de Dieu, depuis des milliers d'années, bien moins inutilement, sans doute, que beaucoup d'hommes qui n'ont certes pas sa beauté et qu'il a l'air de fuir en grondant, pour n'avoir pas à refléter leur image. Il se souvint que saint Bernard, saint François de Sales et combien d'autres, après saint Bruno, étaient venus en ce lieu ; que des pauvres ou des puissants, évadés du monde, avaient passé par là, pendant une moitié de l'histoire du Christianisme, et qu'ils avaient dû être sollicités, comme lui-même, par cette figure, perpétuellement fuyante, de toutes les choses du siècle...

Une méditation de cette sorte et dans un tel endroit, est singulièrement puissante sur l'âme et recommandable aux ennuyés et aux tâtonnants de la vie. Marchenoir, aussi blessé et aussi saignant que puisse l'être un malheureux homme, sentit une douceur infinie, un calme de bonne mort, insoupçonné jusqu'à cet instant. Il se baigna dans l'oubli de ses douleurs immortelles, hélas! et qui devaient, un peu plus tard, le ressaisir. A mesure qu'il montait, sa paix grandissait en s'élargissant, tout son être se fondait et s'évaporait dans une suavité presque surhumaine.

Une page adorable de naïveté qu'il avait autrefois apprise par cœur, tant il la trouvait belle, lui revenait à la mémoire et chantait en lui, comme une harpe d'Eole de fils de la Vierge animée par les soupirs des séraphins.

Cette page, il l'avait trouvée dans une ancienne *Vie* de ce célèbre Père de Condren, dont la doctrine était si sublime, paraît-il, que le cardinal de Bérulle écrivait à genoux tout ce qu'il lui entendait dire. Voici en quels termes cet étonnant personnage s'exprimait sur les Chartreux :

« Ce sont des hommes choisis de Dieu pour exprimer, le plus naïvement et exactement qu'il est possible à des créatures humaines, l'état de ceux que l'Ecriture appelle *les enfants de la Résurrection*, et pour vivre dans un corps mortel, comme s'ils étaient de purs esprits immortels. Ils sont donc sans cesse élevés hors d'eux-mêmes dans une contemplation des choses divines; il n'y a point de nuit pour eux, puisque c'est durant les ténèbres de la terre qu'ils font les saintes opérations des enfants de lumière. Ils sont tous honorés du saint caractère de la Prêtrise, comme saint Jean témoigne que tous les saints seront prêtres dans le ciel. Leurs habits sont de la couleur de ceux des Anges, lorsqu'ils apparaissent aux hommes; leur modestie et leur innocence est un tableau de la sage simplicité et de la droiture des Bienheureux.

« Leur habitation dans les montagnes de la Grande Chartreuse n'est point un séjour pour des personnes du monde; il faut n'avoir rien que l'esprit pour subsister dans une telle demeure. Aussi, peut-on sortir des tombeaux de toutes sortes de monastères pour aller revivre parmi ces saints ressuscités, mais lorsqu'on est parvenu dans ce Paradis, il n'y a plus rien à espérer sur la terre. On y peut venir de tous les endroits du monde, même des plus sacrés, mais lorsqu'on est arrivé dans cette *Maison de Dieu* et cette *Porte du Ciel*, il faut être saint ou on ne le deviendra jamais! »

— Etre *saint!* cria Marchenoir, comme en délire, qui peut l'espérer?... Job, dont on célèbre la patience, a maudit le ventre de sa mère, il y a quatre mille ans, et il faut des centaines de millions de désespérés et d'exterminés pour faire la bonne mesure des souffrances que l'enfantement d'un unique élu coûte à la vieille humanité !... Sera-ce donc toujours ainsi, ô Père céleste, qui avez promis de régner sur terre?...

XXVI

L'ensemble des constructions de la Grande Chartreuse couvre une étendue de cinq hectares et ses bâtiments sont abrités par quarante mille mètres carrés de toiture. Au seul point de vue topographique, ces chiffres justifient suffisamment l'épithète de *grande* inséparable du nom de Chartreuse, quand on veut désigner ce *caput sacrum* de toutes les chartreuses de la terre. On dit la Grande Chartreuse comme on dit Charlemagne.

Ecrasée une première fois par une avalanche, au lendemain de sa fondation, et reconstruite presque aussitôt sur l'emplacement actuel, moins exposé à la chute des masses neigeuses ; saccagée deux fois de fond en comble par les calvinistes et les révolutionnaires, cette admirable Métropole de la vie contemplative a été incendiée huit fois en huit siècles. Ces huit épreuves par le feu, symbole de l'Amour, rappellent à leur manière les huit Béatitudes évangéliques, qui commencent par la Pauvreté et finissent par la Persécution.

Enfin, le 14 octobre 1792, la Grande Chartreuse fut fermée par décret de l'Assemblée nationale et rouverte seulement le 8 juillet 1816. Pendant vingt-quatre ans, cette solitude redevint muette, de silencieuse qu'elle avait été si longtemps, muette et désolée comme ces cités impies de l'Orient que dépeuplait la colère du Seigneur.

C'est qu'il lui fallait payer pour tout un peuple insolvable que pressait l'aiguillon du châtiment, en accomplissement de cette loi transcendante de l'équilibre surnaturel, qui condamne les innocents à acquitter la rançon des coupables. Nos courtes notions d'équité répugnent à cette distribution de la Miséricorde par la Justice. *Chacun pour soi*, dit notre bassesse de cœur, *et Dieu pour tous*. Si, comme il est écrit, les choses cachées nous doivent être révélées un jour, nous saurons, sans doute, à la fin, pourquoi tant de faibles furent écrasés, brûlés et persécutés dans tous les siècles ; nous verrons avec quelle exactitude infiniment calculée furent réparties, en leur temps, les prospérités et les douleurs, et quelle miraculeuse équité nécessitait passagèrement les apparences de l'injustice !

Chose digne de remarque, la Grande Chartreuse continua d'être habitée. Un religieux infirme y resta et n'y fut jamais inquiété, bien qu'il portât toujours l'habit. Le 7 avril 1805, — c'était le dimanche des Rameaux, — on le trouva mort dans sa cellule, à genoux à son oratoire : il avait rendu son âme à Dieu, en priant. Peu de jours après, Chateaubriand visitait la Grande Chartreuse.

« Je ne puis décrire, dit-il, dans ses *Mémoires d'Outre-Tombe*, les sensations que j'éprouvai dans ce lieu ! Les bâtiments se lézardaient sous la surveillance d'une espèce de fermier des ruines ; un frère lai était demeuré là pour prendre soin d'un solitaire infirme qui venait de mourir. La religion avait imposé à l'amitié la fidélité et la reconnaissance. Nous vîmes la fosse étroite, fraîchement couverte. On nous montra l'enceinte du couvent, les cellules accompagnées chacune d'un jardin et d'un atelier ; on y remarquait des établis de menuisiers et des rouets de tourneurs, la main avait laissé tomber le ciseau. Une galerie offrait les portraits des Supérieurs de l'Ordre. Le palais ducal de Venise garde la suite des *ritratti* des Doges, lieux et souvenirs divers ! Plus haut, à quelque distance, on nous conduisit à la chapelle du reclus immortel de Lesueur. Après avoir dîné dans une vaste cuisine, nous repartîmes. »

Aujourd'hui, la Grande Chartreuse est aussi prospère que jamais. Les innombrables voyageurs peuvent rendre témoignage de l'étonnante vitalité de cette dernière racine du vieux tronc monastique, que quatre révolutions et quatre républiques n'ont pu arracher du sol de la France.

Il serait puéril d'entreprendre une cent unième description de cette célèbre Cité du renoncement volontaire et de la vraie joie, aujourd'hui connu de tout ce qui lit et pense dans l'univers. D'ailleurs, Marchenoir ne visitait pas la Grande Chartreuse en observateur, mais en malade et, plus tard, il eût été fort embarrassé de rendre compte des heures de son séjour qui dura près d'un mois.

Simplement, il avait résolu de s'enfoncer, comme il pourrait, dans ce silence, dans cette contemplation, dans ce crépuscule d'argent de l'oraison, qui guérit les colères et qui guérit les tristesses. Il savait d'avance combien la solitude est nécessaire aux hommes qui veulent vivre, plus ou moins, de la vie divine. Dieu est le grand Solitaire qui ne parle qu'aux solitaires et qui ne fait participer à sa puissance, à sa sagesse, à sa félicité, que ceux qui participent, en quelque manière, à son éternelle solitude. Sans doute, la solitude est réalisable partout et même au milieu des meutes courantes du monde, mais quelles âmes cela suppose, et quel exil pour de telles âmes ! Or, il avait le pied dans la patrie de ces exilées : la famille chartreuse de saint Bruno, la plus parfaite de toutes les conceptions monastiques, la grande école des imitateurs de la solitude de Dieu !

Marchenoir y trouva précisément ce qu'il était venu chercher, ce qu'il avait déjà commencé à trouver en chemin : la paix et la charité.

— *Levavi oculos meos in montes*, dit-il au père qui le reçut, *unde veniet auxilium mihi*. Je vous apporte mon âme à ressemeler et à décrotter. Je vous prie de souffrir ces expressions de cordonnier. Si j'en employais de moins nobles, j'exprimerais encore mieux l'immense dégoût que m'inspire à moi-même l'indigent artiste qui vient implorer l'hospitalité de la Grande Chartreuse.

L'autre, un long moine pacifique, à la tonsure joyeuse, regarda l'hirsute et lui répondit avec douceur :

— Monsieur, si vous êtes malheureux, vous êtes le plus cher de nos amis, les *montagnes* de la Grande Chartreuse ont des oreilles et le secours qu'elles pourront vous donner ne vous manquera pas. Quant à votre chaussure spirituelle, ajouta-t-il en riant, nous travaillons quelquefois dans le vieux, et peut-être arriverons-nous à vous satisfaire.

La jubilante physionomie de ce religieux plein d'intelligence plut immédiatement à Marchenoir. En quelques paroles serrées et rapides de ce préliminaire entretien, il lui exposa toute son aventure terrestre. Il lui dit ses travaux et les ambitieuses pétitions de sa pensée. — Je veux écrire l'histoire de la *Volonté de Dieu*, formula-t-il, avec cette saisissante précision de discobole oratoire qui paraissait le plus étonnant de ses dons.

Pour le dire ici en passant, Marchenoir, aux temps de la République romaine, eût été tribun, comme les Gracques, et il eût marché de plain-pied sur la face antique. La maîtresse du monde prenait volontiers ses maîtres parmi ces porte-foudre, ces fracassants de la parole que le genre humain, — muet de stupéfaction depuis sa chute, — a toujours écoutés.

Cette faculté, tout à fait supérieure en lui, avait eu le développement tardif de ses autres facultés. Longtemps, il avait eu la bouche cousue et la langue épaisse. Sa timidité naturelle, une compressive éducation, puis, l'étouffoir de toutes les misères de sa jeunesse, avaient exceptionnellement prolongé pour lui le balbutiement de l'enfance. Il avait fallu la décisive rencontre de Leverdier et la nouvelle existence qui s'ensuivit, pour lui dénouer à la fois le cœur, l'esprit et la langue. Un jour, il se leva tout armé... pour n'avoir jamais à combattre, — l'exutoire unique d'un orateur dans les temps modernes, c'est-à-dire la politique de parlement, lui faisant horreur.

Ce tonitruant dut éteindre ses carreaux. Seulement, parfois, il éclatait et c'était superbe. Comme imprécateur, surtout, il était inouï. On l'avait entendu rugir comme un lion noir, dans des cabinets de directeurs de journaux, qu'il accusait, avec justice, de donner le pain des gens de talent à d'imbéciles voyous de lettres et qu'il saboulait comme la plus vile racaille.

Mais, à la Grande Chartreuse, il n'avait aucun besoin de ce prestige, ni d'aucun autre. Il suffisait, comme le lui avait dit le père Athanase, dès le premier instant, qu'on le sût malheureux et souffrant d'esprit. Même les habitudes de cet artiste parisien furent prises en considération, autant qu'il était possible, par l'effet d'une bonté discrète et vigilante qui le pénétra. Ce malade ne fut soumis à la décourageante rigueur d'aucun règlement de retraite. Tout ce qui n'était pas incompatible avec la régularité du monastère lui fut accordé, sans même qu'il le demandât, jusqu'à la permission de fumer dans sa chambre, faveur presque sans exemple. On le laissa songer à son aise. Son âme excédée, vibrante comme un cuivre, se détendit et s'amollit, — délicieusement, — à la flamme pleine de parfums de cette charité...

Chaque jour, le père Athanase, devenu son ami, le venait voir, lui donnant avec joie tout le temps qu'il pouvait. Et c'étaient des conversations infinies, où le religieux, naguère élevé dans les abrutissantes disciplines du monde, s'instruisait, une fois de plus, de leur néant, à l'école de ce massacré, et qui remplissaient celui-ci d'une tranquille douleur de ne pouvoir leur échapper dans la lumineuse Règle de ces élargis.

Ces chartreux si austères, si suppliciés, si torturés par les *rigueurs* de la pénitence, — sur lesquels s'apitoie, légendairement, l'idiote lâcheté des mondains, — il voyait clairement que ce sont les seuls hommes libres et joyeux dans notre société de forçats intellectuels ou de galériens de la fantaisie, les seuls qui fassent vraiment ce qu'ils ont voulu faire, accomplissant leur vocation privilégiée dans cette allégresse sans illusion que Dieu leur donne et qui n'a besoin d'aucune fanfare pour s'attester à elle-même qu'elle est autre chose qu'une secrète désolation.

— Mon père, dit-il un jour, croyez-vous, en conscience, que la vie religieuse régulière me soit décidément et absolument interdite? Vous savez toute mon histoire, tous mes rêves inhumés, et mon clairvoyant dégoût de toutes les séculières promesses.

Les liens qui me tiennent encore peuvent se rompre. Le livre que je porte en moi, s'il est viable, pourrait naître ici, puisque vous êtes un ordre écrivant. Vous voyez combien je suis exposé à périr dans de vaines luttes, où il est presque impossible que je triomphe, combien je suis fatigué et recru de ma douloureuse voie. Mon âme, qui n'en peut plus, s'entr'ouvre comme un vaisseau criblé qui a trop longtemps tenu la mer... Ne pensez-vous pas que cette retraite imprévue est, peut-être, un coup de la Providence qui voulait, dès longtemps, me conduire et me fixer dans le Havre-de-Grâce de votre maison?

— Mon cher ami, repartit le père devenu très grave, depuis l'heure de votre arrivée, j'attendais cette question. Elle vient assez tard pour que j'aie pu, en vous étudiant, me préparer à y répondre. *En conscience* et devant Dieu, dont j'ignore autant que vous les desseins, je ne vous crois pas appelé à partager notre vie, quant à présent, du moins. Vous avez quarante ans et vous êtes *amoureux*. Vous ne le voyez pas, vous ne le savez pas, mais il en est certainement ainsi et cela saute aux yeux. Votre ami pourrait vous le dire, s'il n'est pas aveugle. Je veux croire à la pureté de votre passion, mais cette circonstance est adventice et n'en change pas le caractère. Vous êtes tellement amoureux qu'en ce moment même, vous frémissez jusqu'au fond de l'âme.

Or, je le répète, vous avez quarante ans. Vous m'avez parlé de la valeur symbolique des nombres, étudiez un peu celui-là. La quarantième année est l'âge de l'irrévocable pour l'homme non condamné à un enfantillage éternel. Une pente va s'ouvrir sous vos pieds, j'ignore laquelle, mais, à mon jugement, il serait miraculeux qu'elle vous portât dans un cloître. Puis, vous êtes un homme de guerre et de perpétuelle inquiétude. Tout cela est bien peu monastique. C'est encore une sottise romantique dont il faudra vous débarrasser, mon cher poète, de croire que le dégoût de la vie soit un signe de vocation religieuse. Vous n'êtes jusqu'à présent que notre hôte, vous allez et venez comme il vous plaît, vous rêvez sur la montagne et dans notre belle forêt de sapins verts, malgré les cinquante centimètres de neige qui vous paraissent un enchantement de plus, mais, croyez-moi, l'apparition de notre Règle vous remplirait d'effroi. C'est alors que vous sentiriez la force du lien que vous croyez pouvoir rompre à votre volonté, et qui vous paraîtrait aussi peu fragile que l'immense chaîne de bronze qui barrait le port de Carthage. Au bout d'une semaine de cellule, le manteau noir de nos postulants vous brûlerait les reins comme la fabuleuse tunique, et vous deviendriez vous-même un Centaure pour nous fuir... mon pauvre enfant !

Marchenoir baissa la tête et pleura.

XXVII

Il avait raison, ce père. Le malheureux était terriblement mordu et il le sentait, maintenant. Mais c'était bien étrange qu'il eût fait un si long voyage pour l'apprendre, que sa sécurité eût été, jusque-là, si parfaite et que rien, depuis tant de mois, ne l'eût averti ! Ce traître de Leverdier, pourquoi donc n'avait-il rien dit ? Ah ! c'est qu'apparemment il jugeait le mal sans remède et, dès lors, à quoi bon infliger cette révélation à un ami déjà surchargé de peines ? Peut-être aussi, ne l'avait-il envoyé aux Chartreux que pour cela, comptant bien, sans doute, qu'un ulcère qui *sautait aux yeux* n'échapperait pas à leur clairvoyance.

Muni de ce flambeau, Marchenoir descendit dans les cryptes les plus ténébreuses de sa conscience et sa stupéfaction, son épouvante, furent sans bornes. Rien ne tenait plus. Les contreforts de sa vertu croulaient de partout, les madriers et les étançons en bois de fer de sa volonté, par lesquels il avait cru narguer toutes les défaillances de la nature, pourris et vermoulus, tombaient littéralement en poussière. Tout sonnait le creux et la ruine. C'était un miracle que l'effondrement ne se produisît pas. Il allait donc falloir vivre sur ce gouffre, au petit bonheur de l'éboulement. Impossible de prévenir le désastre et nul moyen de fuir. L'évidence du danger arrivait trop tard.

Triple imbécile ! il s'était imaginé que l'amitié est une chose espérable entre un homme et une femme qui n'ont pas au moins deux cents ans et qui vivent tous les jours ensemble ! Cette superbe créature, à laquelle il venait de découvrir qu'il pensait sans cesse, il avait cru bêtement qu'elle pourrait être pour lui une sœur, rien que cela, qu'il pourrait lui être un frère et qu'on irait ainsi, dans les chastes sentiers de l'amour divin, — indéfiniment. — Je suis cuit, pensa-t-il, sans rémission, cette fois.

Effectivement, cela devenait effroyable. Le premier

goret venu aurait trouvé parfaitement soluble cette situation. Il aurait décidé de coucher ensemble, sans difficulté. Marchenoir ne voyait pas le moyen de s'en tirer à si peu de frais ou, plutôt, cette solution, détestée d'avance, lui paraissait le plus à craindre de tous les naufrages. — Impétueusement, il l'écartait...

Depuis quelques années, il avait placé si haut sa vie affective que cette idée, seule, le profanait. Il était fier de sa Véronique, autant que d'un beau livre qu'il eût écrit. Et c'en était un vraiment sublime, en effet, que sa foi religieuse lui garantissait impérissable. Elle n'avait pas un sentiment, une pensée, ou même une parole, qu'elle ne tînt de lui. Seulement, tout cela passé, tamisé, filtré à travers une âme si singulièrement candide, qu'il semblait que sa personne même fût une traduction angélique de ce sombre poème vivant qui s'appelait Marchenoir.

Cette ordure de fille, — ensemencée et récoltée dans l'ordure, — qui renouvelait, en pleine décrépitude du plus caduc de tous les siècles, les Thaïs et les Pélagie de l'adolescence du christianisme, — s'était transformée, d'un coup, par l'occasion miraculeuse du plus profane amour, en un lys aux pétales de diamant et au pistil d'or bruni des larmes les plus splendides qui eussent été répandues, depuis les siècles d'extase qu'elle recommençait. Madeleine, comme elle voulait qu'on l'appelât, mais Madeleine de la Sépulture, elle avait tellement volatilisé son amour pour Marchenoir que celui-ci n'existait presque plus pour elle à l'état d'individu organique. A force de ne voir en ce déshérité qu'un lacrymable argument de perpétuelle prière, elle avait fini par perdre, quand il s'agissait de lui, le discernement d'une limite exacte entre la nature spirituelle et la nature sensible, entre le corps et l'âme, et, — quoiqu'elle s'occupât, avec un zèle mécanique, des matérialités de leur étonnant ménage, — c'était l'âme surtout, l'âme seule, que cette colombe de proie prétendait ravir.

Depuis l'Evangile, ce mot de colombe invoque précisément l'idée de *simplicité*. Véronique était inexplicable aussi longtemps que cette idée ne venait pas à l'esprit. Jamais il ne s'était vu un cœur plus simple. Le langage moderne a déshonoré, autant qu'il a pu, la simplicité. C'est au point qu'on ne sait même plus ce que c'est. On se représente vaguement une espèce de corridor ou de tunnel entre la stupidité et l'idiotie.

« La conversation du Seigneur est avec les simples », dit la Bible, ce qui suppose, pourtant, une certaine aristocratie. Ici, c'était une absence complète de tout ce qui peut avoir un relief, une bosse quelconque de vanité ou de l'amour-propre le plus instinctif. L'hypothèse d'une humilité très profonde, engendrée par un repentir infini, aurait mal expliqué cette innocence de clair de lune.

Le passé était tellement aboli, que, pour s'en souvenir, il fallait imaginer un dédoublement du sujet, un recommencement de nativité, une surcréation du même être, repétri, cette fois, dans une essence un peu plus qu'humaine. Elle-même, la prédestinée, n'y comprenait rien. Elle avait des étonnements enfantins, des agrandissements d'yeux limpides, quand une circonstance la forçait de regarder en arrière.

— Est-ce bien moi qui ai pu être ainsi! Telle était son impression et, presque aussitôt, cette impression s'effaçait...

Pour faire sa maîtresse de cette ci-devant courtisane dont il était adoré, Marchenoir eût été forcé de la séduire comme une vierge, en passant par toutes les infamies et en buvant toutes les hontes du métier, sans aucun espoir d'être secouru par le spasme entremetteur qui finit, ordinairement, par jeter aux cornes du bouc l'ignorante muqueuse des impolluées.

Le diable savait, cependant, si l'impureté de la repentie avait été ardente et d'autres, en très grand nombre, le savaient aussi, qui ne le valaient, certes, pas, ce Prince à la Tête écrasée! Qu'étaient-elles devenues, les richesses de cette trésorière d'immondices? On ne savait pas. Il fallait implorer une rhétorique de souffleur de cornues, se dire qu'on était en présence d'un mystérieux creuset, naguère allumé pour fondre un cœur, et dont les inférieures flammes, après la transmutation, s'étaient éteintes. Le fait est qu'il n'en restait rien, absolument rien.

Marchenoir vivant très retiré, au fond d'un quartier désert visité par très peu de juges, put échapper longtemps aux sentences, maximes, apophtegmes, réflexions morales, admonitions ou conseils des sages. Il n'encourageait pas les inquisiteurs de sa vie privée. Mais on avait fini par savoir qu'il vivait avec la *Ventouse*, dont la disparition était restée inexpliquée, et quelques clients anciens avaient même entrepris de la reconquérir.

Marchenoir, pour avoir la paix, fit une chose que lui seul pouvait faire. Ayant été insulté par trois d'entre eux, en pleine solitude du boulevard de Vaugirard, un soir qu'il rentrait accompagné de sa prétendue maîtresse, il lança le premier dans un terrain vague, par-dessus un mur de clôture, et rossa tellement les deux autres qu'ils demandèrent grâce. On le laissa tranquille, après un tel coup, et les bruits ignobles qui se débitèrent furent sans aucun effet sur cet esprit fier, qui se déclarait pachyderme à l'égard de la calomnie.

— Demandez-moi, disait Véronique à Leverdier, comment j'ai pu aimer mon pauvre Joseph, et comment j'ai pu aimer le Sauveur Jésus. Je ne suis pas assez savante pour vous le dire, mais quand j'ai vu notre ami si malheureux, il m'a semblé que je voyais Dieu souffrir sur la terre.

Elle confondait ainsi les deux sentiments, jusqu'à n'en faire qu'un seul, si extraordinaire par ses pratiques et d'un lyrisme d'expression si dévorant, que Marchenoir et Leverdier commencèrent à craindre un éclatement de ce vase de louanges, qui leur semblait trop fragile pour résister longtemps à cette exorbitante pression d'infini.

XXVIII

Toutes ces pensées assiégeaient à la fois l'hôte désemparé de la Grande Chartreuse. Il se souvenait qu'en un jour d'enthousiasme et sans trop savoir ce qu'il faisait, il avait offert à Véronique de l'épouser. Celle-ci lui avait répondu en propres termes :

— Un homme comme vous ne doit pas épouser une

fille comme moi. Je vous aime trop pour jamais y consentir. Si vous avez le malheur de désirer la pourriture qui me sert de corps, je vais demander à Dieu qu'il vous guérisse ou qu'il vous délivre de moi.

Cela avait été dit avec une résolution si nette qu'il n'y avait pas à recommencer. A la réflexion, Marchenoir avait compris la sagesse héroïque de ce refus, et béni intérieurement la sainte fille pour cet acte de vertu qui le sauvait de tourments infinis.

Il ne se sentait pas épris à cette époque. Mais, maintenant, qu'allait-il faire ? Impossible d'épouser la femme qu'il aimait, impossible et hideux d'en faire sa maîtresse, impossible surtout de vivre sans elle. Aucun expédient, même très lointain, n'apparaissait. Continuer le concubinage postiche, en se condamnant au silence, où en prendrait-il la force ? Même en acceptant cette chape de flammes comme une pénitence, comme une expiation de tant de choses que sa conscience lui reprochait, c'était encore une absurdité de prétendre récolter la palme du martyre chrétien sur la margelle en biseau d'une citerne de désirs !

Il ne lui serait donc jamais accordé une halte, un repos assuré d'une seule heure, un oreiller de granit pour appuyer sa tête et vraiment dormir ! Et le moyen de travailler avec tout cela ? Car il ne pouvait se dispenser de donner son fruit, ce pommier de tristesse qui ne soutirait plus sa sève que du cœur des morts. Il faudrait, bientôt, comme auparavant, inventer d'écrire en retenant des deux mains plusieurs murailles toujours croulantes, reprendre et remâcher tous les vieux culots d'une misère sans issue, retraîner sempiternellement, avec des épaules en sang, la voiture à bras du déménagement de ses vieilles illusions archi-décrépites, crevassées, poussiéreuses, grelottantes, mais cramponnées encore et inarrachables !

La seule abomination qui lui eût manqué jusqu'à cet instant : l'amour sans espérance, ce trésor de surérogatoires avanies, désormais ne lui manquait plus. C'était admirablement complet ! Encore une fois, qu'allait-il devenir ? Il prit un marteau pour enfoncer en lui cette question, jusqu'à se crever le cœur, et la réponse ne vint pas...

La littérature dite amoureuse a beaucoup puisé dans la vieille blague des *délices* du mal d'aimer. Marchenoir n'y trouvait que des suggestions de désespoir. Il avait bien cru, cependant, que c'était fini pour lui, les années de servitude, ayant payé de si royales rançons au Pirate aveugle qui capture indistinctement toutes les variétés d'animaux humains ! Il n'était plus d'humeur à pâturer la glandée d'amour. En fait d'élégies, il n'avait guère à offrir que des beuglements de tapir tombé dans une fosse, et les seuls bouquets à Chloris qu'on pût attendre de lui, eussent été moissonnés, d'une affreuse main, parmi les blêmes végétaux d'un chantier d'équarrisseur.

A force de piétiner cette broussaille d'épines, il finit par faire lever une idée trois fois plus noire que les autres, une espèce de crapaud-volant d'idée qui se mit à lui sucer l'âme. *Sa bien-aimée avait appartenu à tout le monde,* non par le désir ou le commencement du désir, comme c'était son cas, mais par la caresse partagée, la possession, l'étreinte bestiale.

Aussitôt que cette fange l'eut touché, le misérable amoureux s'y roula, comme un bison. Il eut une vision immédiate du passé de Véronique, une vision bien actuelle, inexorablement précise. Alors lui furent révélés, du même coup, l'impérial despotisme de ce sentiment nouveau qui le flagellait avec des scorpions, dès le premier jour, et l'enfantillage réel des antérieures captations de sa liberté.

Il vit, dans une clarté terrible, que ce qu'il avait cru, par deux fois, l'extrémité de la passion, n'avait été qu'une surprise des sens, en complicité avec son imagination. Sans doute, il avait souffert de ne jamais recueillir que des épaves, et ses fonctions de releveur lui avaient paru, bien des fois, une destinée fort amère! Il se rappelait de sinistres heures. Mais, du moins, il pouvait encore parler en maître et commander au monstre de le laisser tranquille.

Aujourd'hui, le monstre revenait sur lui et lui broyait doucement les os dans sa gueule. Ah! il s'était donné des airs de mépriser la jalousie et il s'était cru amoureux! Mais l'amour véritable est la plus incompatible des passions inquiètes. C'est un carnassier plein d'insomnie, tacheté d'yeux, avec une paire de télescopes sur son arrière-train.

L'Orgueil et sa bâtarde, la Colère, se laissent brouter par leurs flatteurs ; la pacifique Envie lèche l'intérieur des pieds fromageux de l'Avarice, qui trouve cela très bon et qui lui donne des bénédictions hypothéquées avec la manière de s'en servir ; l'Ivrognerie est un Sphynx toujours pénétré, qui s'en console en allant se soûler avec ses Œdipes ; la Luxure, au ventre de miel et aux entrailles d'airain, danse, la tête en bas, devant les Hérodes, pour qu'on lui serve les décapités dont elle a besoin, et la Paresse, enfin, qui lui sort du vagin comme une filandre, s'enroule avec une indifférence visqueuse à tous les pilastres de la vieille cité humaine.

Mais l'Amour écume au seul mot de partage et la jalousie est sa maison. C'est un colimaçon sans patrie, qui se repaît, sans convives, dans sa spirale ténébreuse. Il a des yeux à l'extrémité de ses cornes et, si légèrement qu'on les effleure, il rentre en lui-même pour se dévorer. En même temps, il est ubiquitaire, quant au temps et quant à l'espace, comme le vrai Dieu dont il est la plus effrayante défiguration.

Avec une angoisse sans nom ni mesure, Marchenoir s'aperçut que cette diabolique infortune allait devenir la sienne. Il n'y avait déjà plus de passé pour lui. Tout était présent. Tous les instruments de sa torture pleuvaient à la fois, autour de lui, dans l'humble chambre de ce monastère où il avait espéré trouver la paix.

La pauvre fille, il la voyait vierge, tout enfant, sortant du ventre de sa mère. On la salissait, on la dépravait, on la pourrissait devant lui. Cette âme en herbe, cette *fille verte*, comme ils disent dans la pudique Angleterre, était bafouée par un vent de pestilence, piétinée par d'immondes brutes, contaminée avant sa fleur. Toute la basse infamie du monde était déchaînée contre cette pousse tendre de roseau, qui ne *pensait* pas encore, qui ne penserait sans doute jamais.

Puis, une sorte d'adolescence venait pour elle, comme pour une infante de gorille ou une archiduchesse du saint Empire, et, de la ruche ouverte de son corsage, se répandait tout un essaim d'alliciantes impudicités. On se faisait passer à la chaîne et de

mains en mains, comme un seau d'incendie, ce corps
impur, ce vase de plaisir, irréparablement profané.
L'existence n'était plus pour elle qu'une interminable nuit de débauche qui avait duré dix ans, et
qui supposait la révocation de tous les soleils, l'ex-
tinction à jamais de toutes les clartés, célestes ou
humaines, capables de la dissiper !

Confident épouvanté de ce cauchemar, Marchenoir
percevait distinctement les soupirs, les susurrements,
les craquements, les râles, les goulées de la Luxure.
Encore, si cette perdue n'avait été qu'une de ces lamentables victimes, — comme il en avait tant connues ! — tombées, en poussant des cris d'horreur, du
ventre de la misère dans la gueule d'argent du libertinage !... Mais elle s'était pourléchée dans sa crapule et, gavée d'infamies, elle en avait infatigablement redemandé. Sa robe de honte, elle en avait fait
sa robe de gloire et la pourpre réginale de son allégresse de prostituée !

Il n'y avait pas moyen d'en douter, hélas ! et c'était
bien ce qui crucifiait le plus le malheureux homme !
Il avait beau se dire que toutes ces choses n'existaient
plus, que le repentir les avait effacées, raturées,
grattées, anéanties, qu'il se devait à lui-même,
comme il devait à Dieu, aux anges pleurants, à tout
le Paradis à genoux, d'oublier ce que la Miséricorde
infaillible avait pardonné. Il ne le pouvait pas et
son âme dépouillée d'enthousiasme, mais invinciblement enchaînée, demeurait là, nue et frissonnante
devant sa pensée...

C'était à l'école de cette agonie qu'il apprenait décidément ce que vaut la Chair et ce qu'il en coûte de
jeter ce pain dans les ordures ! Pour la première fois,

son christianisme se dressait en lui pour la défendre, cette misérable chair que nul mysticisme ne peut supprimer, qu'on ne peut troubler sans que l'esprit soit bouleversé et qu'aucun émiettement de la tombe n'empêchera de ressusciter à la fin des fins !

Il la voyait investie d'une mystérieuse dignité, précisément attestée par l'ambition de continence de ses plus ascétiques contempteurs. Evidemment, ce n'était pas des sentiments ou des pensées d'autrefois qu'il pouvait être jaloux. L'irresponsable Néant serait descendu de son trône vide pour déposer sur ce point, en faveur de cette accusée, devant le plus rigoureux tribunal. Elle ne s'était doutée de son âme qu'en ressaisissant son corps. C'était donc uniquement la chair souillée de ce corps qui le faisait tant souffrir ! Un inexplicable lien de destinée contre lequel il se fût vainement raidi, le faisait époux de cette chair qui s'était débitée comme une denrée et, par conséquent, solidaire de la même balance, dans la parfaite ignominie des mêmes comptoirs...

En ce jour, Marchenoir assuma toutes les affres de la Jalousie *conjugale*, — impératrice des tourments humains, — que les êtres sans amour ont seuls le droit d'ignorer, et qui peut magnifier jusqu'à des passions ordurières, dans des cœurs capables de la ressentir !

XXIX

Le désespéré passait une partie de ses nuits à la chapelle, dans la tribune des étrangers. L'office de nuit des Chartreux, qu'il suivait avec intelligence, calmait un peu ses élancements. Cet office célèbre, que peu de visiteurs ont le courage d'écouter jusqu'à la fin, et qui dure quelquefois plus de trois heures, ne lui paraissait jamais assez long.

Il lui semblait alors reprendre le fil d'une sorte de vie supérieure que son horrible existence actuelle aurait interrompue pour un temps indéterminé. Autrement, pourquoi et comment ces tressaillements intérieurs, ces ravissements, ces envols de l'âme, ces pleurs brûlants, toutes les fois qu'un éclair de beauté arrivait sur lui de n'importe quel point de l'espace idéal ou de l'espace sensible. Il fallait bien, après tout, qu'il y eût quelque chose de vrai dans l'éternelle rengaîne platonique d'un exil terrestre. Cette idée lui revenait, sans cesse, d'une prison atroce dans laquelle on l'eût enfermé pour quelque crime inconnu, et le ridicule littéraire d'une image aussi éculée n'en surmontait pas l'obsession. Il laissait flotter cette rêverie sur les vagues de louanges qui montaient du chœur vers lui, comme une marée de résignation. Il s'efforçait d'unir son âme triste à l'âme joyeuse de ces hymnologues perpétuels.

La contemplation est la fin dernière de l'âme humaine, mais elle est très spécialement et, par excellence, la fin de la vie solitaire. Ce mot de contemplation, avili comme tant d'autres choses en ce siècle, n'a plus guère de sens en dehors du cloître. Qui donc, si ce n'est un moine, a lu ou voudrait lire, aujourd'hui, le profond traité *De la Contemplation* de Denys le Chartreux, surnommé le Docteur extatique?

Ce mot, qui a une parenté des plus étroites avec le nom de Dieu, a éprouvé cette destinée bizarre de tomber dans la bouche de panthéistes tels que Victor Hugo, par exemple, — et cela fait un drôle de spectacle pour la pensée, d'assister à l'agenouillement d'un poète devant une pincée d'excréments, que son lyrisme insensé lui fait un commandement d'adorer et de servir pour obtenir, par ce moyen, la vie éternelle !

A une distance infinie des contemplateurs corpusculaires semblables à celui qui vient d'être nommé, et qui ont une notion de Dieu adéquate à la sensation de quelque myriapode fantastique sur la pulpe mollasse de leur cerveau, il existe donc dans l'Église des contemplatifs par *état*; ce sont les religieux qui font profession de tendre, d'une manière plus exclusive et par des moyens plus spéciaux, à la contemplation, ce qui ne veut pas dire que, dans ces communautés, tous soient élevés à la contemplation. Ils peuvent l'être tous, comme il peut se faire qu'aucun ne le soit. Mais tous y tendent avec ferveur et *députent* vers cet unique objet leur vie tout entière.

Marchenoir se disait que ces gens-là font la plus grande chose du monde, et que la loi du silence, chez les religieux voués à la vie contemplative, est surabondamment justifiée par cette vocation inouïe de plénipotentiaire pour toute la spiritualité de la terre.

« A une certaine hauteur, dit Ernest Hello, à propos de Rusbrock *l'Admirable*, dont il est le traducteur, — le contemplateur ne peut plus dire ce qu'il voit, non parce que son objet fait défaut à la parole, mais parce que la parole fait défaut à son objet, et le silence du contemplateur devient *l'ombre substantielle* des choses qu'il ne dit pas... Leur parole, ajoute ce grand écrivain, est un voyage qu'ils font par charité chez les autres hommes. Mais le silence est leur patrie. »

Aux temps de la Réforme, un grand nombre de chartreuses furent saccagées ou supprimées et beaucoup de religieux souffrirent le martyre, tel que les calvinistes et autres artistes en tortures savaient l'administrer dans ce siècle *renaissant*, d'une si prodigieuse poussée esthétique.

— Pourquoi gardes-tu le silence au milieu des tourments, pourquoi ne pas nous répondre? disaient les soldats du farouche Chareyre qui, depuis quelques jours, faisaient endurer d'atroces douleurs au vénérable père Dom Laurent, vicaire de la Chartreuse de Bonnefoy.

— Parce que le silence est une des principales Règles de mon ordre, répondit le martyr.

Les supplices étaient une moindre angoisse que la parole, pour ce contemplateur dont le silence était la *patrie* et qui n'avait pas même besoin de se souvenir de l'obéissance!

La nuit a de singuliers privilèges. Elle ouvre les repaires et les cœurs, elle déchaîne les instincts féroces et les passions basses, en même temps qu'elle dilate les âmes amoureuses de l'éternelle beauté. C'est pendant la nuit que les cieux peuvent *raconter* la gloire de Dieu, et c'est aussi pendant la nuit que les anges de Noël annoncèrent la plus étonnante de ses œuvres. *Deus dedit carmina in nocte.* Ces paroles de Job n'affirment-elles pas, à leur manière, la mystérieuse symphonie des louanges nocturnes autour de la Bien-Aimée du saint Livre, si *noire* et si *belle*, dont la nuit elle-même est un symbole, suivant quelques interprètes.

Mais ce n'est pas seulement pour louer ou pour contempler que les Chartreux veillent et chantent. C'est aussi pour intercéder et pour *satisfaire*, en vue de l'immense Coulpe du genre humain et en participation aux souffrances de Celui qui a tout assumé. « Jésus-Christ, disait Pascal, sera en agonie jusqu'à la fin du monde ; il ne faut pas dormir pendant ce temps-là. »

Cette parole du pauvre Janséniste est sublime. Elle revenait à la mémoire de ce ramasseur de ses propres entrailles, isolé dans sa tribune lointaine et glacée, pendant qu'il écoutait chanter ces hommes de prière éperdus d'amour et demandant grâce pour l'univers. Il pensait qu'au même instant, sur tous les points du globe saturés du Sang du Christ, on égorgeait ou opprimait d'innombrables êtres faits à la ressemblance du Dieu Très-Haut ; que les crimes de la chair et les crimes de la pensée, épouvantables par leur énormité et par leur nombre, faisaient, à la même minute, une ronde de dix mille lieues autour de ce foyer de supplications, sous la même coupole constellée de cette longue nuit d'hiver...

L'esprit Saint raconte que les sept enfants Machabées « s'exhortaient l'un l'autre avec leur mère à mourir fortement, en disant : Le Seigneur considèrera la vérité et il sera consolé en nous, selon que Moïse le déclare dans son cantique par cette protestation : Et il sera consolé dans ses serviteurs. »

Ces chartreux morts au monde pour être des serviteurs plus fidèles, veillent et chantent, avec l'Église pour *consoler*, eux aussi, le Seigneur Dieu. Le Seigneur Dieu est triste jusqu'à la mort, parce que ses amis l'ont abandonné, et parce qu'il est nécessaire qu'il meure lui-même et ranime le cœur glacé de ces infidèles. Lui, le maître de la Colère et le maître du Pardon, la Résurrection de tous les vivants et le Frère aîné de tous les morts, lui qu'Isaïe appelle l'Admirable, le Dieu fort, le Père du siècle à venir et le Prince de la paix, — il agonise, au milieu de la nuit, dans un jardin planté d'oliviers, qui n'ont plus que faire, maintenant, de pousser leurs fruits, puisque la Lampe des mondes va s'éteindre !

La détresse de ce Dieu sans consolation est une chose si terrible, que les Anges qui s'appellent les colonnes des cieux, tomberaient en grappes innombrables sur la terre, si le traître tardait un peu plus longtemps à venir. La Force des martyrs est un des noms de cet Agonisant divin et, — s'il n'y a plus d'hommes qui commandent à leur propre chair et qui crucifient leur volonté, — où donc est son règne, de quel siècle sera-t-il le Père, de qu'elle paix sera-t-il le Prince et comment le Consolateur pourrait-il venir ? Tous ces noms redoutables, toute cette majesté qui remplissait les prophètes et leurs prophéties, tout se précipite à la fois sur lui pour l'écraser. La Tristesse et la Peur humaines, amoureusement enlacées, font leur entrée dans le domaine de Dieu et l'antique menace de la Sueur s'accomplit enfin sur le visage du nouvel Adam, dès le début de ce festin de tortures, où il commence par s'enivrer du meilleur vin, suivant le précepte de l'intendant des noces de Cana.

L'ange venu du ciel peut, sans doute, le « réconforter », mais il n'appartient qu'à ses serviteurs de la terre de le *consoler*. C'est pour cela que les solitaires enfants de saint Bruno ne veulent rien savoir, sinon

Jésus en agonie, et que leur vie est une perpétuelle oraison avec l'Eglise universelle. La consolation du Seigneur est à ce prix et la Force des martyrs défaillerait peut-être, tout à fait, sans l'héroïsme de ces Vigilants infatigables !

XXX

Marchenoir essayait de prier avec eux et de recueillir sa pauvre âme. Le surnaturel victorieux déferlait en plein dans son triste cœur, aux battants ouverts. Les yeux de sa foi lui faisaient présentes les terribles choses que les théologiens et les narrateurs mystiques ont expliquées ou racontées, quand ils ont parlé des rapports de l'âme religieuse avec Dieu dans l'oraison.

Un ancien Père du désert, nommé Marcelle, s'étant levé une nuit pour chanter les psaumes à son ordinaire, entendit un bruit comme celui d'une trompette qui sonnait la charge et, ne comprenant pas d'où pouvait venir ce bruit dans un lieu si solitaire, où il n'y avait point de gens de guerre, le Diable lui apparut et lui dit que cette trompette était le signal qui avertissait les démons de se préparer au combat contre les serviteurs de Dieu ; que s'il ne voulait pas s'exposer au danger, il allât se recoucher, sinon qu'il s'attendît à soutenir un choc très rude.

Marchenoir croyait entendre le bruit immense de cette charge. Il voyait chaque religieux comme une tour de guerre défendue par les anges contre tous les démons, que la prière des serviteurs de Dieu est en train de déposséder. En renonçant généreusement à la vie mondaine, chacun d'eux emporte au fond du monastère un immense équipage d'intérêts surnaturels dont il devient, en effet, par sa vocation, le comptable devant Dieu et l'intendant contre les exacteurs sans justice. Intérêts d'édification pour le prochain, intérêts de gloire pour Dieu, intérêts de confusion pour l'Ennemi des hommes. Cela sur une échelle qui n'est pas moins vaste que la Rédemption elle-même, qui porte de l'origine à la fin des temps !

Notre liberté est solidaire de l'équilibre du monde et c'est là ce qu'il faut comprendre pour ne pas s'étonner du profond mystère de la Réversibilité, qui est le nom philosophique du grand dogme de la Communion des Saints. Tout homme qui produit un acte libre projette sa personnalité dans l'infini. S'il donne de mauvais cœur un sou à un pauvre, ce sou perce la main du pauvre, tombe, perce la terre, troue les soleils, traverse le firmament et compromet l'univers. S'il produit un acte impur, il obscurcit peut-être des milliers de cœurs qu'il ne connaît pas, qui correspondent mystérieusement à lui et qui ont besoin que cet homme soit pur, comme un voyageur mourant de soif a besoin du verre d'eau de l'Evangile. Un acte charitable, un mouvement de vraie pitié chante pour lui les louanges divines, depuis Adam jusqu'à la fin des siècles ; il guérit les malades, console les désespérés, apaise les tempêtes, rachète les captifs, convertit les infidèles et protège le genre humain.

Toute la philosophie chrétienne est dans l'importance inexprimable de l'acte libre et dans la notion d'une enveloppante et indestructible solidarité. Si Dieu, dans une éternelle seconde de sa puissance, voulait faire ce qu'il n'a jamais fait, anéantir un seul homme, il est probable que la création s'en irait en poussière.

Mais ce que Dieu ne *peut* pas faire, dans la rigoureuse plénitude de sa justice, étant volontairement *lié* par sa propre miséricorde, de faibles hommes, en vertu de leur liberté et dans la mesure d'une équitable satisfaction, le peuvent accomplir pour leurs frères. Mourir au monde, mourir à soi, mourir, pour ainsi parler, au Dieu terrible, en s'anéantissant devant lui dans l'effrayante irradiation solaire de sa justice, — voilà ce que peuvent faire des chrétiens, quand la vieille machine de terre craque dans les cieux épouvantés et n'a presque plus la force de supporter les pécheurs. Alors, ce que le souffle de miséricorde balaie comme une poussière, c'est l'horrible création qui n'est pas de Dieu, mais de l'homme seul, c'est sa trahison énorme, c'est le mauvais fruit de sa liberté, c'est tout un arc-en-ciel de couleurs infernales sur le gouffre éclatant de la Beauté divine.

Perdu dans la demi-obscurité de cette chapelle noyée de prières, le dolent ravagé de l'amour terrestre voyait passer devant lui l'apocalypse du grand combat pour la vie éternelle. Le monde des âmes se mouvait devant lui comme l'Océan d'Homère aux bruits sans nombre. Toutes les vagues clamaient vers le ciel ou se rejetaient en écumant sur les écueils, des montagnes de flots roulaient les unes, sur les autres, dans un tumulte et dans un chaos inexprimables en la douloureuse langue humaine. Des morts, des agonisants, des blessés de la terre ou des blessés du ciel, les éperdus de la joie et les éperdus de la tristesse, défilaient par troupes infinies, en levant des millions de bras, et, seule, cette nef paisible où s'agenouillait la conscience introublée de quelques élus, naviguait en chantant dans un calme profond qu'on pouvait croire éternel.

— O sainte paix du Dieu vivant, disait Marchenoir, entrez en moi, apaisez cette tempête et marchez sur tous ces flots ! Plus que jamais, hélas ! il aurait voulu pouvoir se jeter à cette vie d'extase, que lui interdisaient toutes les bourbes sanglantes de son cœur.

« Je ne crois pas, — écrivait-il à Leverdier vers la fin de la première semaine, — que, parmi toutes nos abortives impressions d'art ou de littérature, on en puisse trouver d'aussi puissantes, à moitié, sur l'intime de l'âme. Visiter la Grande Chartreuse de fond en comble est une chose très simple, très capable assurément de meubler la mémoire de quelques souvenirs et, même, de fortifier le sens chrétien de quelques notions viriles sur la lettre et sur l'esprit évangéliques, mais on ne la connaît pas dans sa fleur de mystère quand on n'a pas vu l'office de nuit. Là, est le vrai parfum qui transfigure cette rigoureuse retraite, d'un si morne séjour pour les cabotins du sentiment religieux. Je ne crains pas d'abréger mon sommeil. Un tel spectacle est pour moi le plus rafraîchissant de tous les repos. Quand on a vu cela, on se dit qu'on ne savait rien de la vie monastique. On s'étonne même d'avoir si peu connu le christianisme, pour ne l'avoir aperçu, jusqu'à cette heure, qu'à travers les exfoliations littéraires de l'arbre de la science d'orgueil. Et le cœur est pris dans la main du Père céleste, comme un glaçon, dans le centre de la fournaise. Les dix-huit siècles de christianisme recommencent, tels qu'un poème inouï qu'on aurait ignoré. La Foi, l'Espérance et la Charité pleuvent ensemble comme les *trois rayons tordus* de la foudre du vieux Pindare et, ne fût-ce qu'un instant, une seule minute dans la durée d'une vie répandue ainsi que le sang d'un écorché prodigue sur tous les chemins, c'est assez pour qu'on s'en souvienne et pour qu'on n'oublie plus jamais que, cette nuit-là, c'est Dieu lui-même qui a parlé! »

XXXI

Marchenoir, le moins curieux de tous les hommes, n'eut aucune hâte de visiter en détail la Grande Chartreuse. Il trouvait passablement ridicule et basse l'exhibition obligée d'un pareil tabernacle à des touristes imbéciles, dont c'est le programme de passer par là en venant d'ailleurs, pour aller en quelque autre lieu, où leur sottise ne se démentira pas, jusqu'au moment où ils se rassiéront, plus crétins que jamais, dans leurs bureaux ou dans leurs comptoirs. Il ne pouvait pas se faire à l'idée qu'un avoué de première instance, un fabricant de faux-cols, un bandagiste ou un ingénieur de l'Etat, eussent une opinion quelconque, même inexprimée, en promenant leur flatulence dans cet Eden.

Au dix-huitième siècle qui fut, sans comparaison, le plus sot des siècles, on s'était persuadé que tous les moines vivaient dans les délices, que l'hypocrite pénombre des cloîtres cachait de tortueuses conspirations contre le genre humain, et que les murailles épaisses des monastères étouffaient les gémissements des victimes sans nombre de l'arbitraire ecclésiastique.

Au dix-neuvième, la bêtise universelle ayant été canalisée d'une autre sorte, cette facétie lugubre devint insoutenable. L'horreur se changea en pitié et les criminels devinrent de touchants infortunés. C'est ce courant romantique qui dure encore. Rien de plus grotesque, et au fond, de plus lamentable, que les airs de miséricorde hautaine ou de compassion navrée des gavés du monde, pour ces pénitents qui les protègent du fond de leur solitude et sans l'intercession desquels, peut-être, ils n'auraient même pas la sécurité d'une digestion !

De tous les Ordres religieux qui ont été la parure de l'Eglise, lorsque cette reine abaissée n'était nullement une pauvresse, deux seulement, la Chartreuse et la Trappe, ont réussi à se faire pardonner de n'être pas des tripots ou des lupanars. Marchenoir connaissait déjà la Trappe. Maintenant que la Chartreuse, à son tour, n'avait plus de secrets pour lui, il rencontrait l'humiliation inouïe d'être forcé d'accorder à la canaille cette exception fourchue de deux seuls Ordres restés vraiment monastiques, et, quoique la vie cartusienne lui parût plus haute, il confessait l'impossibilité presque absolue de dénicher un véritable moine qui ne fût ni un trappiste ni un chartreux.

Il est vrai que, pour en juger, il avait un autre criterium que les malfaisants gobeurs du boniment anticlérical. Mais il voyait bien que, sur ce point, l'instinct obsidional de la haine avait été aussi discernant que la plus jalouse sollicitude. Il s'agit, en effet, pour les ennemis de la foi, de la bloquer aussi étroitement que possible, et, certes, le théologien le mieux armaturé et le plus savamment fourbi ne verrait pas mieux l'importance vitale pour le christianisme, de ces dernières citadelles de l'esprit évangélique.

L'armée de siège se recrute, d'ailleurs, de la cohue des catholiques modernes, lesquels en ont tout leur soûl, depuis longtemps, de cet esprit-là. Admirable et providentiel renfort ! La sentimentalité religieuse accourant à la rescousse des modernes persécuteurs ! La poésie, le roman, l'histoire, le théâtre même, les *bals de charité* et les sociétés de bienfaisance, les souscriptions pour les inondés et les brûlés, l'immense remuement d'entrailles qui fait la gloire et la fortune des reporters de cour d'assises, enfin les attendrissements lyriques de la presse entière sur tous les genres de catastrophes, attestent suffisamment l'imprévu retour de jeunesse de la sensibilité chrétienne.

Ce prodige, plus facilement observable des hauteurs de la Grande Chartreuse, rappelait à Marchenoir un article célèbre qu'on avait pris pour une ironie et qu'il avait intitulé : *La Cour des Miracles des millionnaires*, — désignant ainsi l'intéressante multitude des heureux pleins de charité, dont l'indigent dévore la substance et boit la sueur. Il lui semblait, maintenant, n'en avoir pas assez dit et il regrettait amèrement de n'y pouvoir plus rien ajouter.

C'est qu'en effet, c'est un peuple, ce troupeau, c'est tout un état au sein de l'État. Jamais il ne s'était vu une telle affluence de pélicans méconnus, ni une persécution plus dioclétienne exercée sur de plus déchirés martyrs.

Le temps est trop précieux pour qu'on le perde à faire remarquer le merveilleux désintéressement, l'indicible générosité, l'étonnante fraîcheur d'âme des patriciens actuels de la richesse ou du pouvoir et, en général, de tout personnage influent, à n'importe quel titre, sur ce mauvais monde indigne de le posséder. Chacun sait que ces intendants de la joie publique s'épuisent à dilater le cœur du pauvre et s'exterminent à désœuvrer le malheur,

Une indiscutable prospérité universelle est leur œuvre, et l'exclusive ambition de la rendre parfaite est leur quotidien souci. Il est presque sans exemple, aujourd'hui, que l'indigence implorante soit inécoutée et que d'heureux individus le veuillent être solitairement. Il ne se voit pour ainsi dire pas, que des industriels ou des politiques, diligemment parvenus, oublient de tendre une secourable dextre à l'homme de mérite enregistré au passif du sombre destin, ou qu'ils se refusent à l'arrosage opportun de la languissante vertu.

On ne sait à quelle bénigne ingérence sidérale il convient de rapporter cette inespérée disette d'égoïstes calculs humains, cette favorable aridité du vieux cactus de l'avarice, cette inéclosion surprenante de l'œuf crocodilesque des traditionnelles usures. Mais il est certain qu'une émulation inouïe, un vrai délire de charité est en train de ravager les riches, — les riches catholiques surtout, — que l'ingratitude des crevants de misère ose venimeusement qualifier de l'épithète d'horribles *mufles*.

Dans la pratique des choses religieuses, cette exquise sensibilité se manifeste avec les accompagnements variés de la plus suave précaution. On s'attendrit aux pieds des autels, on pleure de douces larmes sur de *chers défunts* qu'on croit au ciel, ce qui dispense de la fatigue de prier pour eux à des messes qu'on aurait payées; on fait de toutes petites aumônes fraternelles, pour ne pas exposer le pauvre aux tentations de la débauche et pour ne pas contrister son âme par l'ostentation d'un faste excessif; on s'abstient amoureusement de parler de Dieu et de ses saints, par égard pour l'obstination des incrédules qui pourraient en être horripilés, et on parle encore bien moins de l'héroïsme de la pénitence à une foule de chrétiens tempérés qui répondraient, sans doute, que Dieu *n'en demande pas tant*. La question des pèlerinages lointains ou difficiles, tels que celui de Jérusalem, est délicatement écartée, par le même instinct de bienveillance qui voudrait épargner à ceux qui travaillent dans la piété, l'ombre d'un dérangement ou d'une incommodité. Enfin, le sentiment religieux réalise, aujourd'hui, l'idéal de ce grand penseur catholique, ennemi des exagérations, qu'on appelle Molière, qui voulait que la dévotion fût « humaine, traitable », et qu'on n'assassinât personne avec un *fer sacré*.

Opportunément secourus par cette heureuse déliquescence du catholicisme, les puissants moralistes du libre examen et les coryphées littéraires du débraillement, tous les démantibulés corybantes de l'art moderne et tous les intègres épiciers d'un voltairianisme ennemi de l'art, ont, d'une commune voix, approuvé le cénobitisme des religieux de la Trappe et de la Chartreuse. Ces politiques étant fermement persuadés que le catholicisme doit, dans un temps prochain, être balayé de la civilisation comme une ordure, il leur semble convenable d'en user miséricordieusement avec lui et de ne pas désespérer les imbéciles qui y tiennent encore, en ne leur accordant absolument rien. On leur accorde donc ces deux Ordres. Un jeune porte-lyre de récente célébrité, Hamilcar Lécuyer, avait dit un jour à Marchenoir qu'il ne concevait pas qu'avec sa foi, il osât rester dans le monde, le menaçant d'en douter s'il ne courait à l'instant *s'ensevelir* à la Trappe. L'hirsute lui répondit par le conseil d'éloigner de lui sa personne et de s'en aller à tous les diables.

L'existence de ces lieux de refuge est encore utile, pour d'autres raisons, à ces tacticiens du champ libre. Dans leur ignorance invincible de la profonde solidarité du christianisme, ils pensent qu'un genre de vie d'une austérité proverbiale est à opposer à d'autres Ordres moins rigoureux approuvés par l'Eglise et, par conséquent, à l'Eglise elle-même. Les pauvres gens qui ne savent rien du christianisme ni de son histoire, bâfrent goulument cette bourde énorme.

Qu'on ne leur parle plus de ces cauteleux enfants de Loyola, ni de ces Dominicains sanguinaires qui voudraient rétablir l'Inquisition, ni de ces Capucins charnels qui s'amusent tant au fond de leurs capucinières ! Comment leur vie pourrait-elle être comparée à celle de ces religieux admirables, quoique démodés, qui conservent seuls, aujourd'hui, dans son intégrité, l'antique tradition des premiers siècles de la foi ? Et cette fastueuse Eglise romaine, avec toute sa pompe et ses incalculables richesses, et tous ces prélats si redoutables, et tous ces innombrables curés répandus dans les villes et dans les campagnes, si puissants, si respectés et si pervers ! — qui oserait les comparer à ces honnêtes cénobites qui ne mangent rien, qui ne disent rien et qui gênent si peu l'essor de la civilisation républicaine ?

Marchenoir voyait mieux qu'il ne l'avait jamais vu ce qu'il y a d'amèrement véritable dans ces bas sophismes de voyous dont il avait, depuis longtemps, renoncé à s'indigner. Il entendait, au loin, crouler l'Eglise, non pierre à pierre, mais par masses énormes de poussière, car il n'y avait même plus de pierres, et cette Chartreuse, elle aussi, ce dernier contrefort de la demeure du Christ, polluée par l'intrusion de la Curiosité, lui semblait vaciller sur la pointe de ses huit siècles.

Il fallut que le père Athanase, confident ému des vibrations de cette cymbale de douleur, l'entraînât, une après-midi, dans l'intérieur du monastère, — cet hôte extraordinaire ayant déclaré sa répugnance pour un pareil acte de tourisme.

— Soit ! avait répondu le père, se prêtant au délire de son malade, nous marcherons en récitant les psaumes de la pénitence, si vous voulez, et je vous assure, mon cher ami, que cela vous distinguera beaucoup de tous nos touristes.

Malgré le tenaillement de ses pensées, Marchenoir ne put se défendre d'une commotion, en parcourant ce cloître immense, éclairé par cent treize fenêtres et mesurant 215 mètres de longueur, un peu plus que Saint-Pierre de Rome. Un tiers seulement, échappé à l'incendie de 1676, a conservé l'antique forme ogivale avec ces symboliques exfoliations de pierre, par lesquelles la piété du moyen âge voulut contraindre à l'action de grâces la matière brute et inanimée.

On visita successivement la salle du Chapitre ; la chapelle des morts, — remarquable dès le seuil par un très beau buste de la mort drapée dans un suaire et, de sa main de squelette, faisant un geste de catin à ceux qui passent ; le cimetière ; la curieuse chapelle Saint-Louis ; le réfectoire, — ce fameux réfectoire où les religieux se réunissent pour faire semblant de manger ; enfin, la bibliothèque ruinée tant de fois et, par conséquent, fort dénuée de ces magnifiques vélins manuscrits qui étaient la gloire de tant de monastères avant la Révolution, mais riche, néanmoins, de plus de six mille volumes, anciens pour la plupart.

On sait, d'ailleurs, que les Chartreux ont été de rudes écrivains. Une bibliothèque exclusivement cartusienne donnerait une liste d'au moins *huit cents* auteurs et cette liste resterait encore au-dessous de la vérité. « Il y a de nos Pères, disait avec candeur un ancien chartreux, qui font d'excellents escripts qui pourroyent beaucoup servir au public, et néantmoins, toute la production qu'ils leur procurent, c'est d'en allumer leur feu, quand il fait froid, après matines, eschauffant leurs corps de ce qui a embrasé leurs esprits. »

Ce qui toucha le plus Marchenoir, ce fut la vue d'une de ces nombreuses cellules, exactement identiques, où le chartreux, encore plus solitaire que cénobite, passe la plus grande partie de sa vie. Il se recueillit quelques instants comme il put, dans cette encoignure de paix, dans cette solitude au milieu de la solitude, et enjoignit, par un geste, à son conducteur, de s'abstenir de toute description, — considérant sans doute l'inanité parfaite de tout langage, en présence de ce dépouillement idéal et *intérieur*, qui ne peut être senti que dans le fond de l'âme, non d'un curieux ou d'un lettré, mais d'un chrétien sans détours que le Seigneur Jésus incline doucement à ses adorables pieds.

Pour les étalons errants d'une Fantaisie toujours attelée, cette uniformité est toute pleine d'ennui et doit paraître une platitude que, par condescendance, ils voudront bien appeler divine. Il n'y a pas lieu d'espérer qu'ils en puissent être autrement édifiés. Mais Marchenoir y découvrait, au contraire, une source clarifiée de poésie, infiniment supérieure à la noire incantation de ses désespoirs. Par-dessous cette Règle si dure en apparence et si froide, par derrière cet *isolateur* infranchissable, éclataient, pour lui, les magnificences de la vie cachée en Dieu. Vie perpétuellement transportée, d'une joie surabondante, d'une ivresse céleste, d'une paix inexprimable, d'une *variété* infinie !

Ces affranchis reçoivent à plein cœur, dans le silence de toutes les affections terrestres, la plénitude de grâce correspondante à la plénitude de leur liberté. Le Père céleste leur rompt lui-même le pain quotidien de la félicité surnaturelle, dans l'exacte proportion de leur détachement de toutes les autres félicités, et c'est de bouche à oreille que l'Esprit leur communique les révélations du grand amour. La vie mystique est, ici, de plain-pied avec l'autre vie, et ces blanches âmes passent de l'une dans l'autre, tour à tour, comme de fidèles et diligentes ménagères dans les divers appartements d'un maître adoré.

L'esprit de la Chartreuse est contemporain des catacombes, et la Chartreuse est, elle-même, la grande catacombe moderne, plus enfouie et plus cachée que celles des martyrs. Mais c'est une catacombe dans les cieux !... Au loin, roulent les chars des triomphateurs du monde et le tumulte insensé des acclamations populaires; les nations affolées courent comme des fleuves sous les arches colossales du pont aux ânes de la Désobéissance universelle, et tous ces bruits éclatants de la gloire humaine, toutes ces fanfares de la bagatelle victorieuse, s'évanouissant et s'abolissant à travers les épaisseurs de ce sol qui doit tout engloutir demain, arrivent aux oreilles de ces contemplateurs de la Vie, comme une imperceptible trépidation de la terre dans le silence de ses profondeurs.

— Voyez, disait le père à Marchenoir, en le reconduisant dans sa chambre, voyez ce que fait un marchand qui a des comptes à dresser, où il y va de tout son bien et de toute sa fortune. Il s'enferme dans son cabinet sans consentir à recevoir de visite de personne. Il dit qu'on lui rompt la tête si quelqu'un de sa famille approche pour lui parler de quelque autre affaire... Nous sommes des marchands entre les mains de qui Dieu a mis ses biens pour en faire un bon négoce. Il nous en donne la qualité et l'office quand il dit dans l'Evangile : *Négociez en attendant que je sois de retour.* Et il nous marque, d'une façon terrible, dans la parabole des talents, le profit qu'il veut que nous en retirions, le compte que nous lui en devons rendre et la punition qui doit servir de châtiment au serviteur, s'il ne trouve pas ses comptes en bon état. Si donc, ce marchand, pour dresser un compte où il ne s'agit que d'un bien périssable, se rend volontiers solitaire et ne fait point état des conversations, combien devons-nous estimer la solitude qui nous est beaucoup plus nécessaire pour tenir toujours prêts ceux de notre âme où il s'agit de notre salut éternel ?

Marchenoir, silencieux, écoutait cette paraphrase et s'imaginait entendre sous le tiers-point de ce vieux cloître, qui en aurait gardé l'écho, la voix centenaire, infiniment éloignée et presque éteinte d'un de ces humbles d'autrefois, couchés à deux pas de là, dans le cimetière !

XXXII

Précisément, le soir même, il fut averti que le lendemain, après la messe, on devait enterrer un frère mort de la veille, dont le panégyrique, imperceptiblement murmuré, avait glissé jusqu'à lui, comme un frisson, le long des murs de cette demeure imperturbable, où tout est silence, jusqu'à la joie de mourir. Nul spectacle ne pouvait attirer plus fort un personnage aussi fréquenté de visions funèbres, — sorte de carrefour humain, toujours ténébreux, où se faisaient des conciliabules de fantômes dans le perpétuel minuit tragique du souvenir.

Ce qui l'avait souvent exaspéré, cet acolyte passionné de tous les deuils, c'est l'absence, ordinairement absolue, de prières, sur les cercueils, dans les enterrements soi-disant religieux, les plus somptueusement exécutés. Les fleurs abondent et même les larmes, mais l'effrayant épisode surnaturel de la comparution devant le Juge et l'incertitude plus glaçante encore d'une Sentence inéluctable, — combien peu s'en souviennent ou sont capables d'y penser !

On se groupe avec des airs dolents, on s'informe exactement de l'âge du défunt et on s'assure, avec une bienveillance polie, qu'il laisse après lui, en même temps que le parfum de ses vertus, des consolations suffisantes à ceux qui « viennent d'avoir la douleur de le perdre ». Si cet émigrant vers le pourrissoir a tripotaillé avec succès, on voit s'empresser à travers la foule, comme des acarus dans une toison, quelques preneurs de notes envoyés par les grands journaux, — rapides chacals attirés par l'odeur de mort. Si la maladie a été longue et douloureuse, on se montre plus accommodant que la Sacrée Congrégation des Rites et on le *béatifie* volontiers, en déclarant « qu'il est *bien heureux*, maintenant, et qu'il ne souffre plus ».

Pendant ce temps, la terrible Liturgie gronde et pleure sans écho. C'est son affaire de parler au Juge, cela rentre dans les frais qui grèvent, hélas ! toute succession, et le banal convoi s'éloigne bientôt, — Dieu merci ! — avec certitude, dans un brouillard d'immortels regrets.

A la Chartreuse, quelle différence ! De quoi pourraient s'informer ces muets d'amour qui ne parlent que pour louer le Seigneur et qui n'ont jamais eu la pensée de juger leurs frères ? Ils savent que le compagnon de leur solitude est maintenant une âme devant Dieu et ils savent aussi, mieux que personne, ce que c'est qu'une âme et ce que c'est que d'être devant Dieu !

Une simple croix de bois, sans aucune inscription, garde la tombe des chartreux. On donne, par exception, une croix de pierre aux Supérieurs Généraux. C'est une marque de respect usitée dès les premiers temps de l'Ordre. Marchenoir, ignorant encore la prodigieuse longévité des chartreux, s'étonna de voir leur cimetière occuper un espace si peu considérable. Il paraît que les victimes de la Ribote sont mille fois plus nombreuses que celles de la Pénitence, et qu'une Règle austère est la plus sûre des hygiènes. Il en eut la preuve en apprenant qu'un registre des décès de la Grande Chartreuse serait presque une liste de centenaires. On voit de ces interminables religieux qui ont plus de soixante et dix ans de profession et il n'est pas rare qu'un solitaire ne meure qu'après cinquante ans de chartreuse.

En ce moment, d'ailleurs, Marchenoir ne pensait guère à demander l'âge de celui qu'il vit mettre en terre, et personne, peut-être, n'eût été capable de le renseigner avec précision. Pour ces âmes penchées sur l'abîme, la vie représente un certain poids de mérite et voilà tout. Au point de vue absolu, « le

Temps ne fait rien à l'affaire » de l'Éternité. L'essentiel, c'est d'être confirmé en grâce, au bout d'un siècle ou au bout d'un jour.

Mais on peut souhaiter de telles funérailles aux plus fiers ilotes de la passion ou de la gloire. Excepté le Pape, aucun chrétien n'a autant de prières à sa mort que le plus ignoré et le dernier des chartreux, et quelles prières! Marchenoir fut profondément saisi de ce simple fait assez peu connu, que le chartreux est enterré, comme sur un champ de bataille, sans bière ni linceul. Il est enseveli dans le pauvre habit blanc de son Ordre, dont la couleur correspond symboliquement à la Résurrection de Notre Seigneur, comme la couleur noire de l'Ordre bénédictin figure le saint mystère de sa Mort. Il est ainsi restitué à la poussière, pendant que ses frères assemblés pleurent et prient sur sa dépouille.

Une dizaine de mois auparavant, Marchenoir avait vu Paris enterrer un homme fameux qui avait déclaré la guerre à tous les religieux de la France, et qui devait exterminer le christianisme en combat singulier. Ce personnage, parti de bas, n'avait presque pas eu besoin de s'élever pour que ses pieds de cyclope révolutionnaire fussent exactement au niveau de la plupart des têtes contemporaines.

Pendant plus de dix ans, Léon Gambetta, continuant les jeux de sa charmante enfance, put se maintenir à califourchon sur les épaules de la Fille aînée de l'Église, qui reçut ainsi le salaire de ses apostasies et qui but la honte des hontes, — en attendant la dernière ivresse, qui sera vraisemblablement « ce que l'œil n'a point vu, ce que l'oreille n'a point entendu et ce que le cœur de l'homme ne saurait comprendre », en sens inverse de ce que Dieu réserve à ceux qui l'aiment. C'est pourquoi Paris lui a fait les obsèques d'un roi. Jamais, peut-être, dans aucun pays d'Occident, un faste plus énorme n'avait été déployé sur les restes pitoyables d'aucun homme...

Marchenoir se souvenait des trois cent mille têtes de bétail humain, accompagnant à sa demeure souterraine le Xerxès putrescent de la majorité, pendant que roulaient les chars de parade et les innombrables discours funèbres, et il compara ce mensonge d'enfouisseurs à l'enterrement véridique de ce chartreux inconnu, dans l'humble cimetière comblé de neige où cinquante frères en larmes demandaient à Dieu de le ressusciter pour la vie éternelle.

Ce dernier spectacle lui parut plus grand que l'autre, et les canonnades prostituées de l'inhumation du dictateur lui firent l'effet d'un bruit étrangement stupide et mesquin, auprès de l'intelligente et grandiose clameur religieuse de ces âmes voyantes, qui se savent les héritières de la magnificence de Salomon, en face de la misère des sépulcres, et qui portent bien moins le deuil de la mort que le deuil de la vie terrestre !

Il est vrai que les funérailles de Gambetta furent, elles-mêmes, une bien piètre solennité en comparaison de l'apothéose de Victor Hugo, que Marchenoir était appelé à contempler, deux ans plus tard.

Cette fois, ce ne fut plus seulement Paris, ni même la France, ce fut le globe entier, semble-t-il, qui se rua sur la piste suprême du Cosmopolite décédé. Le monde moderne, las du Dieu vivant, s'agenouille de plus en plus devant les charognes et nous gravitons vers de telles idolâtries funèbres que, bientôt, les nouveau-nés s'en iront vagir dans le rentrant des sépulcres fameux où blanchira, désormais, le lait de leurs mères. Le patriotisme aura tant d'illustres pourritures à déplorer que ce ne sera presque plus la peine de déménager des nécropoles. Ce sera comme un nouveau culte national, sagement tempéré par le dépotoir final où seront transférés sans pavois, — pour faire place à d'autres, — les carcasses de libérateurs et les résidus d'apôtres, au fur et à mesure de leur successive dépopularisation.

Lorsque Marat eut achevé son ignoble existence, « on le compara, dit Chateaubriand, au divin auteur de l'Evangile. On lui dédia cette prière : Cœur de Jésus, Cœur de Marat! ô sacré Cœur de Jésus, ô sacré Cœur de Marat! Ce cœur de Marat eut pour ciboire une pyxide précieuse du garde-meuble. On visitait dans un cénotaphe de gazon, élevé sur la place du Carrousel, le buste, la baignoire, la lampe et l'écritoire de la divinité. Puis le vent tourna. L'immondice, versée de l'urne d'agate dans *un autre vase*, fut vidée à l'égout. »

La poésie moderne, devenue l'amie de la canaille, devait finir comme l'*Ami du Peuple*. Madame se meurt, Madame est morte, Madame est ensevelie, non dans la pourpre ni dans l'azur fleurdelysé des monarchies, mais dans la défroque vermineuse du populo souverain et voici de bien affreux croque-morts pour la porter en terre. Toute la crapule de l'univers, en personne ou représentée, défilant pendant six heures, de l'Arc de Triomphe au Panthéon!

Il eût été si facile, pourtant, et si simple, de faire la levée de ce cadavre à coups de souliers, de le lier par les pieds avec des câbles de trois kilomètres et d'y atteler dix mille hommes, qui l'eussent traîné dans Paris, en chantant la *Marseillaise* ou *Derrière l'Omnibus*, jusqu'à ce que chaque pavé, chaque saillie de trottoir, chaque balustre d'urinoir public, eût hérité de son lambeau, pour le régal des cochons errants !

L'horreur *matérielle* de cette expiation posthume aurait eu pour effet, du moins, d'émouvoir la pitié du monde. Un immense chœur de sanglots eût brisé pour quelques jours, la vieille poitrine de l'humanité. Une absolution de vraies larmes fût tombée des yeux des innocentes et des yeux des prostituées, sur l'impénitent Proxénète de l'Idéal, et jusqu'aux âmes les plus courroucées lui eussent fait un *meilleur* Panthéon de leur éternel oubli !

On a préféré traîner cette dépouille dans le cloaque d'une apothéose démocratique. Profanation mille fois plus certaine, parce qu'elle s'est accomplie sur le cadavre *intellectuel*, et qu'elle est sans espérance de repentir !

L'auteur des *Misérables* ayant absurdement promulgué l'égalité du Bras et de la Pensée, le Bras imbécile a voulu tout seul manifester sa reconnaissance et l'âme flottante du poète a dû s'envoler, en gémissant, hors de portée de cet hommage.

Les bataillons scolaires, les amis de l'A. B. C. de Marseille, la chambre syndicale des hôteliers logeurs, les francs-tireurs des Batignolles, la Libre-Pensée de Charenton, le Grelot de Bercy, la Fraternité de Vaucresson, le choral des Allobroges et l'Espérance de Javel ; les chefs de rayons du *Printemps*, les contrôleurs de l'Eden-Théâtre, les orphéonistes de Nogentsur-Vernisson et la corporation des clercs d'huissiers ; les cuisiniers, les herboristes, les fleuristes, les fumistes, les dentistes, les emballeurs, les plombiers, les brossiers et « *tout le commerce des os de Paris* » : tels furent, avec deux cents autres groupes non moins abjects, les convoyeurs au *gâteau de Savoie* de ce mendiant trop exaucé de la plus anti-littéraire popularité.

Victor Hugo était parvenu à tellement déshonorer la poésie, qu'il a fallu que la France inventât de se déshonorer elle-même un peu plus qu'avant, pour se mettre en état de lui conditionner un dernier adieu qui fît éclater, comme il convenait, — en l'indépassable ignominie d'une solennité de dégoûtation, — la complicité de leur avilissement.

Ce monument, dont lui-même dénonça le ridicule, il y a cinquante ans, pouvait, sans doute, convenir à Dieu qui s'en contentait en silence, puisque le ridicule des hommes est la pourpre même de l'interminable Passion du Roi conspué ; mais le plus grand poète du monde, — à supposer que Victor Hugo méritât ce titre, — ne peut absolument pas s'accommoder de cette coupole, bien moins respirable pour sa gloire que le tabernacle en sapin du plus humble de tous les tombeaux...

De toute cette exultation du gouâtisme contemporain, les Chartreux n'ont probablement rien su. Le déluge des journaux n'a pas encore escaladé leur solitude. Ils continuent de prier pour les très humbles et les très glorieux, pour les poètes qui se prostituent et pour les imbéciles qui lancent l'ordure au visage mélancolique de la Poésie, et quand ils meurent à leur tour, c'est assez pour les inonder de joie, d'es-

pérer que les anges invisibles planeront sur l'étroite
fosse où on les enterre sans cercueil!

XXXIII

Marchenoir sentit bientôt la nécessité de travailler.
Il n'était pas homme à rester longtemps vautré sur
une pensée de douleur, quelque atrocement exquise
qu'elle lui parût. Il méprisait les Sardanapales et
leurs bûchers, et il se serait défendu, avec des moi-
gnons pleuvant le sang, jusque sur l'arête la plus
coupante du dernier mur de son palais de cristal.
Combinaison surprenante du rêveur et de l'homme
d'action, on l'avait toujours vu bondir du fond de ses
accablements et il se déracinait, lui-même, du fumier de ses dégoûts, aussitôt qu'il commençait à se
sentir bon à paître.

Les deux seuls livres qu'il eût encore publiés :
une *Vie de Sainte Radegonde* et un volume de critique
intitulé *Les Impuissants*, il les avait écrits sur un pal
rougi au feu, en plein milieu du radeau de la *Méduse*,
sans espérance de rencontrer un éditeur qui le re-
cueillît, avec la crainte continuelle de devenir enragé.

Le premier et le plus important de ces deux ouvrages avait été, sans comparaison, le plus immense
insuccès de l'époque. Pavoisée du catholicisme le
plus écarlate, cette éloquente restitution de la société
mérovingienne s'était vue, dès son apparition, enve-

lopper et emmaillotter, avec une attention infinie, par les catholiques eux-mêmes, dans les bandelettes multipliées du silence le plus égyptien.

C'était pourtant une chose réellement grande, ce récit hagiographique, tel qu'il l'avait conçu et exécuté! Un tel livre, si la presse eût daigné seulement l'annoncer, était, peut-être, de force à déterminer un courant historique, — à l'heure favorable où Michelet, le vieil évocateur sans conscience de quelques images du passé, laissait, en mourant, le champ libre aux cultivateurs du chiendent de l'histoire exclusivement documentaire. Car on ne voit plus que cela, depuis la mort de ce sorcier : des idolâtres du document, en histoire aussi bien qu'en littérature et dans tous les genres de spéculation, — même en amour, où le sadisme a entrepris, dernièrement, de documenter le libertinage. C'est la pente moderne attestée par le renflement scientifique de la plus turgescente vanité universelle.

Marchenoir, esprit intuitif et d'aperception lointaine, par conséquent toujours aspiré en deçà ou au delà de son temps, ne pouvait avoir qu'un absolu mépris pour cette sciure d'histoire apportée, chaque jour, par les médiocres ébénistes de l'Ecole des Chartes, au panier de la guillotine historique où sont décapités les grands concepts de la Tradition. Il avait donc entrepris de protester contre cette réduction en poussière de tout le passé, par la résurrection intégrale d'une société aussi défunte que les sociétés antiques et dont les débris *physiques*, transformés mille fois depuis dix siècles, ont pu servir à toutes les vérifications géologiques ou potagères du néant de l'homme.

Dans cette Légende d'or de l'histoire de France, qu'il s'imaginait toujours entendre chuchoter à son oreille, comme un grand conte plein de prodiges, et qui lui semblait la plus synthétiquement étrange, la plus centralement mystérieuse de toutes les histoires, — rien ne l'avait autant fasciné que cette énorme, terrible et enfantine épopée des temps Mérovingiens. La France préludait, alors, à l'apostolat des monarchies occidentales. Les évêques étaient des saints, dans la main desquels la Gentilité barbare s'assouplissait lentement, comme une cire vierge, pour former, avec la masse hétérogène du monde gallo-romain, les rayons mystiques de la ruche de Jésus-Christ. Du milieu de ce chaos de peuples vagissants, au-dessus desquels planait l'Esprit du Seigneur, on vit s'élever, à travers le brouillard tragique des prolégomènes du Moyen Age, une candide rangée de cierges humains dont les flammes, dardées au ciel, commencèrent, au sixième siècle, la grande illumination du catholicisme dans l'Occident.

Marchenoir avait choisi sainte Radegonde, un de ces luminaires tranquilles et, peut-être, le plus suave de tous. A la clarté de cette faible lampe non encore éteinte, il avait cherché les âmes des anciens morts dans les cryptes les moins explorées de ces très vieux âges. A force d'amoureuse volonté et à force d'art, il les avait tirées à la lumière et leur avait donné les couleurs d'une recommençante vie.

Le plus difficile effort que puisse tenter un moderne, la transmutation en *avenir* de tout le passé intermédiaire, il l'avait accompli, autant que de tels miracles soient opérables à l'esprit humain toujours opprimé d'images présentes, et il était arrivé à une sorte de vision hypnotique de son sujet, qui valait presque la vision contemporaine et sensible. Cette œuvre, positivement unique, dégageait une si nette sensation de recul, que le houlement océanique de trente générations postérieures devenait une *conjecture*, un thème d'horoscope, une dubitable rêverie de quelque naïf moine gaulois que la rafale de conquête aurait poussé sur une falaise de désespérée vaticination.

Les figures angéliques ou atroces de ce siècle, Chilpéric, le monarque aux finesses de mastodonte et sa venimeuse femelle, Frédégonde, la Jésabel d'abattoir; le chenil grondant des leudes; les évêques aux impuissantes mains miraculeuses, Germain de Paris, Grégoire de Tours, Prétextat de Rouen, Médard de Noyon; quelques pâles troènes poussés, à la grâce de Dieu, dans les cassures, les Galswinthe, les Agnès, les Radegonde, types rudimentaires de la toute-puissante *dame* des temps chevaleresques; enfin, l'ultime chalumeau virgilien, l'aphone poète Venantius Fortunatus; — tous ces trépassés archiséculaires, Marchenoir les avait évoqués si souverainement qu'on croyait les voir et les entendre, dans l'air sonore d'une cristalline matinée d'hiver.

Et ce n'était pas tout encore. Il y avait la fresque des concomitantes aventures de l'univers, peintes dans l'ombre ou dans la pénombre, mais à leur plan rigoureux, pour l'horizonnement de ce vaste drame : Justinien et Bélisaire et toute la gloire de boue du Bas-Empire; les Goths et les Lombards piétinant le fumier romain en Italie et en Espagne, et la précaire Papauté de ce monde en ruines; puis, au loin, du côté de l'Asie, l'immense rumeur fauve du réservoir barbare, que chaque oscillation de la planète faisait couler un peu plus du côté de la malheureuse Europe, sans parvenir à l'épuiser, jusqu'à Gengis-Khan, qui retourna, d'un seul coup, sur la civilisation occidentale, cette cuvette de cinquante peuples!

Pour ce livre de trois cents pages, à peine, qui lui avait coûté trois ans, Marchenoir s'était fait savant. Il s'était documenté jusqu'à la racine des cheveux. Mais il pensait que le document est, comme le vin et, en général, comme toutes les choses qui soûlent, aussi sot maître qu'intelligent serviteur. Il en avait souvent constaté le mutisme et l'infidélité. En conséquence, il l'avait utilisé avec une hauteur pleine de défiance, le rejetant avec dégoût quand il violait, en bégayant, l'intégrité d'une conception générale que l'expérience lui avait démontrée plus sûre; — méthode de travail qu'un pète-sec à tête vipérine de la *Revue des sciences historiques* avait fort blâmée et qui l'eût fait conspuer de toute la critique contemporaine, si cet attelage châtré du tape-cul de M. Renan était idoine à répercuter un chef-d'œuvre.

D'ailleurs, la nature hagiographique de son sujet ne pouvait guère attirer à son livre que des lecteurs catholiques ou des admirations religieuses. Or, le rédacteur en chef de la plus considérable feuille catholique de Paris ayant lui-même publié, autrefois, sur les saintes mérovingiennes, une inerme brochure tombée presque aussitôt dans le plus vertical oubli, il devait à sa propre gloire de ne pas accorder le moindre secours de publicité à ce téméraire nouveau venu qui pouvait devenir un supplantateur. Il est vrai qu'à défaut de cette excellente raison d'État littéraire, le mépris infini des catholiques pour toute œuvre d'art eût abondamment suffi. Bref, ce crevant de misère fut absolument privé de tout moyen d'informer le public de l'existence de son livre et les sages conclurent, comme toujours, du néant de la réclame au néant de l'œuvre.

Le fait est que pour des haïsseurs aussi résolus de la beauté littéraire, Marchenoir était une occasion peu commune. C'était un lépreux de magnificence. Toutes les maladies dégoûtantes ou monstrueuses qui peuvent justifier, analogiquement, l'horreur des chrétiens actuels pour un malheureux artiste : la gale, la teigne, la syphilis, le lupus, la plique, le pian, l'éléphantiasis, il les accumulait, à leurs yeux, dans sa forme d'écrivain.

Ce fut surtout dans son second livre, *Les Impuissants*, que cette flore éclata. Le scandale fut si grand qu'il valut un demi-succès. L'auteur commençait à être connu et l'apparition de ce recueil satirique, déjà publié en articles hebdomadaires, dans un petit journal où ils avaient été fort remarqués, démasqua, d'un coup, le polémiste formidable, caché jusqu'alors, pour beaucoup de gens, sous le contemplatif dédaigné, et qu'une dévorante soif de justice contraignait enfin à sortir. Il y eut une petite clameur de huit jours et tel fut le quartier de gloire que Paris voulut bien jeter à cet artiste qui s'exterminait depuis des années. Mais ce livre fut une révélation pour Marchenoir lui-même, qui ne se connaissait pas cette sonorité de gong quand l'indignation le faisait vibrer.

Par l'effet d'une loi spirituelle bien déconcertante, il se trouva que la forme littéraire de cet enthousiaste était surtout consanguine de celle de Rabelais. Ce style en débâcle et *innavigable*, qui avait toujours l'air de tomber d'une alpe, roulait n'importe quoi dans sa fureur. C'étaient des bondissements d'épithètes, des cris à l'escalade, des imprécations sauvages, des ordures, des sanglots ou des prières. Quand il tombait dans un gouffre, c'était pour ressauter jusqu'au ciel. Le mot, quel qu'il fût, ignoble ou sublime, il s'en emparait comme d'une proie et en faisait à l'instant un projectile, un brûlot, un engin quelconque pour dévaster ou pour massacrer. Puis, tout à coup, il redevenait, un moment, la nappe tranquille que la douce Radegonde avait azurée de ses regards.

Quelques-uns expliquaient cela par un abject charlatanisme, à la façon du *Père Duchesne*. D'autres, plus venimeux mais non pas plus bêtes, insinuaient la croyance à une sorte de chantage constipé, furieux de ne jamais aboutir. Personne, parmi les distributeurs de viande pourrie du journalisme, n'avait eu l'équité ou la clairvoyance de discerner l'exceptionnelle sincérité d'une âme ardente comprimée, jusqu'à l'explosion, par toutes les intolérables rengaînes de la médiocrité ou de l'injustice.

XXXIV

Maintenant, il se retournait décidément vers l'histoire. Elle avait été sa plus grande ambition et son plus fervent amour intellectuel. Depuis son enfance, il avait cette impression d'être beaucoup plus le contemporain des Croisades ou de l'Exode que de la racaille démocratique. Son admirable étude mérovingienne attestait suffisamment l'anachronisme de sa pensée. Mais il n'avait aucun désir de recommencer ce genre d'effort. Une monographie d'homme ou même de peuple, quelque dilatée qu'il l'imaginât, ne lui suffisait plus. Il refusait de se cantonner à nouveau dans un coin de siècle. Il voulait, désormais, envelopper d'une seule étreinte, l'histoire du monde.

Ainsi qu'il l'avait confié à son ami, il rêvait d'être le Champollion des événements historiques envisagés comme les hiéroglyphes divins d'une révélation par les symboles, corroborative de l'autre Révélation. C'eût été toute une science nouvelle, singulièrement audacieuse, et que le génie seul pouvait sauver du ridicule. Le pauvre Leverdier en avait tremblé dans sa peau dès la première ouverture, puis les volutations oratoires de son prophète l'avaient insensiblement enroulé à cette conception qu'il avait fini par juger sublime. Il est, du moins, incontestable que certaines inductions dont cet éblouissant démonstrateur étançonnait son système, le faisaient paraître tout à fait probable.

Il en avait pris l'idée première dans ces études exégétiques qui furent, par une singularité peut-être inouïe, le point de départ de sa vie intellectuelle, aussitôt après sa conversion. Appuyé sur l'affirmation souveraine de saint Paul : que nous voyons tout « en énigmes », cet esprit absolu avait fermement conclu du symbolisme de l'Écriture au symbolisme universel, et il était arrivé à se persuader que tous les actes humains, de quelque nature qu'ils soient, concourent à la syntaxe infinie d'un livre insoupçonné et plein de mystères, qu'on pourrait nommer les *Paralipomènes* de l'Evangile. De ce point de vue — fort différent de celui de Bossuet, par exemple, qui pensait, au mépris de saint Paul, que tout est éclairci, — l'histoire universelle lui apparaissait comme un texte homogène, extrêmement lié, vertébré, ossaturé, dialectiqué, mais parfaitement enveloppé, et qu'il s'agissait de transcrire en une grammaire de possible accès.

Il en avait conçu l'espérance et ne vivait plus que pour ce projet, devenu le centre d'innervation de ses pensées. Peu lui importait qu'on le jugeât extravagant ou ridicule. Depuis longtemps, il avait pris son parti de ne jamais plaire et ne s'embarrassait guère de l'hostilité même, dont les effets immédiats ne peuvent jamais atteindre, après tout, bien facilement, un homme que sa plume, sa langue et ses muscles rendent également redoutable.

Ah! sans doute, les ennemis assez nombreux qu'il s'était attirés déjà dans la presse, avaient la ressource ordinaire de lui fermer généreusement tous les débouchés et, par conséquent, de priver d'argent un écrivain pauvre que son talent aurait dû nourrir. C'était là le danger médiat et nullement méprisable. Mais, que faire? Il se sentait traîner par les cheveux dans sa douloureuse voie et, ne le voulût-il pas, il lui fallait courir son destin. Proférer, s'il était possible, une grande parole, et mourir ensuite sous les soufflets et les crachats de l'univers! — A la grâce de Dieu! disait-il souvent. C'est le mot de beaucoup de téméraires, mais, dans sa bouche, il avait une signification très haute et quasi sainte.

Retiré dans sa chambre de la Chartreuse, il raidissait ses deux bras contre sa propre douleur, ancienne ou récente, pour écarter l'importunité d'une sollicitude étrangère au travail de parturition de son esprit.

— Le Symbolisme de l'histoire! pensait-il, vérité certaine, mille fois évidente à mes yeux, mais combien difficile à démontrer acceptable! S'il s'agissait d'expliquer, pièce à pièce, le symbolisme du corps humain ou le symbolisme végétal, cette besogne, souvent entreprise déjà par des mystiques ou des philosophes, n'étonnerait pas trop encore. Il y aurait des chances pour faire rouler quelques idées sur ce rail connu, à condition, toutefois, qu'elles ne parussent pas trop originalement défrayées. Mais, ici, je vais me cogner, tout de suite, au front de taureau d'une Liberté ombrageuse, impénétrable, totalement incomprise de la multitude qui l'adore et mal définie des docteurs chrétiens qu'elle épouvante. Je suis en partance, comme Colomb, pour l'exploration de la *Mer ténébreuse*, avec la certitude de l'existence d'un monde à découvrir et la crainte de révolter, à moitié chemin, cinquante passions imbéciles. L'histoire fragmentaire, telle que je la vois partout, est un miroir pour l'orgueil stupide de cette liberté qui se félicite sans relâche d'avoir fait ce qu'elle a voulu, — jamais autre chose, — et la synthèse absolue, dont j'ai le dessein, confisque, du premier coup, cet objet de toilette, pour contraindre la vieille jouisseuse à se contempler dans le très humble ruisseau d'égout qui est sa patrie. Certes, je me passerais bien d'applaudissements et je n'en ai jamais cherché, mais encore faut-il que je sois intelligible, que je ne terrifie pas tous les éditeurs sans exception, que je sois débitable au moins autant qu'un *amer* nouvellement importé, sur le zinc en cœur de chêne de leurs comptoirs. La métaphysique religieuse n'est plus admissible, aujourd'hui, qu'à la condition d'être apéritive et de précéder un régal d'ordures. « Vous écrivez pour des hommes et non pas pour des esprits angéliques, » me disait ce père. Dois-je essayer de me remplir de la prose de cet avis? Hélas! j'y gagnerais peut-être un morceau de pain!

L'irréfréné Marchenoir sentait, néanmoins, qu'il se flattait d'une humilité impossible. Dégager de l'histoire universelle un ensemble symbolique, c'est-à-dire prouver que l'histoire *signifie quelque chose*, qu'elle a son architecture et qu'elle se développe avec docilité sur les antérieures données d'un plan infaillible, c'était une opération qui exigeait l'holocauste préalable du Libre Arbitre, tel, du moins, que la raison moderne peut le concevoir. Il n'y avait pas à sortir de là. Il était condamné à l'incertaine expérience de gifler son siècle pour obtenir d'en être écouté et, justement, l'énormité d'un pareil défi avait pour lui le ragoût d'une tentation de volupté. Sa nature de condottière l'emporta bientôt et il finit par se fixer à la plus imprudente des résolutions, s'interdisant jusqu'à la ressource d'appliquer, après coup et sous forme d'introduction, à son futur livre, les lâches émollients d'une apologie. Peut-être, aussi, avait-il raison de compter sur l'exaspération même de sa pensée et de sa forme, sur l'excès inouï d'audace, où il prévoyait bien que son sujet allait l'entraîner, pour espérer un succès de scandale ou d'étonnement, qui serait, au moins, un simulacre de cette justice que la vermine contemporaine n'accorde pas à la supériorité de l'esprit.

D'ailleurs, l'apparente sagesse d'aucun conseil ne prévaudra jamais contre ces torrentielles natures que le bâillement soudain de la plus large gueule d'abîme n'arrêterait pas. Ce que les prudents appellent du nom de témérité, ne serait-ce pas plutôt, en elles, une obéissance héroïque à quelque propulsion supérieure dont ces martyrs auraient, d'avance, accepté les agonies? Quand une grande chose était notifiée, la poitrine de Marchenoir s'ouvrait comme un triptyque, et ce qu'on voyait apparaître, c'était son cœur ruisselant de sang, entre une image de prière et une image d'extermination!

XXXV

Puisqu'il voulait que l'histoire fût un cryptogramme, il s'agissait de lire les signes et d'en pénétrer les combinaisons. Or, les signes se déroulaient pendant six mille ans, à partir du premier homme, du haut en bas de la pyramide prodigieusement évasée du genre humain. Leurs combinaisons étaient innombrables comme la poussière, compliquées à l'infini, tramées, tressées, imbriquées, repliées les unes dans les autres, entrelacées et embrouillées à toutes les profondeurs.

Toutes les mains de la nuit avaient tissé ce chaos.

Les trois Concupiscences, comme des fileuses infatigables, avaient fourni l'écheveau, et les sept Péchés l'avaient dévidé, ventre à terre, dans tous les sens, autour de toutes les générations, à travers l'inextricable tourbillon des épisodes. L'Amour, la Mort, la Douleur, l'Oubli, avaient mis en commun leurs paraboles pour un éternel négoce d'*errata*, où chacun d'eux tirait à lui toutes les ténèbres.

De temps en temps, un excellent historien se présentait pour contrôler les balances et sa tête gélatineuse se liquéfiait dans les plateaux. L'Hypothèse disait à la Conjecture : Nous allons nous amuser! et elles se faisaient caresser, l'une et l'autre, par un vieux Mensonge tout nu, sur le souple divan de la Critique. L'étonnante route de l'histoire était tout en carrefours, avec des poteaux en girouette, où des dates, peu certaines, indiquaient, dans la direction de quelques événements carrossables, de tout petits sentiers inexistants, pour aboutir à d'impossibles vérifications. L'érudition frétait des bibliothèques alexandrines pour le ravitaillement d'innombrables rongeurs à lunettes, dont l'office était de picorer des fétus dans l'énorme amas de crottin documentaire fienté par de plus grands animaux, en s'interdisant religieusement jusqu'à la velléité d'une conclusion. Si, d'aventure, l'un d'entre eux s'en avisait, c'était sous l'expresse condition d'insulter à quelque grande chose, en chatouillant de sa plume le dessous des pieds de la sainte Canaille, enfin victorieuse et potentate rémunératrice des flagorneurs qu'elle a décrottés. Dieu sait, alors, les jolis travaux qui s'exécutaient et l'abjecte clairvoyance de ces calomniateurs d'ancêtres !

L'esprit de l'homme planant, — comme autrefois celui du Seigneur, — sur cet inexprimable désordre, avait dit : — Il n'y en a pas encore assez comme cela ! et il avait commandé que *les ténèbres fussent*, c'est-à-dire que la suie du passé, délayée dans l'encre de nos imprimeurs, devînt indélébile et croûtonnante sur la mosaïque providentielle. On en était venu à tellement effacer les rudimentaires concepts, que les faits les plus énormes, les plus crevant l'œil, désormais orphelins de leurs principes et veufs de leurs conséquences, retranchés de l'orbite, excommuniés de tout ensemble, acéphales et eunuques, n'existaient plus dans les cervelles qu'à l'état fantastique de postérité du hasard. Et cette ignorance de toute loi était particulièrement attestée, en ce siècle, par la grandissante rage de philosopher sur l'histoire. Obscur témoignage d'une conscience irrémédiablement taillée en pièces et tressaillant, une dernière fois, sous le hachoir des charcutiers de l'intelligence !

Pour commencer, Marchenoir demandait le divorce du Hasard et de la Liberté, absurdement unis sous le régime de l'étripement réciproque. Il jugeait monstrueux cet accouplement qui avait paru l'unique ressource de la Raison moderne, affligée du célibat de sa très chère fille, universellement décriée pour son incontinence et le malpropre choix de ses concubins. C'était une imposture par trop forte de prétendre que quelque chose de réel fût jamais sorti d'une faculté, déjà si précaire, prostituée à ce bâtard du néant, et il ambitionnait, — alors que les sociétés agonisantes mettent leurs enfants en gage pour obtenir, en payant, qu'on les achève elles-mêmes, —

d'affirmer, une bonne fois, avant que tout s'écroulât et pour l'honneur de l'être pensant, l'irrépréhensible solidarité de tout ce qui s'est accompli, dans tous les temps et dans tous les lieux, à la honte des artisans de poussière qui pensent exterminer l'unité de l'homme en râclant de vieux ossements !

A ses yeux, le mot *Hasard* était un intolérable blasphème qu'il s'étonnait toujours, malgré l'expérience de son mépris, de rencontrer dans des bouches soi-disant chrétiennes. — *Rien n'arrive sans Son ordre ou Sa permission*, disait-il aux blasphémateurs ; il vous a créés, votre Hasard, et il s'est incarné pour vous racheter de son sang ! Est-ce bien là votre pensée ? Alors, moi, catholique, je lui crache à la figure, à ce rival de mon Christ, qui n'a pas même l'honneur d'exister, comme une idole, dans un simulacre où, du moins, s'attesterait l'industrie d'un entrepreneur de divinités.

Il était évident pour lui qu'on ne pouvait pas être catholique, ni même se flatter d'une infinitésimale pincée de sentiment religieux, si on ne donnait pas absolument tout à la Providence, et, dès lors, l'idée d'un plan infaillible sautait à l'esprit. A cette hauteur, peu lui importaient les chicanes philosophiques, ou même théologiques, qu'on pouvait lui décocher au sujet du Libre Arbitre, laissé sans ressources, par cette invasion d'*absolu*, dans le pâturage desséché du *conditionnel*.

— Quand la Providence prend tout, c'est pour se donner elle-même. Consultez l'Amour, si vous ne comprenez pas, et allez au diable ! Telle était toute la controverse de ce Stylite intellectuel qui ne descendit jamais de sa colonne.

Il avait, certes, bien assez du pénitentiel labeur qu'il s'était imposé, puisqu'il s'agissait de réduire à un tel raccourci de formules l'universalité des témoignages, qu'ils pussent tenir dans un rais de la pensée. Puisque c'est toujours Dieu qui opère, *ad nutum*, sur toute la terre, il fallait, de toute nécessité, préjuger un acte *unique*, indéfiniment réfracté dans ses créatures. Qu'on employât le mot de Paternité ou celui d'Amour, ou tout autre vocable suggestif, la méditation ramenait toujours cette simple vue d'un seul geste infini, produit par un Etre absolu, et répercuté dans l'innumérable diversité apparente des symboles.

En quelque point des temps que s'enfonçât la pointe du compas, que ce fût la prise de Jérusalem ou la Défénestration de Prague, l'angle avait beau s'ouvrir dans de giratoires investigations, ce point quelconque devenait le centre de l'univers. Le passé et l'avenir irradiaient lumineusement de ce foyer et convergeaient, en frémissant, vers cet ombilic. Une identité surnaturelle éclatait partout à la fois. L'homme se dénonçait pour avoir toujours fait la même chose, dans une circulaire translation de circonstances perpétuellement analogues, et l'imperceptible atrocité d'un Ezzelino ou d'un Halberstadt avait juste autant de force harmonique et salariait aussi sûrement l'esprit de synthèse que les colossales redites du despotisme des Tibère, des Philippe II ou des Napoléon !

L'histoire, telle que la voyait Marchenoir, était d'un tissu si garanti qu'on pouvait mettre au défi n'importe quel faussaire de la démarquer d'une manière plausible. Les caractères altérés, les lignes déviées de leur sens, écorchaient l'œil et criaient pour qu'on les réintégrât. Le texte symbolique, mutilé seulement d'un iota, n'avait plus de sens et divulguait, de son mutisme soudain, la profanation. Ce que la Providence avait écrit dans la rédivive tradition des peuples, avec des pâtés de sang et des chaînes de montagnes de morts, elle l'avait écrit pour l'éternité, sans que nul grattoir ou acide sacrilège eût jamais été capable d'oblitérer, d'un solécisme durable, ce palimpseste de douleur !

Car, telle était sa cédule évocatoire, à ce magicien d'exégèse, qui voulait que tout comparût à la fois devant le tribunal de son esprit : Toute chose terrestre est ordonnée pour la Douleur. Or, cette Douleur était, à ses yeux, le commencement comme elle était la fin. Elle n'était pas seulement le but, le comminatoire propos ultérieur, elle était la *logique* même de ces Ecritures mystérieuses, dans lesquelles il supposait que la Volonté de Dieu devait être lue. La sentence terrible de la Genèse, à la départie de l'Eden, il l'appliquait, dans sa rigueur, à l'enfantement toujours *douloureux* des moindres péripéties de l'œcuménique roman de la terre.

Alors, sur cette planète maudite, condamnée à ne *germiner* que des épines, s'accomplissait, en soixante siècles, pour la race déchue, l'épouvantable dérision du Progrès, dans le renouveau sempiternel des itératives préfigurations de la catastrophe qui doit tout expliquer et tout consommer à la fin des fins.

Les Anges devaient avoir eu peur et pitié de ce spectacle, sur lequel on avait sujet de redouter que ne tombât jamais le rideau d'une pudeur divine ! Les générations humaines toujours dévorées au banquet des forts, sur tous les continents où les enfants de Nemrod avaient étendu leur nappe, et le Pauvre, dont c'est l'étonnant destin de représenter Dieu même, le Pauvre toujours vaincu, bafoué, souffleté, violé, maudit, coupé en morceaux, mais ne mourant pas, — roulé du pied, sous la table, comme une ordure, d'Asie en Afrique et, de l'Europe, sur le monde entier, — sans qu'une seule heure lui fût accordée pour se désaltérer à ses propres larmes et pour râcler les croûtes de son sang ! Cela, pour toute la durée des sociétés antiques, sculptées en formidable raccourci dans la gouliafrée du roi Baltasar.

Puis, l'avènement du parfait Pauvre, en qui se résumèrent les abominations les plus exquises de la misère et qui fut Lui-même le Baltasar d'un festin de tortures, où furent conviées toutes les puissances de souffrir. Rédemption à faire trembler qui transfigura la *poétique* de l'homme sans rénover son cœur, en dérision de ce qui avait été annoncé.

Un second registre de formules fut simplement ouvert, et la grande liesse des boucs et des vautours recommença. Dans les contrées immenses inexplorées par le christianisme, la cuisine des pasteurs de peuples ne changea pas, mais, dans la chrétienté, le Pauvre fut quelquefois invité, charitablement, à se repaître des déjections de la puissance, dont il était, lui-même, l'aliment. Le fardeau des faibles, désormais aggravé de spiritualisme, fit craquer les os des neuf dixièmes de l'humanité.

Comme si l'apparition de la Croix avait affolé les nations, l'univers se confondit dans une prodigieuse bousculade. Sur l'Empire romain tordu par la colique, goutteux des pieds, avarié du cœur, et devenu chauve comme son premier César, des millions de brutes à gueule humaine déferlèrent. Les Goths, les Vandales, les Huns et les Francs s'assirent, en ricanant, sur leurs boucliers, et se laissèrent glisser en avalanches, contre toutes les portes de Rome qui creva sous la poussée. Le Danube, gonflé de sauvages, se répandit en inondation sur les latrines du Bas-Empire. Du côté de l'Orient, le Chamelier Prophète, accroupi sur la bouse de son troupeau, couvait déjà, dans son sein pouilleux, les sauterelles affamées dont il allait remplir les deux tiers du monde connu. On se battait, on s'éventrait, on se mangeait les entrailles, pendant huit cents ans, de l'extrémité de la Perse aux rivages de l'Atlantique. Enfin, la grande charpente féodale s'installait dans le gâchis des égorgements.

On crut que c'était l'étançon d'une Jérusalem quasi céleste qu'on allait construire, et il se trouva que c'était encore un échafaud. Même la Chevalerie, la plus noble chose que les hommes aient inventée, ne fut pas souvent miséricordieuse aux membres souffrants du Seigneur, qu'elle avait mission de protéger. Même les Croisades, sans lesquelles le passé de l'Europe serait un peu moins qu'un amas d'immondices, ne furent pas sans l'horrible traînée de toutes les purulences de l'animal responsable. Pourtant, c'était l'adolescence au cœur brûlant, c'était le temps de l'amour et de l'enthousiasme pour le christianisme! Les saints, il y en eut alors, comme aujourd'hui, une demi-douzaine par chaque cent millions d'âmes médiocres ou abjectes, — à peu près, — et l'odieux bétail qui les vénérait, après leur mort, fut quelquefois obligé d'emprunter de la boue et de la salive pour les conspuer à son plaisir, quand il avait l'honneur de les tenir vivants sous ses sales pieds.

Deux choses, à peine, paraissaient à Marchenoir mériter qu'on surmontât la nausée de cette abominable contemplation : l'indéfectible prééminence de la Papauté et l'inaliénable suzeraineté de la France. Rien n'avait pu prévaloir contre ces deux privilèges. Ni l'hostilité des temps, ni le négoce des Judas, ni la surpassante indignité de certains titulaires, ni les révolutions, ni les défaites, ni les reniements, ni les inconscientes profanations de la sacrilège bêtise !...

Quand l'une ou l'autre avait menacé de s'éteindre, le monde avait paru en Interdit. La Bulle *Unam Sanctam*, de Boniface VIII, la fameuse Bulle des *Deux Glaives*, n'avait plus de croyants, il est vrai, et la France était gouvernée par des goujats... N'importe! quelques âmes savaient qu'il existe, en leur faveur, une prescription contre toutes les poursuites revendicatoires du néant, et Marchenoir était une unité dans le petit nombre de ces âmes malheureuses, charriées sur un glaçon fondant, au milieu d'un océan de tiédeur, vers un tropique d'imbécillité !

Mais, avant de sombrer, ce millénaire voulait assigner les Temps modernes, les plus iniques temps et les plus bêtes qui furent jamais, devant un Juge dont il pressentait la proche Venue, quoiqu'il ait l'air de dormir profondément depuis tant de siècles, et qu'il espérait, à force de clameurs désespérées, faire, une bonne fois, crouler de son ciel ! Ces clameurs, il les avait ramassées de partout, accumulées, amalgamées, coagulées en lui. Ecolier sublime de ses propres tortures, il avait syncrétisé, en une algèbre à faire éclater les intelligences, l'universelle totalité des douleurs !

De cette forêt sortait, en rugissant, une Symbolique inconnue qu'il aurait pu nommer la symbolique des Larmes et qui allait devenir son langage pour parler à Dieu. C'était comme une rumeur infinie de toutes les voix dolentes des écrasés de tous les âges, dans une formule miraculeusement abréviative qui expliquait, — par la nécessité d'une manière de rançon divine, — les interminables ajournements de la Justice et l'apparente inefficacité de la Rédemption.

Voilà ce qu'il prétendait mettre sous les yeux de ses contemporains inattentifs, d'abord ; ensuite, sous le clair regard de Celui dont il appelait l'avènement, comme un témoignage accablant de la fangeuse apostasie d'une génération, qui sera peut-être la dernière avant le déluge, — si sa monstrueuse indifférence l'a faite émissaire pour assumer l'opprobre de ses aînées, moins abominables qu'elle, dont l'histoire écrite a si lâchement balbutié l'inculpation !

XXXVI

Marchenoir écrivit une seule fois à Véronique, pour lui annoncer son retour. Par crainte ou par vertu, il s'en était abstenu jusqu'alors, quoiqu'il en mourût de désir, se bornant à la mentionner, avec une tendresse peu déguisée, dans chacune de ses épîtres au sempiternel Leverdier. Enfin, quelques jours avant son départ, il se décida tout à coup et voici son inconcevable lettre :

« Ma chère Véronique, je vous prie d'ajouter pour moi, à vos prières accoutumées, les oraisons pour les agonisants que vous trouverez dans votre euculoge. Mon corps se porte bien, mais mon esprit est dans l'angoisse de la mort et je vous suppose particulièrement désignée pour me secourir, puisque c'est à l'occasion de vous que j'endure cette épouvantable tribulation.

« Je suis éperdument amoureux de vous, voilà la vérité, et il a fallu que je m'éloignasse de Paris pour le sentir. Je me suis déterminé à vous l'écrire sur cette simple réflexion, que *vous deviez le savoir*. Les femmes sont clairvoyantes en pareil cas, et ce sentiment, inaperçu de moi jusqu'à ces derniers jours, vous l'avez certainement discerné, depuis longtemps, si j'en juge par certaines prudences que je me rappelle, aujourd'hui, et qui tendaient manifestement à en retarder l'explosion. Mais quand même vous n'auriez rien compris ni rien deviné, j'ai pensé qu'il fallait encore me déclarer, ne fût-ce que pour écarter de nos relations le danger d'un tel mystère.

« Qu'allons-nous devenir? Il n'y a que deux issues : vous me sauvez ou je vous perds. Quant à nous séparer, en admettant que ce fût possible, ce serait peut-être le plus funeste des dénouements. Vous avez mis autour de ma vie un surnaturel chrétien si capiteux, que je ne pourrais plus respirer une autre atmosphère.

« Or, je n'ai plus de courage du tout, mon âme est complètement démontée. Il va falloir vous condamner à une réserve inouïe, car je brûle sur moi-même, depuis l'agitation de ce voyage, comme une torche mal éteinte que le vent aurait rallumée. Cette fraternité postiche qui nous unit et nous sépare, jusqu'à maintenant, ne va plus suffire. Il faudrait construire quelque autre muraille mitoyenne qui montât jusqu'au septième ciel et qu'aucune trahison des sens ne pût entamer.

« Ce travail de maçonnerie vous sera, sans doute, possible, à vous, âme spirituelle et désouillée, qui n'avez plus de corps que pour les yeux trop charnels de votre malheureux ami, dont votre présence va remuer, je le sens bien, toutes les vieilles croupissures et toutes les fanges. Cherchez donc, chère trésorière d'héroïsme, c'est peut-être dans la direction du martyre que vous découvrirez ce qu'il nous faut.

« Vous ne pouvez supporter qu'on vous regarde comme une sainte, et vous savez si j'approuve cette horreur. Mais, dans l'hypothèse qu'il aurait plu à Notre-Seigneur de jeter sur vous toute la pourpre de son ciel, vous continueriez encore, néanmoins, d'être une *vraie femme* pour l'éternité, — comme on est un prêtre, — car ce que Dieu a fabriqué de son essentielle Main porte *caractère* indélébile, aussi bien que les Sacrements de son Eglise. Vous seriez forcée, par conséquent, de voir aussi nettement qu'une autre le mal de ce monde, où la mort fut acclimatée par la première de vous toutes.

« C'est pourquoi je vous ai demandé les prières des agonisants. Je suis en péril de mort pour mon âme, à cause de vous, bien-aimée, et je retourne à Paris, dans une semaine, comme on se fait porter en terre. Si vous n'êtes pas devenue toute forte contre ma faiblesse, je vous entraînerai dans une caverne de désespoir.

« Vous me l'avez fait comprendre vous-même, il y a longtemps. Que vous devinssiez ma femme ou ma maîtresse, l'abomination serait également infinie. Je retrouverais dans votre lit et dans vos bras tout votre *passé*, et ce passé, délié de l'abîme où l'a précipité votre pénitence, m'arracherait de vous, morceau par morceau, avec des tenailles rougies, pour s'installer à ma place. Notre amour serait un opprobre et nos voluptés un vomissement. Nous aurions tout perdu de ce qui nous honore et tout retrouvé de ce qui peut nous avilir davantage. A la place de ce canton lumineux du ciel où nous planons en souffrant, nous serions accroupis au bord d'un chemin public, dans une encoignure infecte, où les plus immondes animaux auraient la permission de nous salir au passage...

« Il faut donc m'exorciser, ma très chère, je ne sais comment, mais il le faut tout de suite, sous peine d'enfer et de mort. Voilà tout. Mon esprit est plein de ténèbres et je ne saurais vous offrir l'ombre d'une idée qui ressemblât à une apparence de salutaire expédient. Ah! mon amie, ma trois fois aimée, ma belle Véronique du chemin de la Croix! combien je souffre! mon cœur se brise et je pleure, comme je vous ai vue, tant de fois, pleurer vous-même, agenouillée, des journées entières, devant votre grand crucifix! Seulement, vos larmes étaient infiniment douces et les miennes sont infiniment amères.

« Votre Marie-Joseph. »

XXXVII

La retraite à la Grande Chartreuse, quelque suggestive et bienfaisante qu'elle eût été, ne pouvait plus se prolonger pour cette âme tragique, qui se faisait du Paradis même l'idée d'une éternelle montée furibonde vers l'Absolu. La quatrième semaine venait de s'achever et Marchenoir en avait décidément assez. L'apaisement qu'il était venu chercher, n'avait été qu'extérieur ou intermittent. L'exquise bonté de ses hôtes avait pu détendre ses nerfs et lénifier la partie supérieure de son esprit, mais ne pouvait rien au delà.

Il était singulier, d'ailleurs, et bien conforme à l'irréprochable exactitude de son ironique destin, que le pire malheur qu'il pût redouter, lui eût été révélé précisément sur cette montagne, où il s'était cru certain de haleter, quelques jours, en sécurité parfaite. Maintenant, il avait le besoin le plus violent, de se jeter au-devant de ce malheur, dût-il en crever !

Il alla donc prendre congé du Père Général qui l'avait déjà reçu plusieurs fois avec cette douceur des grands Humbles, qui domptait autrefois les Tarasques et les Empereurs. Marchenoir, qui n'appartenait à aucune de ces deux catégories de monstres, exprima, le mieux qu'il put, sa gratitude, en suppliant l'aimable vieillard de le bénir avant son départ.

— Mon cher enfant, répondit celui-ci, je veux faire quelque chose de plus, si vous le permettez. Je sais de votre vie et de vos souffrances ce que votre ami, M. Leverdier, m'en a écrit et ce que le père Athanase a cru pouvoir m'en confier, et je m'intéresse profondément à vous. Vous avez entrepris un livre pour la gloire de Dieu et vous êtes pauvre,... deux fois pauvre, puisque vous renoncez à la gloire que donnent les hommes... Emportez, je vous prie, de la Chartreuse, ce faible secours que votre âme chrétienne peut accepter sans honte, — ajouta-t-il, en lui tendant un billet de mille francs, — et souvenez-vous, dans vos combats, du vieux *serviteur inutile*, mais plein de tendresse, qui priera pour vous.

Le malheureux, brisé d'émotion, tomba à genoux et reçut la bénédiction de ce chef des plus grandes âmes qui soient au monde. Le Général le releva et, l'ayant serré dans ses bras, le reconduisit jusqu'à sa porte en l'exhortant aux viriles vertus que la société chrétienne paraît avoir prises en haine, mais dont la tradition persévère, en dépit de tout, dans ces solitudes, — sans lesquelles, à ce qu'il semble, le ciel fatigué de voûter, depuis tant de siècles, sur une si dégoûtante race, tomberait, de bon cœur, pour l'anéantir.

Le père Athanase l'attendait avec anxiété. Il avait parlé chaleureusement, mais les intentions de son supérieur ne lui étaient pas connues. Le bon religieux fut transporté de la joie naïve de son ami, que cet argent délivrait d'angoisses hideuses, surajoutées à ses plus intimes tourments.

— Je vous vois partir sans trop d'inquiétudes, lui dit-il. Du moins, je suis assuré que la misère noire ne vous ressaisira pas tout de suite et je me persuade qu'un peu plus tard, Dieu vous enverra quelque autre assistance. Il n'est pas permis de croire que ce bon Maître vous ait comblé des dons les plus rares, uniquement pour vous faire souffrir. D'ailleurs, l'Eglise militante a besoin d'écrivains de votre sorte et vous surmonterez, à la fin, tous les obstacles, par la seule virtualité du talent, je veux l'espérer...

Mais, j'ai d'autres sujets de trembler et c'est justement l'excès de votre force qui m'épouvante, ajouta-t-il, avec un sourire mélancolique, en lui touchant du doigt le front et la poitrine. C'est ici et là que se trouvent vos plus redoutables persécuteurs. J'ai beaucoup pensé à vous, mon cher ami. C'est un mystère de douleur qu'un homme tel que vous ait pu naître au dix-neuvième siècle. Vous auriez fait un Ligueur, un Croisé, un Martyr. Vous avez l'âme d'un de ces anciens apologistes de la Foi, qui trouvaient le moyen de catéchiser les vierges et les bourreaux jusque sous la dent des bêtes. Aujourd'hui, vous êtes livré à la gencive des lâches et des médiocres, et je comprends que cela vous paraisse un intolérable supplice. Vous avez passé quarante ans et vous n'avez pas encore pu vous acclimater ni même vous orienter dans la société moderne. Ceci est terrible...

Je ne vous accuse, ni ne vous juge, pauvre ami. Je vous plains de toute mon âme. Rendez-moi justice. Je ne vous reproche pas de n'avoir pas su *vous faire une position*. Je ne suis pas un de ces bourgeois dont le nom seul vous noircit la rétine. Je suis un chartreux, simplement, et je crois que la meilleure position est de faire la volonté de Dieu, quelle qu'elle soit. Si c'est votre partage d'écrire de beaux livres, sans consolation et sans salaire, au milieu de continuelles souffrances, votre situation est toute faite et cinquante fois plus brillante, j'imagine, que celle d'un premier ministre qui sera, demain matin ou demain soir, roulé à coups de bottes dans un escalier d'oubli. Seulement, j'ai peur que ce don de force qui ferait de vous, peut-être, un grand homme d'action par l'épée ou par la parole, si vous en aviez l'emploi, ne se retourne à la fin contre vous-même et ne vous jette dans le désespoir.

— Vous avez raison, mon père, et je ne suis pas non plus sans terreur, répondit Marchenoir. L'espérance est la seule des trois vertus théologales contre laquelle je puisse m'accuser, en toute sincérité, d'avoir sciemment et gravement péché. Il y a en moi un instinct de révolte si sauvage que rien n'a pu le dompter. J'ai fini par renoncer à l'expulsion de cette bête féroce et je m'arrange pour n'en être pas dévoré. Que puis-je faire de plus? Chaque homme est, en naissant, assorti d'un monstre. Les uns lui font la guerre et les autres lui font l'amour. Il paraît que je suis très fort, comme vous le dites, puisque j'ai été honoré de la compagnie habituelle du roi des monstres : le Désespoir. Si Dieu m'aime, qu'il me défende, quand je n'aurai plus le courage de me défendre moi-même! Ce qu'il y a de rassurant, c'est que je ne peux plus être surpris, puisque je ne crois pas au bonheur. On dit quelquefois que je suis un homme supérieur et je ne le nie pas. Je serais un sot et un ingrat de désavouer cette largesse que je n'ai rien fait pour mériter. Eh bien! si le bonheur est déjà presque irréalisable pour le plus médiocre des êtres, pour le plus facile à contenter des pachydermes raisonnables, comment ce diapason de douleurs, qu'on appelle un homme de génie, pourrait-il jamais y prétendre? Le bonheur, mon cher père, est fait pour les bestiaux... ou pour les saints. J'y ai donc renoncé depuis longtemps. Mais, à défaut de bonheur, je voudrais, au moins, la paix, cette inaccessible paix, que les anges de Noël ont, pourtant, annoncée, *sur terre*, aux hommes de bonne volonté!

Le père hésita un moment. Tout ce qui peut être inspiré par la plus ardente charité sacerdotale, il l'avait déjà dit à ce désolé. Il avait tout tenté pour solidifier un peu d'espérance dans ce vase brisé, d'où se répandait le cordial, aussitôt qu'on l'avait versé. Il ne pouvait pas accuser son pénitent d'être indocile ou de s'acclamer lui-même. Le soupçon d'orgueil, — d'une si commode ressource pour les confesseurs et directeurs sans clairvoyance ou sans zèle! — il l'avait écarté, dès le premier jour, avec défiance, estimant plus apostolique de pénétrer dans les cœurs que de les sceller, du premier coup, implacablement, sous des formules de séminaire.

Le Non-Amour est un des noms du Père de l'orgueil et, certes, il n'en avait pas connu beaucoup, dans sa vie, des êtres qui aimassent autant que le pauvre Marchenoir! Il se sentait en présence d'une exceptionnelle infortune et les larmes lui vinrent à la pensée qu'il avait devant lui un homme allant à la mort et que rien ne pouvait sauver, un témoin pour l'Amour et pour la Justice, — holocauste lamentable d'une société frappée de folie qui pense que le Génie la souille et que l'aristocratie d'une seule âme est un danger pour le chenil de ses pasteurs.

— Vous demandez la paix au moment même où vous partez en guerre, dit-il enfin. Soit. Vous vous croyez appelé à protester solitairement, au nom de la justice contre toute la société contemporaine, avec la certitude préliminaire d'être absolument vaincu et quelles que puissent être pour vous les conséquences, — au mépris de votre sécurité et des jugements de vos semblables, dans un désintéressement complet de tout ce qui détermine, ordinairement, les actions humaines. Vous vous croyez sans liberté pour choisir une autre route de la mort... C'est Dieu qui le sait. Il est plus facile de vous condamner que de vous comprendre. Tout ce qu'on peut, c'est de lever, pour vous, les bras au ciel. Mais votre corsaire est trop chargé... Vous n'êtes pas seul, vous avez pris une âme à votre compte. Qu'allez-vous en faire ? Avez-vous calculé l'effroyable obstacle d'une passion plus forte que vous et distinctement lisible, pour moi, dans les moindres mouvements de votre physionomie ? Et s'il vous est donné d'en triompher, n'hésiterez-vous pas encore à traîner cette pauvre créature dans les inégales querelles, où je prévois trop que vous allez immédiatement vous engager ?...

Marchenoir, devenu très pâle, avait paru chanceler et s'était assis, avec une si poignante expression de douleur, que le père Athanase en fut bouleversé. Il y eut un silence pénible de quelques instants, au bout desquels le malheureux homme commença d'une voix assez basse pour que le père fût obligé de tendre l'oreille.

XXXVIII

— Que voulez-vous que je vous réponde ? Il en sera ce que Dieu voudra et j'espère bénir sa volonté sainte à l'heure de ma dernière agonie. Si j'étais riche, je pourrais arranger mon existence de telle sorte que les dangers qui vous épouvantent pour moi disparussent presque entièrement. J'écrirais mes livres à genoux, dans quelque lieu solitaire où je n'entendrais même pas les clameurs ou les malédictions du monde. Il n'en est pas ainsi, par malheur, et j'ignore où l'infâme combat pour la vie va m'entraîner.

Vous parlez de cette passion... C'est vrai que je suis à peu près sans force pour y résister. Depuis des années, je suis chaste, comme le « désir des collines », — avec une pléthore du cœur. Vous êtes praticien des âmes, vous savez combien cette circonstance aggrave le péril. Mais la noble fille inventera quelque chose pour me sauver d'elle,... je ne sais quoi,... pourtant, je suis assuré qu'elle y parviendra. Quant aux querelles, j'en aurai probablement, et de toutes sortes, je dois m'y attendre.

Mais cela n'est rien, — dit-il d'une voix plus ferme, en se dressant tout à coup. — Si je profane les puants ciboires qui sont les vases sacrés de la religion démocratique, je dois bien compter qu'on les retournera sur ma tête, et les rares esprits qui se réjouiront de mon audace ne s'armeront, assurément pas, pour me défendre. Je combattrai seul, je succomberai seul, et ma belle sainte priera pour le repos de mon âme, voilà tout... Peut-être aussi, ne succomberai-je pas. Les téméraires ont été, quelquefois, les victorieux.

Je quitte votre maison dans une ignorance absolue de ce que je vais faire, mais avec la plus inflexible résolution de ne pas laisser la vérité sans témoignage. Il est écrit que les affamés et les mourants de soif de justice seront saturés. Je puis donc espérer une ébriété sans mesure. Jamais, je ne pourrai m'accommoder ni me consoler de ce que je vois. Je ne prétends point réformer un monde irréformable, ni faire avorter Babylone. Je suis de ceux qui clament dans le désert et qui dévorent les racines du buisson de feu, quand les corbeaux oublient de leur porter leur nourriture. Qu'on m'écoute ou qu'on ne m'écoute pas, qu'on m'applaudisse ou qu'on m'insulte, aussi longtemps qu'on ne me tuera pas, je serai le consignataire de la Vengeance et le domestique très obéissant d'une *étrangère* Fureur qui me commandera de parler. Il n'est pas en mon pouvoir de résigner cet office, et c'est avec la plus amère désolation que je le déclare. Je souffre une violence infinie et les colères qui sortent de moi ne sont que des échos, singulièrement affaiblis, d'une Imprécation supérieure que j'ai l'étonnante disgrâce de répercuter.

C'est pour cela, sans doute, que la misère me fut départie avec tant de munificence. La richesse aurait fait de moi une de ces charognes ambulantes et dûment calées, que les hommes du monde flairent avec sympathie dans leurs salons et dont se pourlèche la friande vanité des femmes. J'aurais fait bombance du pauvre, comme les autres et, peut-être, en exhalant, à la façon d'un glorieux de ma connaissance, quelques gémissantes phrases sur la pitié. Heureusement, une Providence aux mains d'épines a veillé sur moi et m'a préservé de devenir un charmant garçon, en me déchiquetant de ses caresses...

Maintenant, qu'elle s'accomplisse, mon épouvantable destinée ! Le mépris, le ridicule, la calomnie, l'exécration universelle, tout m'est égal. Quelque douleur qui m'arrive, elle ne me percera pas plus, sans doute, que l'inexplicable mort de mon enfant... On pourra me faire crever de faim, on ne m'empêchera pas d'aboyer sous les étrivières de l'indignation !

Fils obéissant de l'Eglise, je suis, néanmoins, en communion d'impatience avec tous les révoltés, tous les déçus, tous les inexaucés, tous les damnés de ce monde. Quand je me souviens de cette multitude, une main me saisit par les cheveux et m'emporte, au delà des relatives exigences d'un ordre social, dans l'absolu d'une vision d'injustice à faire sangloter jusqu'à l'orgueil des philosophies ! J'ai lu de Bonald et les autres théoriciens d'équilibre. Je sais toutes les choses raisonnables qu'on peut dire pour se consoler, entre gens vertueux, de la réprobation temporelle des trois quarts de l'humanité...

Saint Paul ne s'en consolait pas, lui qui recommandait d'*attendre*, en gémissant avec *toutes* les créatures, l'adoption et la Rédemption, affirmant que nous n'étions rachetés qu'« en espérance », et qu'ainsi rien n'était accompli. Moi, le dernier venu, je pense qu'une agonie de six mille ans nous donne peut-être le droit d'être impatients, comme on ne le fut jamais, et, puisqu'il faut que nous élevions nos cœurs, de les arracher, une bonne fois, de nos poitrines, ces organes désespérés, pour en lapider le ciel ! C'est le *sursum corda* et le *lamma sabacthani* des abandonnés de ce dernier siècle.

Lorsque la Parole incarnée saignait et criait pour cette rédemption *inaccomplie* et que sa Mère, la seule créature qui ait véritablement enfanté, devenait, sous le regard mourant de l'Agneau divin, cette fontaine de pleurs qui fit déborder tous les océans, les créatures inanimées, témoins innocents de cette double agonie, en gardèrent à jamais la compassion et le tremblement. Le dernier souffle du Maître, porté par les vents, s'en alla grossir le trésor caché des tempêtes ; et la terre, pénétrée de ces larmes et de ce sang, se remit à germiner plus douloureusement que jamais, des symboles de mortification et de repentir. Un rideau de ténèbres s'étendit sur le voile déjà si sombre de la première malédiction. Les épines du diadème royal de Jésus-Christ s'entrelacèrent autour de tous les cœurs humains et s'attachèrent, pour des dizaines de siècles, comme les pointes d'un cilice déchirant, aux flancs du monde épouvanté !

En ce jour, fut inaugurée la parfaite pénitence des enfants d'Adam. Jusque-là, le véritable Homme n'avait pas souffert, et la torture n'avait pas reçu de sanction divine. L'humanité, d'ailleurs, était trop jeune pour la Croix. Quand les bourreaux descendirent du Calvaire, ils rapportèrent à tous les peuples dans leurs gueules sanglantes, la grande nouvelle de la Majorité du genre humain. La Douleur franchit, d'un bond, l'abîme infini qui sépare l'accident de la substance, et devint NÉCESSAIRE.

Alors les promesses de joie et de triomphe dont l'Ecriture est imbibée, inscrites dans la loi nouvelle sous le vocable abréviatif des Béatitudes, parcoururent les générations, en se ruant au travers comme un tourbillon de glaives. Pour tout dire, en un mot, l'humanité se mit à souffrir *dans l'espérance* et c'est ce qu'on appelle l'Ère chrétienne !

Arriverons-nous bientôt à la fin de cet exode ? Le peuple de Dieu ne peut plus faire un pas et va, tout à l'heure, expirer dans le désert. Toutes les grandes âmes, chrétiennes ou non, implorent un dénouement. Ne sommes-nous pas à l'extrémité de tout, et le palpable désarroi des temps modernes n'est-il pas le prodrome de quelque immense perturbation surnaturelle qui nous délivrerait enfin ? Les archi-centenaires notions d'aristocratie et de souveraineté, qui furent les pilastres du monde, sablent, aujourd'hui, de leur poussière, les allées impures d'un *quinze-vingts* de Races royales en déliquescence, qui les contaminent de leurs émonctoires. A vau-l'eau le respect, la résignation, l'obéissance et le vieil honneur ! Tout est avachi, pollué, diffamé, mutilé, irréparablement destitué et fricassé, de ce qui faisait tabernacle sur l'intelligence. La surdité des riches et la faim du pauvre, voilà les seuls trésors qui n'aient pas été dilapidés !... Ah ! cette parole d'honneur de Dieu, cette sacrée promesse de « ne pas nous laisser orphelins » et de *revenir*, cet avènement de l'Esprit rénovateur dont nous n'avons reçu que les prémices, — je l'appelle de toutes les voix violentes qui sont en moi, je le convoite avec des concupiscences de feu, j'en suis affamé, assoiffé, je ne peux plus attendre et mon cœur se brise, à la fin, quelque dur qu'on le suppose, quand l'évidence de la détresse universelle a trop éclaté, par-dessus ma propre détresse ! O mon Dieu Sauveur, ayez pitié de moi !

La voix du lamentateur qui sonnait, depuis quelques minutes, comme un buccin, dans cette demeure pacifique inaccoutumée à de tels cris, s'éteignit dans une averse de pleurs. Le père Athanase, beaucoup plus ému qu'il n'aurait voulu le paraître, lui posa la main sur la tête et, le contraignant à s'agenouiller, prononça sur lui cette efficace bénédiction sacerdotale qui tient de l'absolution et de l'exorcisme.

— Allez, mon cher enfant, lui dit-il ensuite, et que la paix de Dieu vous accompagne. Peut-être avez-vous été destiné pour quelque grande chose. Je l'ignore. Vous êtes tellement jeté en dehors des voies communes qu'une extrême réserve s'impose naturellement à moi et paralyse jusqu'à l'expression de mes craintes. Les prières des Chartreux vous sont acquises et vous suivront comme à l'échafaud, considérant, au pis-aller, que vous êtes en danger de mort. C'est tout vous dire. Allez donc en paix, cher malheureux, et souvenez-vous que toutes les portes de la terre se fermassent-elles contre vous avec des malédictions, il en est une, grande ouverte, au seuil de laquelle vous nous trouverez toujours, les bras tendus pour vous recevoir...

XXXIX

Le voyage du retour parut interminable à Marchenoir. On était en plein février et le train de nuit qu'il avait choisi dans le dessein d'arriver le matin à Paris, lui faisait l'effet de rouler dans une contrée polaire, en harmonie avec la désolation de son âme. Une lune, à son dernier quartier, pendait funèbrement sur de plats paysages, où sa méchante clarté trouvait le moyen de naturaliser des fantômes. Ce restant de face froide, grignotée par les belettes et les chats-huants, eût suffi pour sevrer d'illusions lunaires une imagination grisée du lait de brebis des vieilles élégies romantiques. De petits effluves glacials circulaient à l'entour de l'astre ébréché, dans les rainures capitonnées des nuages, et venaient s'enfoncer en aiguilles dans les oreilles et le long des reins des voyageurs, qui tâchaient en vain de calfeutrer leurs muqueuses. Ces chers tapis de délectation étaient abominablement pénétrés et devenaient des éponges, dans tous les compartiments de ce train *omnibus*, qui n'en finissait pas de ramper d'une station dénuée de génie à une gare sans originalité.

De quart d'heure en quart d'heure, des voix mugissantes ou lamentables proféraient indistinctement des noms de lieux qui faisaient pâlir tous les courages. Alors, dans le conflit des tampons et le hennissement prolongé des freins, éclatait une bourrasque de portières claquant brusquement, de cris de détresse, de hurlements de victoire, comme si ce convoi podagre eût été assailli par un parti de cannibales. De la grisaille nocturne émergeaient d'hybrides mammifères qui s'engouffraient dans les voitures, en vociférant des pronostics ou d'irréfutables constatations, et redescendaient, une heure après, sans que nulle conjecture, même bienveillante, eût pu être capable de justifier suffisamment leur apparition.

Marchenoir, installé dans un coin et demeuré presque seul vers la fin de la nuit, par un bonheur inespéré dont il rendit grâce à Dieu, allongea ses jambes sur la banquette implacable des troisièmes classes, mit son sac sous sa tête et essaya de dormir. Il avait froid aux os et froid au cœur. La lampe du wagon vacillait tristement dans son hublot et lui versait à cru sa morne clarté. A l'autre extrémité de cette cellule ou de ce cabanon roulant, un pauvre être, ayant dû appartenir à l'espèce humaine, un jeune idiot presque chauve, agitait sans relâche, avec des gloussements de bonheur, une espèce de boîte à lait dans laquelle on entendait grelotter des noisettes ou de petits cailloux, — pendant qu'une très vieille femme, qui ne grelottait pas moins, s'efforçait, en pleurant, de tempérer son allégresse, aussitôt qu'elle menaçait de devenir trop aiguë.

Le malheureux artiste ferma les yeux pour ne plus voir ce groupe, qui lui paraissait un raccourci de toute misère et qui le poignait d'une tristesse horrible. Mais il mourait de froid et le sommeil n'obéissait pas. Les choses du passé revinrent sur lui, plus lugubres que jamais. Cet affreux innocent lui représenta l'enfant qu'il avait perdu et il se vit, lui-même, par une monstrueuse association d'images et de souvenirs, dans cette aïeule, dont le vieux visage ruisselant lui rappelait tant de larmes, sans lesquelles il y avait fameusement longtemps qu'il serait mort. Le beau malheur, en vérité ! Ses réflexions devinrent si atroces qu'il laissa échapper un gémissement, à l'instant répercuté en éclat de jubilation par l'idiot que sa gardienne eut quelque peine à calmer.

Alors, Marchenoir se jeta au souvenir de sa Véronique comme à un autel de refuge. Il voulut s'hypnotiser sur cette pensée unique. Il commanda à la chère figure de lui apparaître et de le fortifier. Mais il la vit si douloureuse et si pâle que le secours qu'il en attendait, ne fut, en réalité, qu'une mutation de son angoisse. Les faits imperceptibles de leur vie commune, immenses pour lui seul, et qui avaient été son pressentiment du ciel ; les causeries très pures de leurs veillées, quand il versait dans cette âme simple le meilleur de son esprit ; les longues prières qu'on faisait ensemble, devant une image éclairée d'un naïf lampion de sanctuaire, et qui se prolongeaient encore pour elle, bien longtemps après que, retiré dans sa chambre, il s'était endormi saturé de joie ; enfin, les singuliers pèlerinages dans des églises ignorées de la banlieue : toute cette fleur charmante de son vrai printemps, lui semblait, cette nuit-là, décolorée, sans parfum, livide et meurtrie, ayant l'air de flotter sur une vasque de ténèbres...

Il se rappelait, surtout, un voyage à Saint-Denis, dans l'octobre dernier, par une journée délicieuse. Après une assez longue station devant les reliques de l'apôtre, dont Marchenoir avait raconté l'histoire, on était descendu dans la crypte aux tombeaux vides des princes de France. La majesté leur avait paru sonner fort creux dans cette cave éventée des meilleurs crûs de la Mort, et les épitaphes de ces absents *jugés* depuis des siècles, dont les chiens de la Révolution avaient mangé la poussière, ils les avaient lues sans émotion comme le texte inanimé de quelque registre du néant. L'émotion était venue, pourtant, comme un aigle, et les avait griffés, tous deux, ces étranges rêveurs, jusqu'au fond des entrailles.

Au centre de l'hémicycle obituaire, sous le chœur même de la basilique, une espèce de cachot noir et brutalement maçonné, se laisse explorer à son intérieur, par d'étroites barbacanes d'où s'exhale un relent de catacombe. Ils aperçurent, dans cet antre éclairé par de sordides luminaires, une rangée de vingt ou trente cercueils, alignés sur des tréteaux, lamés d'argent, guillochés des vers, maquillés de moisissures, éventrés pour la plupart. C'est tout ce qui reste de la sépulture des Rois Très Chrétiens.

Ce tableau avait été pour Marchenoir d'une suggestion infinie et, maintenant, il le retrouvait, avec précision, dans la lucide réminiscence d'un demi-sommeil où s'engourdissait sa douleur. Sa très douce amie était à côté de lui, toute vibrante de son trouble, et il expliquait de façon souveraine la transmutation des mobiliers royaux dont cet exemple était sous leurs yeux. La rouge clarté des lampes luttait en tremblant contre la buée d'abîme qui s'élevait en noires volutes des cassures béantes des bières. Tout ce qu'on voulut appeler l'honneur de la France et du nom chrétien gisait là, sous cette arche fétide. Les sarcophages, il est vrai, avaient été vidés de leurs trésors, que les fossés et les égouts s'étaient battus pour avoir, et il n'eût certes pas été possible de trouver, dans leurs fentes, de quoi ravitailler une famille de scolopendres, pour un seul jour, — mais les caisses de chêne ou de cèdre, pénétrées et onctueuses des liquides potentats qui les habitèrent, n'appartenaient plus à aucune essence ligneuse et pouvaient très bien prétendre, à leur tour, en qualité de royale pourriture, à la vénération des peuples.

On aurait même pu les hisser, avec des grappins respectueux, sur le trône du Roi Soleil, où ils eussent fait tout autant que lui, pour la gloire de Dieu et la protection des pauvres.

A force de regarder dans ce tissu de ténèbres éraillé d'impure lumière, Marchenoir finit par ne plus rien discerner avec certitude. Une lampe infecte en face de lui, paraissait devenir énorme et s'abaisser, comme pour une onction, vers les cercueils. Il y avait, en bas, un remuement effroyable de formes noires défoncées, pendant qu'une rafale glaçante soufflait en haut, et Véronique se débattait au milieu d'une émeute de spectres, avec des cris stridents, sans qu'il pût comprendre comment cela se faisait, ni la secourir, ni même l'appeler...

Un effort suprême le réveilla. L'idiot, en proie à une violente crise, ayant abaissé la glace de la portière, vociférait avec rage, et la malheureuse vieille, en détresse, implorait du secours. Le songeur avait eu beaucoup d'affaires avec les idiots et il savait comment on les dompte. Il s'approcha donc, prit les deux mains du pauvre être dans une de ses fortes mains et, de l'autre, lui tenant la tête, le contraignit à le regarder. Il n'eut pas même un mot à prononcer, il avait le genre d'yeux qu'il fallait et il eût fait un gardien exquis pour des aliénés. L'exacerbé se détendit comme une loque et s'endormit presque aussitôt sur l'épaule de sa compagne.

Lui-même, hélas! aurait eu fièrement besoin qu'on le détendît et qu'on l'apaisât. Il lui fallut quelques minutes pour se remettre complètement de l'agitation de son cauchemar. Par bonheur, l'aube naissait et il était sûr d'arriver avant une heure.

Vainement, il se proposa d'être tout fort, de pratiquer l'héroïsme le plus sublime, quelque mal qui pût arriver. Rien ne pouvait contre les pressentiments affreux qui le torturaient. Il se dit qu'il aurait peut-être mieux fait de voyager en seconde classe. Il aurait eu moins froid, et le froid lui châtrait le cœur, il l'avait souvent éprouvé... Enfin, il avait fait ce qu'il avait pu, Dieu ferait le reste... Il n'avait pas averti ses deux fidèles de l'heure de son arrivée. Il était trop sûr qu'ils auraient passé la nuit pour venir l'attendre à la gare. Il sentit un soulagement à la pensée qu'il allait avoir Paris à traverser avant de les revoir, et que ce délai, cette prise d'un air nouveau, dissiperait, sans doute, son irraisonnée inquiétude. C'était sa lettre à Véronique qui le poignardait. Il se jugeait atroce et insensé pour l'avoir écrite. Et, cependant, qu'aurait-il pu faire ou ne pas faire, sans être, à ses propres yeux, un pire insensé ou un véritable traître ?

— Je suis un sot, tout ce qui arrive est pour le mieux, finit par conclure cet étonnant optimiste ; Dieu permet de sa main gauche ou il ordonne de sa main droite et tout s'accomplit dans l'ellipse à deux foyers de sa Providence !

XL

Marchenoir sortit de la gare de Paris, au point du jour, son léger bagage à la main. Il avait besoin de marcher, de se piétiner lui-même sur les pavés et le bitume de cette ville de damnation, où chaque rue lui rappelait une escale du pèlerinage aux enfers qui avait été sa vie.

Il sentit, avec toute la vigueur renouvelée de ses facultés impressionnelles, le despotisme de cette *patrie*. Il faut avoir vécu par l'âme et par l'esprit dans cet ombilic de l'intellectualité humaine, y avoir écorché vives ses illusions et ses espérances, et ensuite, avoir trouvé le moyen de garder un tronçon de cœur, pour comprendre la volupté d'inhalation de cette atmosphère empoisonnée par deux millions de poitrines, après une absence un peu prolongée. L'homme, naturellement esclave, se rebaigne, alors, avec délices, dans le cloaque cent fois maudit, et relèche, avec un attendrissement canin, les semelles cloutées qui se posèrent si souvent sur sa figure...

Marchenoir méprisait, haïssait Paris, et cependant, il ne concevait habitable aucune autre ville terrestre. C'est que l'indifférence de la multitude est un désert plus sûr que le désert même, pour ces cœurs altiers qu'offense la salissante sympathie des médiocres. Puis, sa double vie affective et intellectuelle avait réellement débuté dans ces amas d'épluchures, où des chiens, — probablement crevés aujourd'hui, — s'étaient étonnés, naguères, de le voir picorer sa subsistance. Sa genèse morale avait commencé au milieu de ces balayeurs matutinaux et de ces voitures maraîchères qui descendent en furie vers les Halles, pour arriver à l'ouverture de la grande Gueule. Autrefois, quand s'achevait une de ces transperçantes nuits qui paraissaient avoir trois cent soixante heures, au vagabond sans linge et sans asile, il se souvenait, maintenant, d'avoir espéré, quand même, et d'avoir dilaté son rêve imprécis dans le frisson de semblables aurores.

Ici, sur ce banc du boulevard Saint-Germain, devant Cluny, il s'était assis, une fois, au petit jour, il y avait bien vingt ans! Il n'avait plus la force de marcher et, d'ailleurs, il était *arrivé*, n'allant nulle part. Il assignait le soleil à comparaître, ne fût-ce que par pitié, et faisait semblant de ne pas dormir, pour échapper à la sollicitude des argousins, lorsqu'un être plus triste encore était venu s'asseoir à côté de lui. C'était une fille errante, épuisée d'une recherche vaine et sur le point de rentrer. La physionomie du noctambule avait remué, par quelque endroit, le déplorable cœur sans tige de cette flétrie, qui voulut savoir qui il était et ce qu'il faisait là.

— Pauvre monsieur, lui dit-elle, venez chez moi, je ne suis qu'une malheureuse, mais je peux bien vous donner mon lit pour quelques heures, je couche avec tout le monde pour de l'argent, c'est vrai, mais je ne suis pas une dégoûtante et je ne veux pas vous laisser sur ce banc.

Ces amours de fange et de misère avaient duré une demi-journée et il n'avait jamais pu revoir sa samaritaine. C'était un des souvenirs qui attendrissaient le plus Marchenoir.

De Cluny à l'Observatoire, en remontant le boulevard Saint-Michel, il retrouvait ainsi, à chaque pas, d'indélébiles impressions, car c'était ce quartier qu'il avait le plus souvent parcouru dans les sinistres croisières nocturnes de son adolescence. Quand il fut arrivé au carrefour et presqu'à l'entrée de la rue

Denfert-Rochereau, où demeurait Leverdier, qu'il avait, non sans combat, résolu de voir tout d'abord, avant de rentrer chez lui, — une palpitation le secoua en apercevant le restaurant banal, théâtre de sa première rencontre avec la *Ventouse*, devenue, par lui, cette sublime Véronique essuyant la Face du Sauveur. Il fut, à l'instant, ressaisi de tout son trouble et d'une crainte plus grande de l'inconnu. Son ami lui parut un homme infiniment redoutable qui allait prononcer de définitives choses et il monta son escalier avec tremblement.

Après les premiers cris et la première étreinte, ces deux êtres si singuliers, chacun en son genre, s'assirent l'un en face de l'autre, les mains dans les mains, haletants, pantelants, larmoyants, bégayants : — Mon cher ami ! — Mon bon Georges ! — tous deux, déjà ! sentant monter, du fond même de leur joie, l'impossibilité de l'exprimer, — comme si les bourgeois avaient raison et qu'il existât une jalouse prohibition de l'Infini contre tous les sentiments absolus !

— Mais j'y pense, cria Leverdier, en se levant avec précipitation, tu dois avoir besoin de prendre quelque chose. Je viens justement de faire du café et je possède d'excellent genièvre. Tu vas être servi à l'instant.

Marchenoir, silencieux, frémissant, n'osant interroger, remarquait que le nom de Véronique n'avait pas encore été prononcé. Il observait aussi, que l'empressement de son ami était quelque peu fébrile et tumultueux et, qu'en somme, il aurait fallu dix fois moins de temps pour servir la plus grande tasse du meilleur café de la terre.

Tout à coup, il alla vers lui et lui posant ses deux mains sur les épaules : — Georges, dit-il, il y a quelque chose, je veux le savoir.

Leverdier avait à peu près son âge. C'était un de ces nègres blonds, lavés au safran des étoiles et frottés d'un pastel de sang, qui plaisent aux femmes beaucoup plus qu'aux hommes, ordinairement mieux armés contre les surprises de la face humaine. Le trait dominant de sa vibratile physionomie était les yeux, comme chez Marchenoir. Mais, au contraire de ces clairs miroirs d'extase, allumables seulement au foyer de quelque émotion profonde, les siens étaient perpétuellement dardants et perscrutateurs, comme ceux d'une pygargue en chasse ou d'un loup-cervier. Nul éclair de férocité, pourtant. De toute cette figure transsudait, au contraire, une bonté joyeuse et active, dont l'expression valait un miracle, et l'intensité même de son regard était un simple effet de la merveilleuse attention de son cœur. A peine une vague ironie relevait-elle, parfois, la commissure et remontait plisser le coin de l'œil droit. Visiblement, la palette de cette âme était au grand complet, à l'exception d'une seule couleur, le *noir*, dont un déluge de ténèbres n'aurait pu réparer l'absence. Cet homme avait évidemment reçu pour vocation d'être le grand public consolateur, à lui tout seul, et pour l'unique virtuose qui pût se passer d'applaudissements vulgaires.

Le contraste était saisissant quand on les voyait ensemble, chacun d'eux paraissant avoir précisément tout ce qui manquait à l'autre. De taille moyenne tous deux, Marchenoir offrait l'aspect d'un molosse dont l'approche était à faire trembler, mais que le premier élan de sa colère pouvait porter dans un gouffre, s'il manquait sa proie. Leverdier, au contraire, frêle d'apparence, mais légèrement félin sous le cimier de ses cheveux crépus, et trempé, depuis son enfance, dans toutes les pratiques de sport, avait des ressources d'art qui en eussent fait un voltigeur auxiliaire des plus à craindre pour l'ennemi commun, si on se fût avisé de les attaquer. Et on devinait qu'il devait en être ainsi de leur coalition morale.

Le pauvre lynx, se voyant happé, essaya d'abord de baisser les yeux, mais, aussitôt, sa loyale et vaillante âme les lui fit ouvrir et les deux intimes plongèrent ainsi, l'un dans l'autre, quelques secondes.

— Eh bien, oui ! répondit-il, nerveusement, il y a une chose... sans nom. Tu as écrit une lettre insensée à Véronique et la pauvre fille s'est *défigurée* pour te dégoûter d'elle.

A cet énoncé inouï, Marchenoir tourna sur lui-même et s'éloignant obliquement, à la façon d'un aliéné, les deux bras croisés sur sa tête, se mit à exhaler des rauquements horribles qui n'étaient ni des sanglots ni des cris. Il sortit de lui des ondes de douleur, qui s'épandirent par la chambre et vinrent peser comme une montagne sur le tremblant Leverdier. Transpercé de compassion, mais impuissant, cet ami véritable se courba, et s'appuya le visage sur le marbre de la cheminée pour cacher ses pleurs.

Cette scène dura près d'un quart d'heure. Alors, les gémissements énormes s'arrêtèrent. Marchenoir s'approcha de la table et, prenant la bouteille de gin, remplit la moitié d'un verre qu'il vida d'un trait.

— Georges, dit-il ensuite, d'une voix extraordinairement douce, essuie tes yeux et donne-moi du café... Très bien... Assieds-toi ici, maintenant, et raconte par le menu. Désormais, je peux tout entendre.

XLI

Leverdier chérissait Véronique à sa manière et le plus fraternellement du monde, parce qu'il voyait en elle une chose à Marchenoir. Cet être, si singulièrement organisé pour l'exclusive passion de l'amitié, n'avait jamais eu besoin de combattre pour écarter de lui d'autres sentiments. Celui-là comblait largement sa vie, ayant assez d'ampleur pour s'étendre à des multitudes, si son grand artiste avait pu devenir populaire. Il avait voué une sorte de reconnaissance, exaltée jusqu'au culte, à la simple créature en qui Marchenoir avait trouvé consolation et réconfort. Médiocrement ouvert à cette Mystique sacrée, dont Marie-Joseph avait fait son étude et que Véronique assumait en sa personne, il lui suffisait que ses amis y rencontrassent leur joie ou leur aliment. Il n'en demandait pas davantage, se réjouissant ou s'affligeant sympathiquement, sans toujours comprendre, mais confessant avec candeur l'inaptitude de son esprit.

Depuis deux ans que durait le séraphique concubinage, il s'était fait une compénétration très intime de ces trois âmes, vivant entre elles et séparées du reste du monde. Quoique Leverdier n'habitât pas la rue des Fourneaux, on l'y voyait presque tous les jours. Il avait même résolu de s'y fixer au plus prochain terme. Dans les six dernières semaines, il avait été régulièrement prendre des nouvelles de Véronique, lire avec elle les lettres de l'absent, et il pouvait témoigner de l'uniformité parfaite de sa vie, — jusqu'au jour où cette fille de prière et d'holocauste spontané, ayant reçu le message de la Grande Chartreuse, avait accompli, sans l'avertir, l'acte inouï qu'il lui fallait maintenant raconter à ce malheureux homme, pour lequel il aurait volontiers souffert et qui lui commandait de l'égorger.

Il raconta donc ce qu'il savait, ce qu'il avait vu ou compris. Son émotion était si grande, qu'il balbutiait et sanglotait presque, ce dialecticien rapide et précis. Il pâtissait en trois personnes, comme Dieu voudrait pâtir, s'affolant et s'évanouissant de douleur sous la blessure ouverte de ces deux âmes, qui ne pouvaient saigner que sur la sienne !

Quant à Marchenoir, il avait assez à faire de ne pas expirer sous la barre qui le rompait, comme un vulgaire assassin qu'il s'accusait d'être. A chaque détail, il poussait un han ! caverneux, en crispant ses poings, et grinçait des dents comme un tétanique. Seulement, il voyait plus loin que Leverdier et connaissait mieux sa Véronique. Il discernait, à travers la buée de son supplice, à lui, une immense beauté de martyre, que cet homme de *petite foi* ne pouvait apercevoir dans son plan surnaturel, et il rencontrait ainsi un principe de consolation future dans le paroxysme même de son désespoir.

Or, voici ce qui s'était passé. Véronique avait reçu la lettre, il y avait environ huit jours. Leverdier étant venu la voir presque aussitôt après, l'avait trouvée, suivant son expression, noire et agitée, ayant sur son beau visage en « ciel d'automne », les stigmates d'un récent déluge. Il n'en avait conçu aucun soupçon ni aucune alarme, ayant l'habitude prise de tout rapporter d'elle aux exigences d'une hyperesthésie mystique, et sachant avec quel luxe on pleurait dans cette maison. Véronique, d'ailleurs, ne lui avait pas parlé de la lettre. On s'était, comme toujours, entretenu de Marchenoir, en exprimant pour lui l'ordinaire vœu d'un prochain retour et d'une accalmie dans sa destinée...

Demeurée seule, la sainte se mit en prière. Ce fut une de ces implorations sans fin ni mesure, dont la durée et la ferveur étonnaient jusqu'à Marchenoir, — l'assomption d'une flamme rigide, blanche, affilée comme un glaive, sans vacillation, sans vibration extérieure, dans ce silence aimanté de la contemplation, qui ramasse autour de lui tous les murmures et tous les frissons pour se les assimiler. Prière non formulée et intransposable sur le clavier de n'importe quel langage, dont le désir sensuel est, peut-être, un distant symbole, dégradé, mais intelligible.

La nuit tomba lentement autour de ce pilastre d'extase. Quand Véronique ne distingua plus la face pendante de son crucifix, elle raviva une petite lampe d'oraison, toujours allumée dans une coupe de cristal rose, et s'agenouilla de nouveau. L'objurgation amoureuse recommença, plus enflammée, plus véhémente, plus extorsive... C'eût été un spectacle d'effroi et de pitié déchirante, de voir cette suppliante à genoux par terre, les bras en croix, deux ruisseaux de larmes coulant de ses yeux jusque sur le plancher, absolument immobile, à l'exception de sa gorge superbe, soulevée et palpitante par l'élan de son prodigieux espoir !

Des heures s'écoulèrent ainsi, leur sonnerie lointaine venant expirer en vain dans cette chambre immergée de dilection, où les atomes avaient l'air de se recueillir pour ne pas troubler le grand-œuvre de la charité.

Vers le matin, elle se releva enfin, brisée, frissonnante, baisa longuement les pieds de plâtre de l'image, s'enroula dans une couverture de laine, s'étendit sur son lit sans l'ouvrir, suivant son habitude, et s'endormit aussitôt en murmurant : — Doux Sauveur, ayez pitié de mon pauvre Joseph, comme il a eu pitié de moi !...

Lorsqu'un pâle rayon de soleil vint réveiller la pénitente, son premier regard fut, comme toujours, pour son crucifix et sa première pensée se traduisit par un éclat de joie.

— Ah ! monsieur Marchenoir, s'écria-t-elle, en sautant à bas de son lit, vous vous permettez d'être amoureux de Madeleine. Attendez un peu. Je vais me faire belle pour vous recevoir. Vous ne savez pas encore ce qu'une jolie femme peut inventer pour plaire à celui qu'elle aime. Vous allez l'apprendre tout de suite.

Alors, dénouant d'un geste sa magnifique chevelure, couleur de couchant, qui lui descendait jusqu'aux genoux, et dans laquelle quarante amants s'étaient baignés, comme dans un fleuve de flammes où renaissaient leurs désirs, elle la ramassa à poignée sur sa tête, d'une seule main et, de l'autre, fit le geste de s'emparer d'une paire de ciseaux. Puis, tout à coup, se ravisant :

— Non, dit-elle, je les couperais mal, le marchand n'en voudrait pas et j'ai besoin d'argent pour *l'autre chose.*

Elle s'habilla rapidement, fit sa prière du matin et sortit.

Quand elle rentra, elle était tondue comme une brebis d'or, et rapportait soixante francs. L'infâme perruquier, qui l'avait volée, d'ailleurs, avait rétabli, tant bien que mal, avec des bandeaux et des étoupes, l'harmonie de sa tête, mais le massacre était évident et horrible. Elle avait pu échapper, sous son épaisse fanchon, à l'examen des gens de la maison, mais si Leverdier allait venir !... Il avait de très bons yeux et il serait impossible de se cacher de lui. Il s'opposerait sûrement à ce qu'elle voulait faire encore. Cette crainte la mit en fuite. — Mieux vaut en finir tout de suite, pensa-t-elle, en redescendant comme une voleuse.

XLII

Elle se souvenait d'avoir autrefois connu, rue de l'Arbalète, un petit juif besogneux qui vivait de vingt métiers plus ou moins suspects. Le vieux drôle faisait ostensiblement l'immonde commerce des reconnaissances du mont-de-piété et elle s'était laissé rançonner par lui un assez bon nombre de fois. C'était bien l'homme qu'il lui fallait, celui-là ! Il n'était, certes pas, encombré de scrupules! Pour deux francs, on lui aurait fait nettoyer une dalle de la Morgue, avec sa langue! D'ailleurs, il la connaissait et savait qu'elle ne le dénoncerait jamais à personne.

— Monsieur Nathan, dit-elle, en arrivant chez le personnage, avez-vous besoin d'argent?

Ce monsieur Nathan était une petite putridité judaïque, comme on en verra, paraît-il, jusqu'à l'abrogation de notre planète. Le Moyen Age, au moins, avait le bon sens de les cantonner dans des chenils réservés et de leur imposer une défroque spéciale qui permît à chacun de les éviter. Quand on avait absolument affaire à ces puants, on s'en cachait, comme d'une infamie, et on se purifiait ensuite comme on pouvait. La honte et le péril de leur contact étaient l'antidote chrétien de leur pestilence, puisque Dieu tenait à la perpétuité d'une telle vermine.

Aujourd'hui que le christianisme a l'air de râler sous le talon de ses propres croyants et que l'Eglise a perdu tout crédit, on s'indigne bêtement de voir en eux les maîtres du monde, et les contradicteurs enragés de la Tradition apostolique sont les premiers à s'en étonner. On prohibe le désinfectant et on se plaint d'avoir des punaises. Telle est l'idiotie caractéristique des temps modernes.

Monsieur Nathan avait eu des fortunes diverses. Il avait raté des millions et, quoiqu'il fût très malin, on le considérait, parmi ses frères, comme un peu jobard. Son vrai nom était Judas Nathan, mais il avait voulu qu'on l'appelât *Arthur*, et tel était son principe de mort. Ce juif était rongé du vice chrétien de vanité. Successivement tailleur, dentiste, marchand de tableaux, vendeur de femmes et capitaliste marron, mais toujours travaillé de *dandysme*, il avait tout sacrifié, tout galvaudé pour cette ambition. Une heure glorieuse avait pourtant sonné dans sa vie. Il s'était vu directeur d'un journal légitimiste, vers les dernières années du second empire. Mais, précisément, cette élévation l'avait perdu. La grâce d'Israël s'était retirée de lui et il avait fait de sottes affaires. Sa déconfiture, quoique retentissante, avait été trop ridicule pour qu'il s'en relevât jamais. Maintenant, Dieu seul pouvait savoir ses industries !

Mais, en vieillissant, ce petit bellâtre, qu'on rencontrait partout où tintait la ruine, était devenu positivement sinistre. Au milieu d'indicibles tripotages, ce grotesque filou n'abdiquait aucune de ses anciennes prétentions, et on retrouvait toujours en lui le désopilant roublard qui fit offrir, un jour, au comte de Chambord, de *se convertir* publiquement au catholicisme, si on le faisait marquis. Il avait toujours la même politesse de garçon de bain ou d'huissier de tripot, et le même geste fameux, de tapoter les deux choux-fleurs latéraux qui faisaient encorbellement à son crâne chauve. Il avait surtout le même empressement auprès des femmes, qu'il enrichissait gracieusement de ses conseils ou de ses prophéties, en les dépouillant de leurs bijoux et de leur argent. Car il était fort considéré parmi les filles de la rive gauche, où il était venu s'établir, étant, à la fois, leur banquier, leur courtier, leur marchande à la toilette, leur consolateur et leur oracle, — parfois, aussi, leur *médecin*, disait-on. Mais cette dernière chose flottait dans un salubre mystère...

— Eh ! comment, c'est vous, chère enfant ! Bon Dieu ! qu'il y a longtemps qu'on ne vous a vue ! On vous croyait perdue à jamais. Votre disparition nous avait tous désespérés, et, pour mon propre compte, je vous donne ma parole d'honneur que j'étais inconsolable... Mais vous avez eu pitié de vos victimes et vous nous revenez, sans doute. Pauvre agneau, il t'a lâchée, je l'espère, ce sauvage avec qui tu vivais?

Ces paroles équivalentes à rien et proférées d'une voix lointaine, *défunte*, paraissant sortir d'un phonographe vert-de-grisé, où elles auraient été inscrites depuis soixante ans, voulaient surtout cacher l'étonnement du vieux malandrin.

Quinze ou dix-huit mois auparavant, il avait eu l'audace de se présenter chez Marchenoir, dont il avait découvert l'adresse, sous prétexte d'offrir une occasion de dentelles, en réalité pour négocier un stupre fastueux, dont les conditions inouïes, chuchotées à l'oreille de son ancienne cliente, lui paraissaient devoir tout emporter. Mais, dès le premier mot, Véronique avait été chercher son ami qui travaillait dans la chambre voisine, et celui-ci avait simplement ouvert la fenêtre, en sourcillant d'une façon si claire, que l'ambassadeur, abandonnant, pour quelques instants, sa dignité, avait cru devoir disparaître aussitôt par l'escalier.

— Monsieur Nathan, répondit la visiteuse avec fermeté, mais sans colère, je ne suis pas venue pour vous faire des confidences et je vous prie de me parler convenablement, sans me tutoyer, si c'est possible. Il s'agit d'une affaire des plus simples. Vous savez arracher les dents, n'est-ce pas ? Combien me prendrez-vous pour m'arracher *toutes* les dents ?

Pour le coup, Nathan n'essaya plus de dissimuler sa stupéfaction. Machinalement, il vérifia d'un geste les deux touffes peintes en blond de diarrhée, qui lui garnissaient les tempes, resserra, autour de son torse de coléoptère, le cordon à sonnette d'une robe de chambre, couleur firmament pisseux, et revenant à marche forcée du fond de la pièce, où l'avait lancé la première commotion :

— Vous arracher les dents ! s'écria-t-il. — subitement animé, jaillissant, presque humain, — toutes-les-dents ! Ah ! ça, mademoiselle, ai-je mal entendu, ou suis-je assez comblé de disgrâce pour que vous ayez le dessein de vous moquer de moi ?

Véronique se découvrit la tête :

— Et cela, monsieur, qu'en pensez-vous ? Est-ce une plaisanterie ? Je le répète, je veux me débarrasser de mes dents comme je me suis débarrassée, ce matin, de mes cheveux. Cela est absolument nécessaire, pour des raisons que je n'ai pas à vous dire. Je me suis adressé à vous, parce que je craignais qu'un dentiste ordinaire ne voulût pas. Vous devez me connaître, je suppose. Personne ne saura jamais que je suis venue ici. J'ai trois louis à vous offrir pour une opération qui ne prendra pas deux heures, et je vous ferai cadeau de mes dents par-dessus le marché. Il me semble que vous n'aurez pas fait une trop mauvaise journée. Si cela ne vous va pas, bonsoir, je vais ailleurs. Est-ce oui ou non ?

La dispute fut longue, cependant. Jamais ce misérable Nathan n'avait été secoué d'une si rude sorte. Il voyait bien que Véronique n'était pas folle, mais il ne pouvait concevoir qu'une jolie fille voulût se faire laide. Cela renversait toutes ses idées. Puis, il y avait, dans cette pourriture d'homme, un coin phosphoré qui n'était peut-être pas absolument exécrable. Il reculait à la pensée de détruire ce beau visage, de même qu'il aurait hésité, au moins une minute, fût-ce pour un million, à brûler une toile de Léonard de Vinci ou de Gustave Moreau. L'anéantissement pur et simple d'une richesse de ce genre le confondait.

Ce scrupule, d'ailleurs, se compliquait de plusieurs craintes. Il avait reçu bien des volées dans sa vie, mais la main de Marchenoir, non encore éprouvée, lui semblait plus redoutable que celle du Seigneur, — sans compter le grappin de la justice humaine qui pouvait intervenir aussi et se fourrer curieusement dans ses petites affaires.

Véronique, discernant à merveille ce qui se passait dans cette âme vaseuse, se décida, malgré sa répugnance, à en finir par l'intimidation. — Vous n'avez pas tant balancé, lui dit-elle, quand il s'est agi de la petite Sarah. Je sais par cœur toute cette histoire, et même plusieurs autres. Faites-y bien attention. Allons, soyez raisonnable et ne me laissez pas languir plus longtemps. Encore une fois, il ne vous arrivera rien de fâcheux à cause de moi, je m'y engage, et trois louis sont toujours bons à gagner.

Elle faisait allusion à une abominable affaire d'avortement, où la mère avait failli périr, et qui avait donné beaucoup d'inquiétudes au bel Arthur. Il se décida sur-le-champ, alla chercher l'outil de torture, disposa toutes choses avec de petits mouvements nerveux et, finalement, installa Véronique dans un profond fauteuil de cuir, en pleine clarté.

Elle renversa la tête et montra une double rangée de dents lumineuses, — des dents à mordre les plus durs métaux humains. Le tortionnaire abject, par une dernière impulsion de vague pitié, lui déclara qu'elle allait atrocement souffrir.

— J'y suis préparée, répondit la sainte. J'espère avoir du courage. Je tâcherai de me souvenir que j'ai mérité des souffrances plus grandes encore.

Alors, s'accomplit cette horreur. A chaque dent qui s'en allait, la pauvre Véronique, en dépit de sa volonté, poussait un léger cri et ses yeux se remplissaient de larmes, pendant que des ruisseaux de sang écumeux coulaient sur l'épaisse toile du tablier de cuisine que Nathan lui avait ficelé autour du cou.

Quand la mâchoire supérieure fut complètement dégarnie, l'exécuteur dut s'arrêter. L'infortunée avait perdu connaissance et se tordait spasmodiquement. Il fallut la ranimer, étancher le sang qui partait à flots, arrêter l'hémorragie, calmer les nerfs, toutes besognes familières à cet omniscient des basses pratiques chirurgicales. Il exprima son avis de renvoyer à quelques jours la seconde partie de l'opération, dans le secret espoir de ne la voir jamais revenir et d'échapper ainsi à une corvée qui lui déplaisait, ayant, d'ailleurs, soigneusement empoché l'argent. Mais, au bout d'un quart d'heure, l'étonnante martyre lui signifia énergiquement, sans parler, qu'elle voulait que cela continuât.

Rien ne fut plus horrible. L'opérateur gagna son salaire. Les anesthésiques ordinaires étaient sans effet sur ce paquet de nerfs en déroute, effroyablement ébranlés déjà, malgré l'héroïsme de la patiente. La syncope se renouvela cinq ou six fois, de plus en plus inquiétante. Une minute, Nathan, terrifié, crut au tétanos.

Enfin, le supplice s'acheva, et, peu à peu, reparut l'équilibre. Véronique but un cordial préparé d'avance et souffrant encore d'atroces douleurs, mais redevenue l'impératrice d'elle-même, elle regarda tristement, sur la table, le gisant trésor de l'écrin de sa bouche, vide à jamais, puis, s'approchant d'un miroir, elle poussa un cri, un seul cri funèbre, sur sa beauté dévastée, gémissement de la nature qu'elle ne put réprimer.

Le sordide Nathan, étonné de son propre trouble, balbutiait quelques phrases vaines, alléguant l'espèce de violence qu'il avait subie. C'est alors que la chrétienne, avec une noblesse d'humilité éternellement inintelligible pour les âmes viles, obéissant à cette furie d'abaissement qui est un des caractères de l'amour mystique, ramassa la main de l'immonde bandit, cette main cireuse, boudinée, dans laquelle avaient tenu toutes les crapules, et la baisa, — comme l'instrument de son martyre ! — de ses lèvres sanglantes et déformées.

— Adieu, monsieur Nathan, dit-elle ensuite, d'une voix qu'elle-même ne reconnut plus. Je vous remercie. N'ayez aucune inquiétude. Vous faites souvent de vilaines choses dans votre métier, mais je prierai mon Sauveur pour vous...

XLIII

Leverdier n'avait guère à raconter à son ami que le bouleversant émoi qu'il avait éprouvé, le lendemain, en revoyant Véronique. Le pauvre garçon avait reçu un coup terrible dont il restait assommé. Cette figure charmante, qui avivait pour lui les grises couleurs de la vie et qui leur versait à tous deux l'espérance, elle n'existait plus. Elle était affreusement, irrémédiablement changée. Il n'y avait plus de beauté du tout. Telle fut, du moins, son impression. C'était vrai qu'il l'avait vue déformée par la fluxion, battue par la souffrance et que, maintenant, après une semaine, ces accidents avaient disparu. Mais cette bouche complètement édentée, il ne pouvait plus la reconnaître et le souvenir de ce qu'elle avait été, la lui faisait paraître épouvantable.

Le premier jour, il s'était trouvé sans parole, privé d'intelligence, asphyxié de douleur, à moitié fou. Il avait fallu que Véronique elle-même le ranimât, lui disant à peu près : C'est moi seule qui ai voulu cette chose. Avais-je un autre moyen d'obéir à la lettre que voici? Et elle lui avait donné la lettre de Marchenoir, qu'il n'avait pu lire en sa présence, mais qu'il avait emportée chez lui, en prenant la fuite, abruti par l'étonnement, ivre de chagrin et de remords. Car il s'accusait d'être un dépositaire sans vigilance, odieusement infidèle. Il aurait dû deviner, empêcher. Mais aussi, cette lettre était d'un aliéné. Comment Marchenoir, connaissant cette âme excessive, capable de toutes les résolutions, avait-il pu l'écrire?

Leverdier était en proie à un mélange de désespoir et de rage qui lui faisait, en parlant, sauter le cœur hors de la poitrine. Quelque expérience qu'il crût avoir de ses deux amis, il y avait, malgré tout, certaines choses qu'il ne pouvait pas arriver à comprendre. Si Marchenoir l'eût consulté, il lui eût certainement répondu par le conseil d'épouser, *quand même*, Véronique, et il eût, de toutes ses forces, travaillé à démontrer à Véronique l'absolue nécessité de devenir la femme de Marchenoir.

Point incroyant, mais boiteux de pratique et nullement organisé pour la vie contemplative, il avait été quelque temps sans croire à la pureté de leurs relations. Il avait fallu les affirmations réitérées de son ami, qu'il savait incapable d'hypocrisie, et l'irrécusable évidence de certains faits, pour le persuader. Dans les derniers mois, il avait bien remarqué l'enthousiasme de Marchenoir pour sa compagne, mais n'ayant pas le diagnostic psychologique du père Athanase, il n'avait pas conclu comme lui à la passion amoureuse, n'y voyant qu'une période nouvelle du commun transport religieux qu'il s'était interdit de juger. La lettre à Véronique avait été pour lui comme un flambeau sans réflecteur, dans un de ces souterrains où les ténèbres, accumulées et tassées depuis longtemps, ne font que reculer plus épaisses, à trois pas de l'insuffisante lumière qu'elles menacent d'étouffer.

Que signifiait, par exemple, cette jalousie rétrospective chez un homme que ses actes et ses paroles jetaient en dehors de toutes les voies communes, et que l'opinion du monde ne pouvait atteindre? L'acte charnel touchait-il donc à l'essence même de la femme, que la souillure en dût être ineffaçable à jamais? Sans doute, ce passé était un irréparable mal, mais puisqu'on était si terriblement mordu, fallait-il, après tout, sacrifier sa vie pour des fantômes, et se précipiter en enfer, pour échapper à un purgatoire qui eût été le paradis de beaucoup d'hommes moins malheureux ?

Le repentir, la pénitence, la sainteté même, n'avaient-ils plus cette vertu tant célébrée de remettre à neuf les pécheurs? Qu'y avait-il de commun entre la Véronique d'aujourd'hui et la *Ventouse* d'autrefois? Ah! il en avait connu des tas de vierges qui n'étaient pas dignes, certes, de lui décrotter sa chaussure! Et, en supposant qu'il restât quelque chose à souffrir, ce quelque chose pouvait-il entrer en balance avec les tourments inouïs d'une passion sans issue, qui mangerait la cervelle de ce grand artiste, après lui avoir dévoré le cœur? Enfin, il avait en amour des idées de sapeur-pompier, et pensait, en général, qu'il fallait éteindre les incendies tout d'abord, à quelque prix que ce fût, et puisque le concubinage révoltait ces deux dévots, il concluait, sans hésiter, au sacrement de mariage.

Leverdier refoulait en lui ces pensées, désormais inutiles à exprimer, n'étant pas de ces amis dont la principale affaire consiste à triompher dans leur propre sagesse, en jetant sur les épaules déjà rompues des naufragés, le trésor de plomb de leurs onéreuses récriminations. D'ailleurs, il s'était dit, plusieurs jours de suite, que, sans doute, cette fois, ce serait bien fini, la rage d'amour! Marchenoir souffrirait, quelque temps, tout ce qu'on peut souffrir, puis cette passion s'éteindrait, faute d'aliment. Une mélancolie supportable s'installerait à sa place et l'esprit reprendrait son équilibre. Véronique, irréparablement enlaidie, deviendrait cette amie très douce, cette compagne bienfaisante des heures de lassitude intellectuelle et de tristesse, cette sœur qu'on avait rêvée et que la jolie femme ne pouvait être.

Elle se trouverait ainsi avoir eu raison, au bout du compte, d'accomplir cette chose qui les faisait, à l'heure actuelle, si durement pâtir. Il ne resterait plus, à la fin, de toutes ces émotions déchirantes, qu'un souvenir d'héroïsme sur les ruines inoffensives de cette beauté, que le plus étonnant miracle de charité avait sacrifiée...

Les deux amis étaient silencieux depuis quelques instants. Marchenoir se leva comme un centenaire, tremblant, pâle, chenu, harassé de vivre et, d'une voix suffoquée, déclara que c'était assez de discours, qu'il voyait distinctement tout ce qu'il y avait à voir : la cruauté de son imprudence et l'horrible fruit de remords qu'il en récoltait, mais qu'il était temps d'aller consoler la pauvre fille.

— Elle souffre pour moi, dit-il, et non pour elle. Sa personne, elle n'y tient guère, tu as dû le remarquer. Si la paix m'est rendue, elle jugera que tout est très bien et sa joie sera parfaite. Tu ne sais pas, Georges, la qualité du sublime de cette créature. Ce qu'elle vient de faire pour moi, elle l'aurait fait aussi bien pour toi, j'en suis persuadé, ou pour quelque autre, si elle l'avait cru nécessaire... Mais, le remède sera-t-il efficace ? Voilà la question, c'est ma vie qui en dépend et la réponse n'est pas certaine...

Ils étaient dans la rue. Un fiacre les recueillit et ils descendirent ensemble, sans ajouter une parole, le boulevard Montparnasse. Arrivés à l'avenue du Maine et sur le point d'entrer dans la rue de Vaugirard, où s'embranche la rue des Fourneaux, Leverdier sentit que Marchenoir voulait être seul pour un premier tête-à-tête. Il le quitta donc et, planté sur le trottoir, regarda la voiture s'éloigner, jusqu'au moment où elle disparut. Alors, seulement, il s'en alla, comblé de tristesse, l'âme noyée de pressentiments affreux.

XLIV

Quand Marchenoir sortit de la voiture arrêtée devant sa maison, on aurait pu le prendre pour un de ces agonisants à échéance calculable, que vomissent les voitures numérotées, à l'heure des consultations, sur le seuil dantesque des hôpitaux. Il tremblait tellement en cherchant sa monnaie, que le cocher lui offrit de l'aider à monter chez lui. Cela le ranima. Il se hâta d'entrer, ne vit même pas la concierge, que son aspect semblait avoir déconcertée, et gravit l'escalier.

Devant sa porte, il s'étonna de son courage d'être venu jusque-là et s'aperçut, en même temps, qu'il n'en avait plus du tout, qu'il ne se déciderait jamais à entrer et qu'il n'avait plus qu'à s'asseoir sur une marche, en attendant la consommation des siècles. Il se mit à tourner à pas étouffés, comme un félin, sur l'étroit palier, absolument incapable de s'arrêter à une résolution quelconque, les doigts brûlés par la clef qu'il avait tirée de sa poche, dans la voiture, et qu'il tenait à la main depuis un quart d'heure, déplorant amèrement l'absence de Leverdier, qu'il se maudissait pour avoir laissé partir.

Tout à coup, il entendit monter au-dessous de lui et reconnut, avec certitude, le pas de Véronique. Epouvanté à l'idée d'un rapatriement sur cette voie publique, où vingt locataires inconnus pouvaient apparaître, il ouvrit brusquement la porte et se jeta dans l'appartement comme dans une citadelle. La jeune femme revenait, en effet, de la chapelle des Lazaristes de la rue de Sèvres, où elle allait, tous les matins, entendre la messe, à sept heures, quelque temps qu'il fît. Marchenoir, qui l'accompagnait pourtant, d'ordinaire, avait oublié cette circonstance.

Quand elle parut, cet homme si fort eut les jambes fauchées. Il s'abattit sur le carreau, et tendit vers elle ses deux mains, en remuant les lèvres, sans pouvoir articuler un mot. Véronique courut à lui, l'enveloppa de ses bras et, le relevant, le contraignit à s'asseoir. Elle-même, s'agenouillant à ses pieds, — par une impulsion d'humilité et de tendresse qui rappelait leur première entrevue, — le regarda, accoudée sur lui.

— Chère victime, dit-il, avec la douceur d'une commisération infinie, qu'as-tu fait?

— Pardonne-moi, bien-aimé, répondit-elle, j'ai voulu t'obéir et te sauver. Ah! j'aurais souffert bien davantage, s'il l'avait fallu!... Pleure à ton aise, pauvre cœur, Dieu te consolera.

Alors, entendant cette voix changée par la torture, qui se faisait amoureuse par charité, il se détendit et se brisa. Il l'attira sur ses genoux et lui cachant le visage dans ses bras et sur sa poitrine, il sanglota éperdument. Ce fut une de ces rafales de pleurs, comme il en avait eu si souvent, et qui, déjà, tant de fois, l'avaient délivré des suggestions du désespoir. Longtemps, ses larmes, grossies par tous les orages intérieurs qui avaient précédé cet instant, roulèrent en ruisseaux sur la tête mutilée de la martyre qui se fondait, elle-même, de compassion, blottie, comme une hirondelle, contre la paroi de ce sein mouvant.

A la fin, voyant que la crise s'affaiblissait et qu'un peu de calme allait revenir, elle se dégagea doucement, alla tremper son mouchoir dans l'eau fraîche et, avec des mouvements maternels, vint baigner et essuyer les yeux de son ami.

— Maintenant, cher malade, lui dit-elle, en le baisant au front, je vais vous conduire dans votre chambre. Vous vous étendrez sur votre lit et vous dormirez quelques heures. Vous devez en avoir besoin... Ne me regardez pas de cet air navré. Vous vous ferez à ma nouvelle figure, et vous finirez par la trouver très convenable. Je vous assure que je me trouve aussi belle qu'avant. C'est une habitude à prendre. Allons, monsieur le saule-pleureur, allongez les jambes, voici deux couvertures, un oreiller pour votre tête et je tire les rideaux. Quand vous vous réveillerez, votre servante vous aura fait un bon feu, un bon petit déjeuner et votre ange gardien aura chassé votre gros chagrin.

Marchenoir, complètement épuisé, s'était laissé faire comme un enfant et dormait déjà.

Véronique, retirée dans l'autre chambre, alla se prosterner devant l'immense crucifix qu'il lui avait acheté, sur sa demande, rue Saint-Sulpice, en un jour de richesse, procréation d'un art abject, que la piété de la thaumaturge transfigurait en chef-d'œuvre.

— Mon doux Sauveur, murmura-t-elle, ne vous fâchez pas contre moi. Vous voyez bien que j'ai fait ce que j'ai pu. Mon confesseur m'a blâmée très sévèrement de ce qu'il appelle un zèle téméraire et je dois croire que vous lui avez inspiré ce blâme. Il m'a dit que j'avais mal compris votre précepte d'arracher soi-même ses propres membres, quand ils deviennent une occasion de scandale, et cela se peut bien, puisque je suis une fille pleine d'ignorance. Mais, mon Jésus, si je me suis trompée, ne jugez que mon intention et prenez pitié de ce malheureux qui a exposé sa vie pour me donner à vous. Si je dois lui être un obstacle, détruisez-moi plutôt, faites-moi mourir, je vous en supplie par votre divine Agonie et les mérites de tous vos saints ! Je n'ai que ma vie à vous offrir, vous le savez, puisque je n'ai pas d'innocence et que je suis la plus grande pauvresse du monde !...

XLV

C'était l'heure où la pire brute, assouvie de son repos, sort de ses antres et coule à pleines rues dans tout Paris. La besogneuse pécore aux millions de pieds, coureuse d'argent ou de luxure, mugissait aux alentours, dans cet excentrique quartier. Le prolétaire souverain, à la *gueule de bois*, s'élançait de son chenil vers d'hypothétiques ateliers ; l'employé subalterne, moins auguste, mais de gréement plus correct, filait avec exactitude sur d'imbéciles administrations ; les gens d'affaires, l'âme crottée de la veille et de l'avant-veille, couraient, sans ablutions, à de nouveaux tripotages ; l'armée des petites ouvrières déambulait à la conquête du monde, la tête vide, le teint chimique, l'œil poché des douteuses nuits, brimbalant avec fierté de cet arrière-train autoclave, où s'accomplissent, comme dans leur vrai cerveau, les rudimentaires opérations de leur intellect. Toute la vermine parisienne grouillait en puant et déferlait, dans la clameur horrible des bas négoces du trottoir ou de la chaussée. Qui donc se fût avisé de soupçonner là, derrière une de ces murailles de rapport dont s'éloigne en gémissant l'ange à pans coupés de l'architecture, une mystique véritable, une Thaïs repentie, une furie de miséricorde et de prière, comme il ne s'en voit plus depuis des siècles ? Et qui donc, l'apprenant, n'aurait pas éclaté de ce rire de graisse qui déculotte les peuples sages, venus à point pour être fustigés ?

L'action qu'elle venait d'accomplir, cette simple chrétienne, était aussi parfaitement inintelligible pour ses contemporains, que pourrait l'être la Transfiguration du Seigneur aux yeux d'un hippopotame vaquant à son bourbier. Une si haute température d'enthousiasme répugne invinciblement à la fuyante queue de maquereau de cette fin de siècle. Jamais, sans doute, dans aucune société, l'héroïsme ne fut aussi généralement cocufié par la nature humaine, depuis six mille ans que ce rare pèlerin d'amour est forcé de concubiner avec elle.

Le christianisme, quand il en reste, n'est qu'une surenchère de bêtise ou de lâcheté. On ne vend même plus Jésus-Christ, on le *bazarde*, et les pleutres enfants de l'Eglise se tiennent humblement à la porte de la Synagogue, pour mendier un petit bout de la corde de Judas qu'on leur décerne, enfin, de guerre lasse, avec accompagnement d'un nombre infini de coups de souliers.

Si la pauvre fille avait dû être jugée, ce n'est, assurément, ni par les hérétiques ni par les athées qu'elle eût été le plus rigoureusement condamnée. Ceux-là se fussent contentés de la gratifier, en passant, de quelques pelletées d'ordure. Mais les catholiques l'eussent dépecée pour en engraisser leurs cochons, — aucune chose, à l'exception du génie, n'étant aussi férocement détestée que l'héroïsme, par les titulaires actuels de la plus héroïque des doctrines.

Ce qu'ils nomment *vie spirituelle*, par un étrange abus du dictionnaire, est un programme d'études fort compliqué et diligemment enchevêtré par de spéciaux marchands de soupe ascétique, en vue de concourir à l'abolition de la nature humaine. La devise culminante des maîtres et répétiteurs paraît être le mot *discrétion*, comme dans les agences matrimoniales. Toute action, toute pensée non prévue par le programme, c'est-à-dire toute impulsion naturelle et spontanée, quelque magnanime qu'elle soit, est regardée comme *indiscrète* et pouvant entraîner une réprobatrice radiation.

Donner son porte-monnaie à un homme expirant d'inanition, par exemple, ou se jeter à l'eau pour sauver un pauvre diable, sans avoir auparavant consulté son directeur et fait, au moins, une retraite de neuf jours, telles sont les plus dangereuses indiscrétions que puisse inspirer l'orgueil. Le *scrupule* dévot, à lui seul, exigerait une seconde Rédemption.

Les catholiques modernes, monstrueusement engendrés de Manrèze et de Port-Royal, sont devenus, en France, un groupe si fétide que, par comparaison, la mofette maçonnique ou anticléricale donne presque la sensation d'une paradisiaque buée de parfums, et Dieu sait, pourtant, que, de ce côté-là, les intelligences et les cœurs n'ont plus grand'chose à recevoir, maintenant, pour leur porcine réintégration, de l'animale Circé matérialiste !

Il est vrai qu'on n'a pas encore abattu toutes les croix, ni remplacé les cérémonies du culte par des spectacles antiques de prostitution. On n'a pas non plus tout à fait installé des latrines et des urinoirs publics dans les cathédrales transformées en tripots ou en salles de café-concert. Évidemment, on ne traîne pas assez de prêtres dans les ruisseaux, on ne confie pas assez de jeunes religieuses à la sollicitude maternelle des *patronnes* de lupanars de barrière. On ne pourrit pas assez tôt l'enfance, on n'assomme pas un assez grand nombre de pauvres, on ne se sert pas encore assez du visage paternel comme d'un crachoir ou d'un décrottoir... Sans doute. Mais toutes ces choses sont sur nous et peuvent déjà être considérées comme venues puisqu'elles arrivent comme la marée et que rien n'est capable de les endiguer.

Le mal est plus universel et paraît plus grand, à cette heure, qu'il ne fut jamais, parce que, jamais encore, la civilisation n'avait pendu si près de terre, les âmes n'avaient été si avilies, ni le bras des maîtres si débile. Il va devenir plus grand encore. La

République des Vaincus n'a pas mis bas toute sa ventrée de malédiction.

Nous descendons spiralement, depuis quinze années, dans un vortex d'infamie, et notre descente s'accélère jusqu'à perdre la respiration. Nous allons maintenant, comme la tempête, sans aucune chance de retour, et chaque heure nous fait un peu plus bêtes, un peu plus lâches, un peu plus abominables devant le Seigneur Dieu, qui nous regarde des enfoncements du ciel !...

Joseph de Maistre disait, il y a près d'un siècle, que l'homme est trop méchant pour mériter d'être libre.

Ce Voyant était un contemporain de la Révolution dont il contemplait, en prophète, la grandiose horreur, et il lui parlait face à face.

Il mourut dans l'épouvante et le mépris de ce colloque, en prononçant l'oraison funèbre de l'Europe civilisée.

Il n'aurait donc rien de plus à dire aujourd'hui, et les finales porcheries de notre dernière enfance n'ajouteraient absolument rien à la terrifiante sécurité de son diagnostic.

Eh bien ! quand toutes les menaces de la crapule antireligieuse auront enfin crevé sur nous, comme les nuées d'un sale déluge, quand la société soi-disant chrétienne, irréparablement désagrégée, s'en ira, comme une flotte d'épaves nidoreuses, sur le liquide phosphoré qui aura submergé la terre, — que sera-ce auprès du monstre déjà formé, dont la raison s'épouvante, et qui règne en accroupi despote sur le stérile fumier de nos cœurs ?

Il n'y a que deux sortes d'immondices : les immondices des bêtes et les immondices des esprits.

Or, c'est une puanteur bien subalterne que la boue révolutionnaire et anticléricale. Elle est fabuleusement surannée et plus vieille encore que le christianisme. Elle coule des parties basses de l'humanité depuis soixante siècles et a usé des pelles et des balais, à payer la rançon d'un roi de vidangeurs.

C'est un inconvénient de ce triste monde, une simple affaire de voirie et d'assainissement pour les diligentes autorités qui ont à cœur la santé publique. Il faut que la brute suive sa loi et le mal est à peu près nul aussi longtemps que ces autorités ne décampent pas. Et, même alors qu'elles ont décampé, le mal se coule en persécution pour se transformer en gloire.

Les injures bestiales, les goîtreux défis, les sacrilèges stupides, les idiotes atrocités de nègres échappés au bâton et tremblants d'y retourner, tout cela est peu de chose et ne contamine essentiellement ni la vérité ni la justice.

Depuis le Calvaire et le Mont des Oliviers, il n'y a rien qui n'ait été tenté par l'interne pourceau du cœur de l'homme, contre cette excessive magnificence de la Douleur.

L'invention n'est plus possible et les Galilée ou les Edison de la fripouillerie démocratique y perdraient leur génie. Rabâchage de séculaires rengaines, recopie sempiternelle de farces immémorialement décrépites, remâchement de salopes facéties dégobillées par d'innumérables générations de gueules identiques, parodies éculées depuis deux mille ans, on n'imagine rien de plus.

Il est probable que les Juifs étaient plus forts, d'abord, pour avoir été les initiateurs et, peut-être aussi, parce qu'ayant à faire souffrir l'Homme qui devait assumer toute expiation, ils savaient des choses dont l'épaisse ignorance des blasphémateurs actuels n'a même pas le soupçon.

Ce qui est vraiment épouvantable, c'est l'immondicité des esprits.

Les Pieds du Christ ne peuvent pas être souillés, mais seulement sa Tête, et cette besogne d'iniquité idéale est le choix inconscient ou pervers de la multitude de ses amis.

Le Christ, ne pouvant plus donner à ceux qu'il nomma ses frères aucun surcroît de grandeur, leur laisse au moins la majesté terrible du parfait outrage qu'ils exercent sur Lui-même. Il s'abandonne jusque-là et se laisse traîner au dépotoir.

Les catholiques déshonorent leur Dieu, comme jamais les Juifs et les plus fanatiques antichrétiens ne furent capables de le déshonorer.

L'imbécile rage des ennemis conscients de l'Eglise fait pitié. Le boniment légendaire des souterraines conspirations jésuitiques, romantiquement organisées par des cafards nauséeux, mais pleins de génie, peut encore agir sur le populo, mais commence à perdre crédit partout ailleurs, ce qui étonne d'une si énorme sottise. Les calomnies stupides ont ordinairement la vie plus dure. Déjetées, savetées, éculées, indécrottables et inépousables, elles subsistent, immortellement juteuses.

Il est vrai que les catholiques ont pris eux-mêmes

à forfait leur propre ignominie, et voilà ce qui supplante un nombre infini de venimeuses gueules. C'est l'enfantillage voltairien d'accuser ces pleutres de *scélératesse*. La surpassante horreur, c'est qu'ils sont MÉDIOCRES !

Un homme couvert de crimes est toujours intéressant. C'est une cible pour la Miséricorde. C'est une unité dans l'immense troupeau des boucs pardonnables, pouvant être blanchis pour de salutaires immolations.

Il fait partie intégrante de la matière rachetable, pour laquelle il est enseigné que le Fils de Dieu souffrit la mort. Bien loin de rompre le plan divin, il le démontre, au contraire, et le vérifie expérimentalement par l'ostentation de son effroyable misère.

Mais l'innocent *médiocre* renverse tout.

Il avait été *prévu*, sans doute, mais tout juste, comme la pire torture de la Passion, comme la plus insupportable des agonies du Calvaire.

Celui-là soufflète le Christ d'une façon si suprême et rature si absolument la divinité du Sacrifice, qu'il est impossible de concevoir une plus belle preuve du Christianisme que le miracle de sa durée, en dépit de la monstrueuse inanité du plus grand nombre de ses fidèles !

Ah ! on comprend l'épouvante, la fuite éperdue du xix° siècle, devant la Face ridicule du Dieu qu'on lui offre et on comprend aussi sa fureur !

Il est bien bas, pourtant, ce voyou de siècle, et n'a guère le droit de se montrer difficile ! Mais, précisément, parce qu'il est ignoble, il faudrait que l'ostensoir de la Foi fût archi-sublime et fulgurât comme un soleil...

Veut on savoir comme il fulgure ? Voici.

XLVI

On s'aperçut un jour, il y a trois cents ans, que la Croix sanglante avait trop longtemps obombré la terre. Le déballage de luxure qu'on a voulu nommer la Renaissance venait de s'inaugurer, quelques pions germaniques ou cisalpins ayant divulgué qu'il ne fallait plus souffrir. Les mille ans d'extase résignée du Moyen Age reculèrent devant la croupe de Galathée.

Le xvi° siècle fut un équinoxe historique, où l'Idéal bafoué par les giboulées du sensualisme s'abattit enfin, racines en l'air. Le spirituel christianisme, sabordé dans ses méninges, saigné au tronc des carotides, vidé de sa plus intime substance, ne mourut pas, hélas ! Il devint idiot et déliquescent dans sa gloire percée.

Ce fut une convulsion terrible pendant cent ans, accompagnée d'un infiniment inutile et lamentable rappel des âmes. Notre circulante sphère parut rouler au travers des autres planètes comme un arrosoir de sang. Mais le martyre même ayant perdu sa vertu, la vieille bourbe originelle fut réintégrée triomphalement, toutes les portes des étables furent arrachées de leurs gonds et l'universelle porcherie moderne commença son bréneux exode.

Le christianisme, qui n'avait su ni vaincre ni mourir, fit alors comme tous les conquis. Il reçut la loi et paya l'impôt. Pour subsister, il se fit agréable, huileux et tiède. Silencieusement, il se coula par le trou des serrures, s'infiltra dans les boiseries, obtint d'être utilisé comme essence onctueuse pour donner du jeu aux institutions et devint ainsi un condiment subalterne, que tout cuisinier politique put employer ou rejeter à sa convenance. On eut le spectacle inattendu et délicieux, d'un christianisme *converti* à l'idolâtrie païenne, esclave respectueux des conculcateurs du Pauvre, et souriant acolyte des phallophores.

Miraculeusement édulcoré, l'ascétisme ancien s'assimila tous les sucres et tous les onguents pour se faire pardonner de ne pas être précisément la volupté, et devint, dans une religion de tolérance, cette chose plausible qu'on pourrait nommer le *catinisme* de la piété. Saint François de Sales apparut, en ces temps-là, juste au bon moment, pour tout enduire. De la tête aux pieds, l'Eglise fut collée de son miel, aromatisée de ses séraphiques pommades. La Société de Jésus, épuisée de ses trois ou quatre premiers grands hommes et ne donnant déjà plus qu'une vomitive resucée de ses apostoliques débuts, accueillit avec joie cette parfumerie théologique, où la gloire de Dieu, définitivement, s'achalanda. Les *bouquets spirituels* du prince de Genève furent offerts par de caressantes mains sacerdotales aux explorateurs du Tendre, qui dilatèrent aussitôt leur géographie pour y faire entrer un aussi charmant catholicisme... Et l'héroïque Moyen Age fut enterré à dix mille pieds !...

On est bien forcé d'avouer que c'est tout à fait fini, maintenant, le spiritualisme chrétien, puisque, depuis trois siècles, rien n'a pu restituer un semblant de verdeur à la souche calcinée des vieilles croyances. Quelques formules sentimentales donnent encore l'illusion de la vie, mais on est mort, en réalité, vraiment mort. Le Jansénisme, cet infâme arrière-suint de l'émonctoire calviniste, n'a-t-il pas fini par se pourlécher lui-même, avec une langue de jésuite sélectivement obtenue, et la racaille philosophique, n'a-t-elle pas fait épouser sa progéniture aux plus hautes nichées du gallicanisme ! La Terreur elle-même, qui aurait dû, semble-t-il, avoir la magnifiante efficacité des persécutions antiques, n'a servi qu'à rapetisser encore les chrétiens qu'elle a *raccourcis*.

Pour sa peine d'avoir égorgé la simple Colombe qui planait dans les cieux d'or des légendes, l'Art perdit ses propres ailes et devint le compagnon des reptiles et des quadrupèdes. Les extra-corporelles Transfixions des Primitifs dévalèrent, dans l'ivresse charnelle de la forme et de la couleur, jusqu'aux vierges de pétrin de Raphaël. Arrivée à cette brute de suavité stupide et de fausse foi, l'esthétique religieuse fit un dernier bond prodigieux et disparut dans l'irrévocable liquide que de séniles générations catholiques avaient sécrété.

Aujourd'hui, le Sauveur du monde crucifié appelle à lui tous les peuples à l'étalage des vitriers de la dévotion, entre un Evangéliste coquebin et une Mère douloureuse trop avancée. Il se tord correctement sur de délicates croix, dans une nudité d'hortensia pâle ou de lilas crémeux, décortiqué, aux genoux et aux épaules, d'identiques plaies vineuses exécutées sur le type uniforme d'un panneau crevé. — « Genre Italien », affirment les marchands de mastic.

Le genre français, c'est un Jésus glorieux, en robe de brocart pourpré, entr'ouvrant, avec une céleste modestie, son sein, et dévoilant, du bout des doigts, à une visitandine enfarinée d'extase, un énorme cœur d'or couronné d'épines et rutilant comme une cuirasse.

C'est encore le même Jésus plastronné, déployant ses bras pour l'hypothétique embrassement de la multitude inattentive ; c'est l'éternelle Vierge sébacée, en proie à la même recette de désolation séculaire, tenant sur ses genoux, non seulement la tête, mais le corps entier d'un minable Fils, décloué suivant de cagneuses formules. Puis, les innumérables Immaculées Conceptions de Lourdes, en premières communiantes azurées d'un large ruban, offrant au ciel, à mains jointes, l'indubitable innocence de leur émail et de leur carmin.

Enfin, la tourbe polychrôme des subalternes élus : les saints Joseph, nourriciers et frisés, généralement vêtus d'un tartan rayé de bavures de limaces, offrant une fleur de pomme de terre à un poupon bénisseur ; les saints Vincent de Paul en réglisse, ramassant, avec une allégresse réfrénée, de petits monstres en stéarine, pleins de gratitude ; les saints Louis de France ingénus, porteurs de couronnes d'épines sur de petits coussins en peluche ; les saints Louis de Gonzague, chérubinement agenouillés et cirés avec le plus grand soin, les mains croisées sur le virginal surplis, la bouche en cul de poule et les yeux noyés; les saints François d'Assise, glauques ou céruléens, à force d'amour et de continence, dans le pain d'épices de leur pauvreté; saint Pierre avec ses clefs, saint Paul avec son glaive, sainte Marie-Madeleine avec sa tête de mort, saint Jean-Baptiste avec son petit mouton, les martyrs palmés, les confesseurs mitrés, les vierges fleuries, les papes aux doigts spatulés d'infaillibles bénédictions, et l'infinie cohue des pompiers de chemins de croix.

Tout cela conditionné et tarifé sagement, confortablement, commercialement, économiquement. Riches ou pauvres, toutes les paroisses peuvent s'approvisionner de pieux simulacres en ces bazars, où se perpétue, pour le chaste assouvissement de l'œil des fidèles, l'indéracinable tradition raphaélique. Ces purgatives images dérivent, en effet, de la grande infusion détersive des *madonistes* ultramontains. Les avilisseurs italiens du grand Art mystique furent les incontestables ancêtres de ce crépi. Qu'ils eussent ou non le talent divin qu'on a si jobardement exalté sur les lyres de la rengaîne, ils n'en furent pas moins les matelassiers du lit de prostitution où le Paganisme fornicateur vint dépuceler la Beauté chrétienne. Et voilà leur progéniture!

La Dispute du Saint Sacrement devait inéluctablement aboutir, en moins de trois siècles, à l'émulation fraternelle des plâtriers de Saint-Sulpice, — qui feraient aujourd'hui paraître orthodoxe et sainte la plus sanguinaire iconoclastie!

Et la littérature est à l'avenant. Ah! la littérature catholique! C'est en elle, surtout, que se vérifie, jusqu'à l'éblouissement, le stupre inégalable de la décadence ! Son histoire est, d'ailleurs, infiniment simple.

Après un tas de siècles pleins de liberté et de génie, Bossuet apparaît enfin qui confisque et cadenasse à jamais, pour la gloire de son calife, dans une dépendance ergastulaire du sérail de la monarchie, toutes les forces génitales de l'intellectualité française. Ce fut une opération politique assez analogue aux précédents élagages de Louis XI et de Richelieu. Ce qu'on avait fait pour les vassaux redoutés du Roi Très Chrétien, l'aigle domestiqué du diocèse de Meaux l'accomplit pour la féodalité plus menaçante encore de la Pensée. A dater de ce coupeur, silence absolu, infécondité miraculeuse.

Toute philosophie religieuse dut se configurer à la sienne et l'on a vu cet inconcevable sacrilège d'un immense clergé, le cul par terre, sur l'Hostie sainte, et la tête perdue dans le bas vallon de sa soutane, adorativement prosterné devant une perruque pourrie, en obéissance posthume à la consigne épiscopale d'un valet de cour. Cela pendant deux cents ans, depuis 1682 jusqu'à nos imbéciles jours.

L'abortive culture des séminaires n'atteignit pas cependant, du premier coup, son solstice d'impuissance. Il fallut que l'hostilité grandissante des temps modernes fît comprendre, peu à peu, à cette milice la nécessité d'être couarde, et la sublime sagesse de décamper en jetant ses armes aux pieds de l'ennemi. A chaque fois que l'impiété se montrait plus insolente ou l'antagonisme philosophique mieux équipé, l'enseignement religieux se rétrécissait d'autant et le sacerdoce rentrait ses cornes. Le télescope théologique se rapetissait en avalant ses tubes, dans l'inexpugnable espérance de n'avoir plus d'étoiles à découvrir.

Alors, dans la pénombre des garennes apostoliques, sous la plafonnante envergure de l'oie gallicane, on pâturait voluptueusement la moisissure du vieux schisme archi-décédé. Toute la tradition chrétienne étant réputée tenir dans les tomes appareillés du sublime évêque, et celui-là même résumant l'Eglise universelle en son ombilic, — puisqu'il avait fallu qu'il en fît un tapis de pied pour son royal maître, — qu'avait-on besoin d'autre autorité et que pouvait tenter après cela, l'esprit humain démonétisé ?

La rature devint infinie. Tout ce qui s'est accompli depuis le XVIIe siècle y passa. La pédagogie catholique, pour se châtier d'avoir accordé naguère une estime folâtre à la créature de Dieu, décida de se cantonner éperdument et à jamais dans le catafalque du « grand siècle ». Donc, défense absolue d'écrire autre chose que des imitations de ce corbillard, et fulminant anathème contre la plus obscure velléité de s'en affranchir.

La plus inouïe des littératures est résultée de ce blocus. C'est à se demander, vraiment, si Sodome et Gomorrhe que Jésus, dans son Evangile, a déclarées « tolérables », ne furent pas saintes et d'odeur divine, en comparaison de ce cloaque d'innocence.

— *Le grand jour approche !* — *La vie n'est pas la vie,* — *Le Seigneur est mon partage,* — *Où en sommes-nous ?* — *L'éclair avant la foudre,* — *L'horloge de la passion,* — *Le ver rongeur,* — *Gouttes de rosée,* — *Pensez-y bien !* — *Le beau soir de la vie,* — *L'heureux matin de la vie,* — *Au ciel on se reconnaît !* — *L'échelle du ciel,* — *Suivez-moi et je vous guiderai,*

— *La manne de l'âme,* — *L'aimable Jésus,* — *Que la religion est donc aimable !* — *Plaintes et* Complaisances *du Sauveur,* — *La vertu parée de tous ses charmes,* — *Marie, je vous aime,* — *Marie mieux connue,* — *Le catholique dans toutes les positions de la vie,* etc. Tels sont les titres qui sautent à l'œil, aussitôt qu'on regarde une boutique de livres dévots.

Et il ne faudrait pas se hâter de croire à d'insignifiantes plaquettes. *L'aimable Jésus,* à lui seul, a trois volumes. La bêtise de ces ouvrages correspond exactement à la bêtise de leurs titres. Bêtise horrible, tuméfiée et *blanche !* C'est la lèpre neigeuse du sentimentalisme religieux, l'éruption cutanée de l'interne purulence, accumulée en une douzaine de générations putrides qui nous ont transmis leur farcin !

Une inqualifiable librairie de la rue de Sèvres vend ceci, par exemple : *Indicateur de la ligne du Ciel.* Un tout petit papier de la dimension d'un paroissien, pour y être inséré comme une pieuse image. La première page offre précisément la vue consolante d'un train de chemin de fer, sur le point de s'engouffrer dans un tunnel, au travers d'une petite montagne semée de tombes. C'est « le tunnel de la mort », au delà duquel se trouve « le Ciel, l'Eternité bienheureuse, la *Fête* du Paradis ». Ces choses sont expliquées, en trois pages minuscules de cette écriture liquoreusement joviale, que le journal *le Pèlerin* a propagée jusqu'aux derniers confins de la planète, et qui paraît être le dernier jus littéraire de la saliveuse caducité du christianisme. On prend son billet d'aller *sans retour,* au guichet de la Pénitence, on paie en bonnes œuvres, qui servent en même temps de bagages, il n'y a pas de wagons-lits et les trains les plus rapides sont précisément ceux où on est le plus mal. Enfin, deux locomotives : l'*amour* en tête, et la *crainte* en queue. « En voiture, *Messieurs*, en voiture ! » Le bienveillant opuscule nous laisse malheureusement ignorer si les dames sont admises, s'il leur est accordé de faire un léger *persil*, ou s'il est loisible d'organiser des bonneteaux, comme dans les trains de banlieue. Ce candide blagoscope n'a l'air de rien, n'est-ce pas ? C'est le hoquet de l'agonie pour la Foi chrétienne, d'abord, ensuite, pour toute la spiritualité de ce monde qu'elle a engendré, dont elle est l'unique substrat, et qui ne lui survivra pas un quart d'heure.

Mais que penser d'un clergé qui tolère ou encourage cette pollution du troupeau qu'on lui a confié, qui prend pour de l'humilité, l'enfantillage du crétinisme le plus abject, et que la plus timidement conjecturale hypothèse de l'existence d'un Art moderne transporte d'indignation ?

Retranché dans les infertiles glaciers du siècle de Louis XIV, les plus hautes têtes contemporaines ont passé devant lui, sans mieux obtenir qu'un outrage ou une dédaigneuse constatation. Des écrivains de la plus curative magnitude se sont offerts pour infuser un peu de sang jeune à la carcasse desséchée de leur aïeule. Ils en ont été reniés, maudits, placardés d'immondices : — C'est vous qui êtes centenaires et décrépits ! leur crie-t-elle de sa gueule vide, et le seul grand artiste qui ait honoré sa boutique depuis trente ans, Jules Barbey d'Aurevilly, est mis au pilon sur un ordre formel de l'Archevêché de Paris.

Il est vrai qu'elle a ses grands écrivains, l'Eglise

gallicane tombée en enfance ! Elle arbore, par exemple, au plus haut de sa corniche, un évêque non moindre que le schismatique Dupanloup, dont les écœurantes grisailles sur l'*Education* la font clignoter, comme si c'étaient des torrents de pourpre. Ce porte-mitre, qui fut la honte de l'épiscopat le plus médiocre qu'on ait jamais vu, est considéré comme un porte-foudre intellectuel par ceux-là mêmes qui méprisent l'étonnante bassesse de son caractère. *De Pavone Lupus factus*, disait-on à Rome pendant le Concile, en décomposant le nom de Mademoiselle sa mère. On a beau savoir l'insolence tyrannique et l'incurie pleine de faste de ce pasteur aux *douze* vicaires généraux, qui ne put jamais résider dans son diocèse, on a beau connaître la turpitude de ses intrigues politiques et l'immonde hypocrisie du révolté qui trahissait l'Eglise universelle, en protestant de son désir filial de « ne pas exposer le pape à l'humiliation d'un vote incertain », n'importe ! on le vénère comme un maître, et la dyssenterie littéraire de ce Trissotin violet, dont le plus infime journaliste hésiterait à signer les livres, passe dans le monde catholique pour le débordement du génie.

Infiniment en-dessous de ce prélat, resplendissent, comme elles peuvent, des améthystes inférieures et de subalternes crosses : les Landriot, les Gerbet, les Ségur, les Mermillod, les La Bouillerie, les Freppel, infertiles époux de leurs églises particulières et glaireux amants d'une muse en fraise de veau, qui leur partage ses faveurs.

Puis des soutaniers sans nombre : les Gaume, les Gratry, les Pereyve, les Chocarne, les Martin, les Bautain, les Huguet, les Noirlieu, les Doucet, les Perdrau, les Crampon, tout un fourmillement noir sur la rhétorique décomposée des siècles défunts. On peut en empiler cinquante mille de ces cerveaux, et faire l'addition. Le total ne fournira pas l'habillement complet d'une pauvre idée.

Du côté des laïques, on exhibe à l'admiration du bon fidèle un assortiment considérable de cuistres guindés comme des pendus et arides comme les montagnes de la lune, tels que Poujoulat, Montalembert, Ozanam, Falloux, Cochin, Nettement, Nicolas, Aubineau, Léon Gautier, historiens ou phisophes, hommes politique ou simples conférenciers. C'est la voie lactée du firmament littéraire. Ces roussins de l'esthétique religieuse ont confisqué la pensée humaine et l'ont coffrée dans la geôle obscure des petites convenances et des solennelles rengaînes du grand siècle. Nul n'est admis à subsister sans leur permission, et le plus grand art qui fut jamais, le Roman moderne, en qui s'est résorbée toute conception, est jugé comme rien du tout, quand ils apparaissent.

Mais le phénix d'entre ces volailles, c'est Henri Lasserre, le Benjamin du succès. Il devient inutile de regarder les autres, aussitôt que ce virtuose entre en scène, puisqu'il résume en sa personne, l'onction des pontifes, le pédantisme chenu des hauts critiques et la graisseuse faconde des hagiographes. Il ajoute à ces dons si rares le surcroît tout personnel d'une suffisance de gascon à décourager toutes les Garonnes. C'est un commis-voyageur dans la piété, un Gaudissart du miracle, qui place, mieux que pas un, ses petites guirlandes virginales en papier d'azur. Aussi, la plus incontinente fortune s'est hâtée d'accourir vers cet audacieux accapareur, qui débitait la Vierge Marie dans les boutiques et dans les marchés. Il n'a fallu rien moins que le triomphe presque divin de Louis Veuillot pour contrebalancer un tel crédit, — et le pur contemplatif, Ernest Hello, est mort, ignoré, dans le resplendissement de leurs deux gloires.

Il est vrai encore que la même main rémunératrice retient, sur le cœur fossile de cette Eglise hantée du néant, le vétuste Pontmartin, rossignol de catacombe, dont l'eunuchat réfrigère opportunément les préhistoriques ardeurs. Il n'est pas moins véritable qu'on ramasse à la bouche du collecteur, où il sophistiquait le guano, un Léo Taxil, désormais adjudant de Dieu et tambouriné prophète.

Enfin, les pasteurs des âmes fertilisent de leurs bénédictions la *bonne presse*, instituée par Louis Veuillot pour l'inexorable déconfiture des établissements de bains de la pensée. Après cela, porte close. Haine, malédiction, excommunication et damnation sur tout ce qui s'écartera des paradigmes traditionnels...

« Le clergé saint fait le peuple vertueux, — a dit un homme puissant en formules, — le clergé vertueux fait le peuple honnête, *le clergé honnête fait le peuple* IMPIE. » Nous en sommes au clergé honnête et nous avons des prédicateurs tels que le P. Monsabré.

On a fait à ce misérable la réputation d'un grand orateur. Or, ce piètre thomiste, cet écolâtre exaspérant, systématiquement hostile à toute spontanée illumination de l'esprit, n'a ni une idée, ni un geste, ni une palpitation cordiale, ni une expression, ni une émotion. C'est un robinet d'eau tiède en sortant, glacée quand elle tombe. Et il lui faut toute une année pour nous préparer ces douches!

Il se trouve des naïfs que cette vacuité stupéfie. Mais c'est comme cela qu'on les fabrique tous, depuis longtemps, les annonciateurs du Verbe de Dieu!

Une glaire sulpicienne qu'on se repasse de bouche en bouche depuis deux cents ans, formée de tous les mucus de la tradition et mélangée de bile gallicane recuite au bois flotté du libéralisme; une morgue scolastique à défrayer des millions de cuistres; une certitude infinie d'avoir inhalé tous les souffles de l'Esprit Saint et d'avoir tellement circonscrit la Parole que Dieu même, après eux, n'a plus rien à dire. Avec cela, l'intention formelle, quoique inavouée, de n'endurer aucun martyre et de n'évangéliser que très peu de pauvres; mais une condescendante estime pour les biens terrestres, qui réfrène en ces apôtres le zèle chagrin de la remontrance et les retient de contrister l'opulente bourgeoisie qui pavonne au pied de leur chaire. Tout juste la dose congrue, — presque impondérable, — de bave amère, sur les délicates fleurs du grand Livre, pour lesquelles fut inventée la distinction laxative du *précepte* et du *conseil*. Enfin, l'éternelle politique régénératrice, l'inamovible gémissement sur les spoliations de la Libre-Pensée et l'incommutable anxiété de péroraison sur l'avenir présumé de la *chère* patrie... Quand on entend autre chose, c'est qu'on a la joie d'être sourd ou l'irrévérencieuse consolation de dormir.

Le P. Monsabré est incontestablement le sujet le plus réussi et les bonnes maisons où se conditionne l'article travaillent, présentement, à lui manufacturer d'innombrables émules. Il y a bien aussi un autre courant qu'il faudrait appeler *Didonien*, où la médiocrité d'âme n'est pas moindre ni le génie plus absent. Car ils sont de divers paillons, les bateleurs, dans l'Ordre dominicain, tel que l'a confectionné ce trombone libérâtre de Lacordaire. Ils ont tous, plus ou moins, la nostalgie du boniment. Mais le Didon, qui ne se satisfait pas d'être une bouche du néant, et qui va prostituant sa robe de moine sur les tréteaux du cabotinisme international, nous sortirait du clergé *honnête* pour nous mener droit aux soutaniers apostats ou schismatiques, — ce qui serait évidemment moins décisif, comme sputation à la Face endurante du Christ!

Quant aux autres serviteurs de l'autel et à la masse entière des fidèles, c'est inexprimable et confondant.

On se serre, on se tient les coudes, on s'empile en fumier d'imbécillité et de lâcheté. On se précipite au Rien de la pensée, pour échapper à la contamination du *libertinage* ou de l'incrédulité.

En même temps, par un repli tout orthodoxe, on met soigneusement à profit l'impiété du siècle pour allonger quelque peu la corde des prescriptions ecclésiastiques. L'Eglise ayant réduit à presque rien la rigueur de ses pénitences, dans l'espoir toujours déçu d'un plus prompt retour des brebis folâtres qu'elle a perdues, les moutons demeurés fidèles utilisent, en gémissant au fond du bercail, les *regrettables* concessions de leurs pasteurs. Et toutes les pratiques suivent la même pente, l'époque n'étant pas du tout à l'héroïsme des œuvres surérogatoires.

Jamais, d'ailleurs, il ne fut autant parlé d'*œuvres*. S'occuper d'œuvres, être *dans* les œuvres, sont des locutions acclimatées, significatives de tout bien, quoiqu'elles aient l'air, dans leur imprécision, d'impliquer, au moral, un protestantisme limitrophe des plus imminents. Les catholiques, en effet, entendent et pratiquent la charité, l'amour de leurs frères indigents, à la manière protestante, c'est-à-dire avec ce faste usuraire qui exige l'entier abandon préalable de la dignité du Pauvre, en échange des plus dérisoires secours. Il est presque sans exemple qu'un de ces chrétiens gorgés de richesses, ait pris dans ses bras son frère ruisselant de pleurs, pour le sauver en une seule fois, en payant sa rançon d'une partie de son superflu.

Cela ressemble même à une politique. « Vous aurez toujours des pauvres parmi vous », dit l'Evangile, et cette parole effrayante, qui condamne les détenteurs, est précisément l'occasion du sophisme de cannibales qui procure leur sécurité. Dieu a réglé qu'il y aurait toujours des pauvres, afin que les riches se consolassent pieusement de ne l'être pas, en se résignant à la nécessité *providentielle* de ne pas diminuer leur nombre.

Il leur faut donc des pauvres pour s'attester à eux-mêmes, au meilleur marché possible, la sensibilité de leurs tendres cœurs, pour prêter à la petite semaine sur le Paradis, pour s'amuser, enfin, pour danser, pour décolleter leurs femelles jusqu'au nombril, pour s'émotionner au champagne sur les agonisants par la faim, pour laver d'un bol de bouillon les fornications parfumées où les plus altissimes vertus peuvent se laisser choir.

On serait forcé d'en faire pour eux, s'il n'y en avait pas, car il leur en faut pour toutes les circonstances de la vie, pour la joie et pour la tristesse, pour les fêtes et pour les deuils, pour la ville et pour la campagne, pour toutes les attitudes d'attendrissement que les poètes ont prévues. Il leur en faut absolument, pour qu'ils puissent répondre à la Pauvreté : *Nous avons* nos *pauvres*, et d'un geste lassé, se détourner de cette agenouillée lamentable, que le Sauveur des hommes a choisie pour son Épouse et dont l'escorte est de dix mille anges !

Il se peut que le Dieu terrible, *Vomisseur des Tièdes*, accomplisse, un jour, le miracle de donner quelque sapidité morale à cet écœurant troupeau qui fait penser, analogiquement, à l'effroyable mélange symbolique d'acidité et d'amertume que le génie tourmenteur des Juifs le força de boire dans son Agonie.

Mais il faudra, c'est fort à craindre, d'étranges flambées et l'assaisonnement de pas mal de sang pour rendre digérables, en ce jour, ces rebutants chrétiens de boucherie.

Il faudra du désespoir et des larmes, comme l'œil humain n'en versa jamais, et ce seront précisément ces mêmes *impies* tant méprisés par eux, du haut de leurs dégoûtantes vertus, — mais justement désignés pour leur châtiment, saintement élus pour leur confusion parfaite, — qui les forceront à les répandre !...

En attendant, le Christ est indubitablement traîné au dépotoir.

Cette Face sanglante de Crucifié qui avait dardé dix-neuf siècles, ils L'ont rebaignée dans une si nauséabonde ignominie, que les âmes les plus fangeuses s'épouvantent de Son contact et sont forcées de s'en détourner en poussant des cris.

Il avait jeté le défi à l'Opprobre humain, ce Fils de l'homme, et l'Opprobre humain L'a vaincu !

Vainement, Il triomphait des abominations du Prétoire et du Golgotha, et du sempiternel recommencement de ces abominations du *Mépris*. Maintenant, Il succombe sous l'abomination du Respect !

Ses ministres et Ses croyants, éperdus de zèle pour l'Idole fétide montée de leurs cœurs sur Son autel, L'ont éclaboussé d'un ridicule tellement destructeur, nous ne disons pas de l'adoration, mais de la plus embryonnaire velléité d'attendrissement religieux, que le miracle des miracles serait, à cette heure, de Lui ressusciter un culte.

Le songe tragique de Jean-Paul n'est plus de saison. Ce n'est plus le Christ pleurant qui dirait aux hommes sortis des tombeaux :

— Je vous avais promis un Père dans les cieux et Je ne sais où Il est. Me souvenant de Ma promesse, Je L'ai cherché deux mille ans par tous les univers, et Je ne L'ai pas trouvé et voici, maintenant, que Je suis orphelin comme vous.

C'est le Père qui répondrait à ces âmes dolentes et sans asile :

— J'avais permis à Mon Verbe, engendré de Moi, de Se rendre semblable à vous, pour vous délivrer en souffrant. Vous autres, Mes adorateurs fidèles, qu'Il a cautionnés par Son Sacrifice, vous venez Me demander ce Rédempteur dont vous avez contemné la fournaise de tortures et que vous avez tellement défiguré de votre *amour*, qu'aujourd'hui, Moi-même,

Son Consubstantiel et Son Père, Je ne pourrais plus Le reconnaître...

Je suppose qu'Il habite le tabernacle que lui ont fait Ses derniers disciples, mille fois plus lâches et plus atroces que les bourreaux qui L'avaient couvert d'outrages et mis en sang...

Si vous avez besoin de Mon Fils, CHERCHEZ-LE DANS LES ORDURES.

XLVII

Véronique avait expérimenté la misère infinie de ce clergé, avec une rigueur proportionnée à la suréminence de sa propre vocation mystique. Elle avait enduré, dès le commencement et toute la première année, un tourment intérieur, continuel, à défier les flammes et les chevalets du martyrologe.

Au début de son installation avec Marchenoir, elle avait été résolument se présenter au guichet d'un confessionnal quelconque et, assoiffée de mépris, ambitieuse d'être foulée aux pieds, elle avait tout d'abord déclaré ceci : — Mon père, *je suis une sale prostituée*. L'effet de cette parole, nullement inouïe, pourtant, dans ces vestibules de l'Espérance où viennent tomber tant d'épaves d'âmes, avait été immédiat et confondant. On lui avait jeté le guichet au nez, par un geste soudain, d'une incroyable violence.

Elle ne sut jamais quel ecclésiastique avait accompli cet acte de vertu et ne voulut jamais le savoir. C'était, peut-être, un de ces jeunes prêtres caramélisés dans la blanche confiture des petites puretés « inviolables », qui conçoivent la vie comme une très longue allée d'innocents tilleuls de séminaire, avec une petite statue de Marie sans tache à l'extrémité, au-dessous d'un phylactère édifiant déployé par deux chérubins, pendant que d'immaculées douillettes et d'insexuels surplis vont et viennent, sirupeux de chasteté. Peut-être, aussi, était-elle tombée sur quelque mûr soutanier, admirateur de Fénelon et de Nicole, et farouche ennemi du naturalisme pénitentiel, par conséquent, expulseur impitoyable de tout repentir qui déconcertait les litotes et les hypotyposes de son formulaire. Ces deux variétés de vermine sacerdotale remplacent assez souvent, de la manière la plus effective, les filets du Prince des apôtres par les filets de la morgue où vont se jeter certains misérables, au désespoir desquels il n'avait manqué, jusqu'alors, que le suggestif dégoût de les rencontrer.

La vaillante fille trouva la chose un peu dure, mais absolument normale et s'en alla, le cœur gros, à la recherche d'un intendant moins parcimonieux de la provende apostolique. Elle eut le bonheur de trouver presque aussitôt, à Notre-Dame des Victoires, un vieux praticien jésuite, mort aujourd'hui, que sa dextérité spéciale comme confesseur de libertins et de prostituées, a rendu célèbre. Ce curieux vieillard de quatre-vingts ans, dont la pénétration psychologique tenait du miracle, a guéri des centaines d'âmes abandonnées. — Je ne pêche que le gros poisson, — disait-il, avec sa bonhomie narquoise d'ancien pandour converti lui-même, — que le fretin s'adresse ailleurs. Je suis le vidangeur des consciences et j'enlève les fortes ordures, mais je me déclare inapte aux ouvrages d'embellissement et de parfumerie.

Discernant apôtre et moraliste plein de judiciaire, il pensait que le péché habituel de la chair est surtout une névrose d'enfantillage, à la vérité terrible et mortelle, mais intraitable, dans le plus grand nombre des cas, sans l'attractive bénignité d'une sorte de lactation prophylactique. L'énergie, parfois étonnante, impliquée par l'acte pur et simple de l'aveu pénitentiel, il la décrétait éminemment satisfactoire et, prenant gaillardement tout sur lui, réintégrait sur-le-champ les repentantes brebis, — sans exiger les préalables et décourageantes corvées que le Jansénisme inventa pour les mettre en fuite. Véronique fut donc accueillie par lui comme une fille prodigue, avec une joie sans bornes. Il tua pour elle le veau gras des absolutions...

Mais cette bombance ne pouvait durer. Quand il s'aperçut que sa nouvelle cliente était de propos solide et ne retournerait pas, comme les autres, à ses vomissures, il lui déclara son insuffisance pour la guider utilement sur n'importe quels sommets et l'engagea à chercher un directeur.

Ce fut l'aurore des tribulations. Personne ne comprenait rien à cette brûlée d'amour qui se diaphanéisait en montant dans la lumière. La plus tenace et la plus dure de ses épreuves fut l'inclairvoyante opiniâtreté d'un tas de prêtres, engraissés d'identiques formules, qui s'efforcèrent de la jeter dans le découragement par le conseil, uniformément comminatoire, de se séparer de Marchenoir. La simple créature, prise dans l'étau du dilemme de son obéissance et de l'impossibilité absolue de vivre seule, aurait vingt fois perdu la tête, sans le bienheureux précédent des absolutions données, *quand même*, par le bonhomme qui avait accepté la cote mal taillée de cette inévitable situation, dont elle était bien certaine de n'avoir jamais abusé.

Et puis, elle les exaspérait, tous ces ecclésiastiques à charnières, par son adorable simplicité qui aurait dû les attendrir jusqu'aux larmes. La confession, qui porte ce nom grandiose de Sacrement de Pénitence, est devenue, dans le coulage et le délavage actuel du christianisme, un vulnéraire si parfaitement incolore et neutre, que sa force thérapeutique sur les âmes doit, en général, être à peu près nulle. C'est presque toujours une petite mécanique prévue, du fonctionnement le plus enfantin. Le pénitent apporte sa formule de contrition et le confesseur lui passe en échange sa formule d'exhortation. C'est un négoce de rengaines apprises par cœur, où le cœur, précisément, n'a plus rien à faire d'aucun côté, et dont le Seigneur Dieu s'accommode comme il l'entend. Véronique ignorait profondément cette tenue de sottes paroles en partie double. Elle en avait appris une autre, — un peu différente, — et depuis qu'elle l'avait oubliée, elle ne savait plus rien au monde, sinon le sublime de l'amour divin et de l'amour humain fondus ensemble dans une seule flamme aussi candide que tous les lys. Mais voilà ce qui ne pouvait être compris.

Tant qu'ils voulurent, ils lui tordirent le cœur, de leurs mains salissantes et pataudes, à cette ouaille très soumise qui ne demandait pas mieux que de souffrir. Interprétant les naïvetés de sa tendresse par le zèle indiscret d'un satanique orgueil, ces bestiaux consacrés ne voyaient rien de mieux à faire que de l'accabler sans cesse de son passé, les uns avec véhémence, les autres avec ironie, et ces derniers étaient de beaucoup les plus cruels.

L'ironie est, à coup sûr, l'arme la plus dangereuse qui soit dans la main de l'homme. Un écrivain, redoutable lui-même par l'ironie, nommait cet instrument de supplice « la gaîté de l'indignation », fort supérieure à l'autre gaîté qu'elle fait ressembler à une gardeuse de dindons. Mais, que penser de l'ironie d'un cuistre niaisement indigné de l'inobservation d'une étiquette ou d'un rudiment, et rendu tout fort par l'humilité d'un repentir que sa sottise lui fait prendre pour de l'abjection ? — car la préséance évangélique de l'*unique* pénitent sur une multitude de justes sans tache n'est, aux yeux de tout vrai sulpicien, qu'une bonne blague sans application pratique. Beaucoup de prêtres utilisent donc avec succès cet heureux moyen de dégoûter de leurs personnes et du sacrement qu'ils avilissent. La pauvre fille, résignée à tout, en fut néanmoins crucifiée dans le fond du cœur. Silencieusement, elle savoura cette avanie, comme une sainte qu'elle était, et Marchenoir n'en connut par elle absolument rien.

A la fin, pourtant, elle avait mis la main sur un brave homme de missionnaire qui l'avait à peu près acceptée telle qu'elle était. L'expérience de la cohabitation fraternelle en était à son dix-huitième mois de la plus concluante innocence. Le rouge grief, qui avait irrité tant de pudiques taureaux, s'éteignait enfin, et la paix venait de commencer, quand arriva la foudroyante lettre de Marchenoir. Pour tout dire, une mystique de telle envergure se trouvait désorientée de n'avoir plus rien à souffrir.

L'étonnante fredaine d'holocauste qui suivit, avait paru énorme à son confesseur, qui n'hésita pas à l'inculper énergiquement de zèle excessif, tout en s'avouant, dans l'intime de ses conseils, singulièrement édifié lui-même par cette chrétienne, dont il avait la prétention d'être le remorqueur. Même, il n'avait pu s'empêcher d'exprimer des craintes sur l'efficacité de l'expédient, alléguant, non sans profondeur, l'instinct de résignation mendicitaire particulier à l'amour sensuel, qui fait convoiter aux désirants les plus superbes, jusqu'aux moindres miettes de la ripaille dont ils sont frustrés. Il pensait surtout, mais sans l'exprimer, qu'aux yeux d'un spiritualiste, au transport facile, tel que Marchenoir, la splendeur morale de l'immolation devrait infiniment surpasser en illécébrant vertige la charnelle beauté sacrifiée...

XLVIII

Au fait, qu'en restait-il, exactement, de cette beauté presque fameuse, qui avait fait délirer des gens austères, chargés de prudence comme des chameaux, et qui, même, assurait-on, avait autrefois coûté la vie à deux hommes? Les ruines de cette Palmyre étaient-elles décidément répulsives à tout enthousiasme? Un artiste profond, qui eût contemplé Véronique dans sa prière, n'aurait assurément pas tranché du côté de l'affirmative.

Sans doute, elle était rompue, désormais, l'harmonie du visage de cette épervière d'amour, qui n'avait fait, après tout, lorsqu'elle était devenue dévote, que spiritualiser ses lapins et renoncer, pour la *Colombe*, à ses indigestes ramiers. Hygiénique substitution de proie, qui ne pouvait changer essentiellement la physionomie. Il avait fallu, pour cela, la mutilation, la chute violente de la partie supérieure du rostre aquilin sur son assise démantelée et la dépression labiale d'une bouche dont l'arc terrible, — qui avait vidé tant de carquois, — enfin détendu, s'allongeait, en blême rictus, de l'une à l'autre commissure. Défigurement bizarre et triste, qui faisait conjecturer la fantasmatique juxtaposition d'une moitié de vieux visage à la cassure inférieure de quelque sublime chapiteau humain. Mais les traits, demeurés intacts, semblaient être devenus plus beaux, de même que les membres épargnés sont faits plus robustes, paraît-il, après une amputation.

Il y avait surtout les yeux, des yeux immenses, illimités, dont personne n'avait jamais pu faire le tour. Bleus, sans doute, comme il convenait, mais d'un bleu occulte, extra-terrestre, que la convoitise, au télescope d'écailles, avait absurdement réputés gris clair. Or, c'était toute une palette de ciels inconnus, même en Occident, et jusque sous les pattes glacées de l'Ourse polaire où, du moins, ne sévit pas l'ignoble intensité d'azur perruquier des ciels d'Orient.

Suivant les divers états de son âme, les yeux de

l'incroyable fille, partant, quelquefois, d'une sorte de bleu consterné d'iris lactescent, éclataient, une minute, du cobalt pur des illusions généreuses, s'injectaient passionnément d'écarlate, de rouge de cuivre, de points d'or, passaient ensuite au réséda de l'espérance, pour s'atténuer aussitôt dans une résignation de gris lavande, et s'éteindre enfin, pour de bon, dans l'ardoise de la sécurité.

Mais, le plus touchant, c'était, aux heures de l'extase sans frémissement, de l'inagitation absolue familière aux contemplatifs, un crépuscule de lune diamanté de pleurs, inexprimable et divin, qui se levait tout à coup, au fond de ces yeux *étrangers*, et dont nulle chimie de peinturier n'eût été capable de fixer la plus lointaine impression. Un double gouffre pâle et translucide, une insurrection de clartés dans les profondeurs, par-dessous les ondes, moirées d'oubli, d'un recueillement inaccessible!...

Un aliéniste, un profanateur de sépultures, une brute humaine quelconque qui, prenant de force, à deux mains, la tête de Véronique, en de certains instants, aurait ainsi voulu la contraindre à le regarder, eût été stupéfait, jusqu'à l'effroi, de l'*inattention* infinie de ce paysage simultané de ciel et de mer qu'il aurait découvert en place de regard, et il en eût emporté l'obsession dans son âme épaisse. — Ce sont, disait Marchenoir, les yeux d'une aveugle qui tâtonnerait dans le Paradis...

Il avait fallu ces yeux inouïs, faits comme des lacs, et qui paraissaient s'agrandir chaque jour, pour excuser l'absence paradoxale, à peu près complète, du front, admirablement évasé du côté des tempes, mais inondé, presque jusqu'aux sourcils, par le débordement de la chevelure. Autrefois, du temps de la *Ventouse,* cette toison sublime, qui aurait pu, semblait-il, défrayer cinquante couchers de soleil, surplombait immédiatement les yeux, de sa lourde masse, et c'était à rendre fou furieux de voir le conflit de ces éléments. Un incendie sur le Pacifique !...

Quand la *Ventouse* n'exista plus, cette houle flamboyante reflua comme elle put, dans tous les sens, pressée, tassée en bandeaux, en nattes, en rouleaux, en paquets, écartelant les épingles, mettant les peignes sur les dents, tombant onéreusement sur les épaules et quelquefois sur le bas des reins, jusqu'à ce que, tordue en un despotique et monstrueux chignon, elle pût, enfin, se tenir tranquille, pour l'amour de Dieu.

Il y eut, alors, un front précaire, une étroite bande de front, qui parut incommensurable en longueur d'une tempe à l'autre, et ce fut une nouvelle sorte de beauté, presque aussi redoutable que la première. Maintenant, c'était un troisième aspect navrant et inexplicable. Les yeux paraissaient avoir grossi, la tête, réduite de moitié, fuyait honteusement ; le front, dégarni, était terrible et semblait porter la marque de quelque infamante punition.

Le nez, par bonheur, avait échappé à toute injure. Légèrement aquilin et de dimensions plausibles, un peu plus fin, peut-être, à l'extrémité, qu'on n'eût osé l'espérer de cet irresponsable organe de sensualité, il était flanqué de narines étonnamment mobiles, significatives, pour certaines femmes, d'une cupidité sans mesure, — providentiellement instituée en manière de contre-poids à l'héroïsme masculin, dont cette particularité physiologique est également un pronostic.

Quant à la bouche, il n'y avait plus à en parler, hélas ! Elle avait été dangereuse autant que toutes les gueules et tous les suçoirs de l'Abyme. Elle avait été cette *fosse profonde*, où Salomon affirmait que doivent tomber ceux contre qui le Seigneur est en colère. Le baiser de ces lourdes lèvres, bestialement exquises, cassait les nerfs, fripait les moelles, détraquait les cervelles, dévissait toutes les cuirasses, déboulonnait jusqu'à l'avarice, transformait les aliénés en idiots et les simples imbéciles en énergumènes. Un syndicat de faillite était embusqué sous la langue de cette bouche, et trente-deux bureaux de pompes funèbres ficelaient leurs dossiers à l'ombre caniculaire de ses dents. Quand elle crachait, la terre avait envie de devenir poissonneuse comme la mer, et l'Océan lui-même aurait à peine pu répondre, en se tuméfiant d'orgueil : L'écume de mes naufragés n'est pas moins amère !

Le démon du Stupre, depuis longtemps exproprié de cet ancien patrimoine, venait enfin de s'éloigner irrévocablement de ces ruines, au milieu desquelles, désormais, ne restait plus même un chicot où il pût s'asseoir. Les lèvres, rentrées de force, avaient perdu forme et couleur, et c'était bien, réellement, le plus notable déchet de cette cariatide de lupanar, transformée en un pilastre éclatant de la Tour d'ivoire. Cependant, le teint de l'ensemble du visage était demeuré. C'était toujours la même combinaison pigmentaire de chamois, de capucine, de vermillon, de bistre et d'or, imperceptiblement atténuée d'un quarantième de reflet lunaire.

En somme, Véronique avait à peu près manqué son coup et n'était pas devenue moins belle qu'avant, — la dilapidation d'une partie de ses richesses ayant proportionnément accru la valeur du fertile potager d'amour, que l'infortuné Marchenoir avait si malencontreusement ensemencé de l'impartageable concupiscence du Ciel.

XLIX

Les événements ont ceci de commun avec les oies qu'ils vont en troupe. Tout être non absolument dénué d'observation a pu le remarquer. Il est vrai que la curiosité s'arrête là, d'ordinaire. Nul n'implore une explication de cette loi, l'inexistante fontaine du Hasard devant suffire à l'étanchement de toutes les soifs du troupeau pensant. Ce proverbe : « Un malheur n'arrive jamais seul », est l'unique monument de l'attention ou de la sagacité des hommes sur l'une des particularités les moins négligeables de leur histoire. Il est pourtant bien assuré que les événements heureux ou malheureux, quelle que soit l'illusion de leur taille, semblent s'appeler les uns les autres, aussitôt qu'ils naissent, par d'irrésistibles clameurs. Ils accourent alors de partout, émergeant des trous de la terre ou tombant des monts de la lune, pour l'éternelle stupéfaction d'une race tirée du néant, qui ne sut jamais rien prévoir et qui ne s'attend jamais à rien.

On a fini par observer, d'une manière à peu près

certaine, que l'union physique de deux individus de sexe différent a pour effet probable l'apparition d'un troisième de même nature, à l'état rudimentaire. Cette quasi-certitude est l'un des fruits les plus savoureux d'une expérience de soixante siècles. Mais qui donc s'occupe du mystère autrement profond de la sexualité métaphysique des événements de ce monde, de leurs alliances rigoureusement assorties, de leurs lignées au type fidèle, de leur solidarité parfaite ? Toute la famille se précipite au premier vagissement du nouveau-né, et Dieu sait si elle est innombrable, puisque les événements ne meurent jamais et qu'ils continuent toujours de faire des enfants ! Le premier imbécile venu, à qui quelque chose arrive, est, pour un instant, le puits de vérité où tout un peuple formidable descend boire. Toutes les Normes se penchent vers lui, toutes les Règles, toutes les Lois, toutes les Volontés occultes s'accoudent en Polymnies, sur l'inconsciente margelle de bêtise qui ne se doute même pas de leur présence...

Il s'en fallait que Leverdier fût un imbécile et il savait trop qu'il était arrivé quelque chose ! Cependant, il s'étonna de tomber, immédiatement après avoir quitté Marchenoir, sur un personnage qu'il avait eu la douceur de ne pas rencontrer depuis des mois : Alcide Lerat, « historien et littérateur français », ainsi qu'il lui plaît de se désigner lui-même. Ce fut, pour l'attristé convive de tant de capiteuses ribotes de douleur, une commotion presque physique, — à la manière d'un pressentiment funèbre, — de revoir tout à coup, en un tel moment, ce fantoche sordide qui trottait, le nez au vent, comme un putois cherchant à dépister une charogne.

Cet Alcide Lerat, fort connu dans le monde des journaux, est une sorte de Benoît Labre littéraire, sans sainteté, dont le panégyrique posthume serait une besogne à faire trembler les décrasseurs d'auréoles les plus audacieux. Vivant exclusivement d'aumônes récoltées chez les gens de lettres, qu'il amuse de ses calomnies ou de ses médisances et qui le reçoivent dans des courants d'air, le drôle fétide, heureusement incapable de s'enrhumer, promène infatigablement sa carcasse, de l'un à l'autre crépuscule, — colportant ainsi, dans le pantalon d'un romancier qu'il a diffamé la veille, chez un rédacteur en chef qu'il vient de couvrir d'ordures et qui lui donnera peut-être vingt sous, les basses conjectures de son déshonorant esprit sur la vie privée d'un poète dont il a *fini* tous les chapeaux.

Il se venge par là d'être frustré de la première place, qu'il n'a jamais cessé de revendiquer depuis le succès de son fameux pamphlet : *Ménage et Finances de Diderot*. Ce factum sans talent, mais d'une érudition de détail exaspérante comme la vermine sur le pelage des adorateurs du philosophe, produisit, en effet, une vive émeute d'opinions dans les feuilles publiques, il y a trente ans. Les ouvrages postérieurs d'Alcide Lerat ne valent pas, il est vrai, la goutte d'encre qu'on dépenserait pour en écrire le titre. N'importe. Assuré d'être le plus immense génie des siècles, il pense de bonne foi que tout lui est dû et que sa seule présence est un honneur, une occasion de ravissement que rien ne pourrait payer.

— Je parle trop, dit-il, on prend des notes. En conséquence, il rançonne tant qu'il peut ses *disciples*, dont les largesses, quelque démesurées qu'on les supposât, ne pourraient jamais avoir, en raison des cataractes de joie répandues sur eux, que le faux poids de l'ingratitude.

— Tout à vous, *sauf chaussettes*, écrivait-il, un jour, à l'un d'eux qui avait oublié cet unique article dans l'abandon filial d'une complète défroque. Parole admirable et définitive dont le destinataire, espèce de va-nu-pieds intellectuel, ne sentit pas l'ironie profonde !

Le nom de ce dangereux cynique est tellement ajusté à sa physionomie, qu'il est impossible de présenter l'usufruitier sans s'exposer à l'inconvénient de paraître un farceur de table d'hôte. Le *rat* est évidemment sa bête, à moins qu'il ne soit la bête du rat, ce qui pourrait être soutenu comme une opinion probable. Le nez en pointe de betterave très aiguë, tirant à lui toute une mince figure en chiasse d'insecte, plantée d'un aride taillis de poils grisonnants, est chevauché d'une paire de petits yeux brillants et inquiets, à conciter la fureur d'un dogue. Ce dernier trait détermine et fixe instantanément l'analogie. Le trottinement perpétuel, l'incurvation sacristine des vertèbres supérieures et le coutumier reploiement des bras sur de plates côtes souvent menacées, n'y ajoutent que fort peu de chose.

Leverdier connaissait l'animal depuis longtemps. Il était même inexplicablement honoré par lui d'une sorte de considération ou d'estime. Lerat, qu'il avait à peu près jeté à la porte deux ou trois fois et qui avait renoncé à l'expérience inutile de se présenter de nouveau, ne croyait pas, néanmoins, devoir le priver, quand il le rencontrait, de quelques nutritives minutes d'entretien, dont Leverdier se fût admirablement passé, ce jour-là surtout. Il avait les meilleures raisons du monde pour écarter ce fâcheux, qu'il soupçonnait fort d'avoir soufflé d'immondes calomnies sur le compte de son ami, dans l'indigente main duquel il avait souvent pâturé la glandée d'un petit écu. Une fois même, il lui donna le placide conseil de profiter de son excellente vue de rongeur pour s'écarter soigneusement de tous les chemins de Marchenoir. — Il n'est pas trop patient, voyez-vous, mon cher monsieur Alcide, et il serait très capable de vous régaler de vos propres oreilles. Je vous avertis en frère. *Pensez-y bien!*

Dans la situation actuelle de son esprit, une telle rencontre, si soudaine, lui fit l'effet d'un présage des plus néfastes. Il fut un moment sur la pente de lui décerner une raclée complète dont le souvenir fût extrêmement durable. Mais c'eût été battre une vieille femme et, d'autre part, il craignit le ridicule de prendre la fuite.

Il ne tarda pas à reconnaître qu'en effet, la rencontre n'était pas absolument vaine et pouvait avoir d'assez graves conséquences.

L

— Oh! comme vous avez l'air *sérieux*, ce matin, monsieur le comte de Pylade, est-ce que nous aurions des inquiétudes sur la chère santé de monseigneur le marquis d'Oreste?

Tels furent les premiers mots d'Alcide Lerat, la

plus décevante contrefaçon d'imbécile qu'on ait jamais vue. Il avait gardé de son éducation de séminariste raté tout un stock de ce genre de facéties, insupportablement chantonnées en soprano mineur, avec l'accompagnement ordinaire d'une goguenarde révérence.

— Monsieur Lerat, répondit Leverdier qui se sentait sur le point de n'avoir plus une goutte de patience dans les veines, je suis très pressé et incapable, pour l'instant, de savourer vos délicieuses plaisanteries. Je vous prie de m'excuser et d'aller au diable, s'il vous plaît.

— Nous y sommes tous, au diable, repartit le fâcheux, puisqu'il est le Prince de ce monde, mais vous me recevez si mal que j'ai bonne envie de garder pour moi une communication intéressante dont je voulais vous charger pour votre ami Marchenoir.

A ce nom, Leverdier devint attentif. Certes, il n'attendait, en général, rien de bon de son interlocuteur, mais il le savait une citerne d'informations, souvent étonnantes, et se disait qu'une eau très pure peut sortir quelquefois des gargouilles les plus hideuses en temps d'orage.

— Vous avez, dit-il, quelque chose d'intéressant pour Marchenoir ?

L'autre, s'appuyant alors à deux mains sur la poignée de sa canne, aussi lamentable que lui, et s'infléchissant vers son auditeur, comme un vieil arbre congratulé, — sans quitter une seconde son sourire à claques sempiternel, — se mit à zézayer à la façon d'un enfant de chœur, qu'une circonstance calamiteuse aurait investi de quelque secret important pour la prospérité de la fabrique.

— Votre ami aime à se faire désirer autant qu'une jolie femme. Il se cache comme un ours et tout le monde s'en plaint. J'ai rencontré, cette semaine, Beauvivier qui voudrait le voir. Je crois que son intention est de lui confier l'article de tête du *Basile*, pour tracasser un peu les imbéciles de l'*Univers*. Si votre Caïn ne profite pas de l'occasion, il méritera d'errer, comme son homonyme biblique, « sur la face de la terre », car ils ont besoin de lui au *Basile*. Vous qui êtes un homme pratique, vous devriez lui conseiller de se limer les ongles et l'empêcher de faire des sottises. Beauvivier a daigné me dire qu'il comptait sur moi pour le lui amener. Il paraît croire que je suis dans les petits papiers de ce riverain du Danube. A propos, est-il revenu, seulement, de son voyage édifiant?

— Oui, affirma rêveusement Leverdier, mais n'allez pas chez lui, je me charge de votre ambassade.

Cette communication lui donnait fort à penser. Il fallait que le tout-puissant *Basile*, l'universel journal des gens *bien élevés*, se sentît diablement anémié pour invoquer le réactif d'un tel moxa! Dans ce cas...

A ce moment, il s'aperçut que le séduisant Alcide avait pris une pose connue. Ayant, au préalable, inspecté, en sifflotant, l'état du ciel et ramené sur ses tempes, du bout des doigts en pincettes de sa main gauche, quelques mèches indisciplinées, il **avait finalement abaissé cette main à la hauteur présumée de l'organe des sentiments généreux et la tenait, maintenant, ouverte et dardée contre la poitrine de son adversaire.**

— C'est juste, fit celui-ci, j'oubliais ! Et tirant son porte-monnaie, il laissa tomber une pièce de cinquante centimes dans cette sébille à remontoir, qui déshonore, avec la plus horologique exactitude, la mendicité chrétienne.

Lerat ne voulut pas s'éloigner, pourtant, sans avoir compissé son bienfaiteur d'un dernier avis. En conséquence, il exhala ces prototypiques admonitions :

— Si votre ami veut réussir au *Basile,* il faudrait lui recommander de ne plus tant faire la bête féroce. S'il sait plaire à Beauvivier, sa fortune est faite. Il ne manque pas de talent, quand il veut se modérer et ne pas employer continuellement ses abominables expressions scatologiques. C'est ce qui a perdu ce butor de Veuillot, qui a toujours rebuté mes réprimandes et qui s'en trouve joliment bien, n'est-ce pas, aujourd'hui qu'il est crevé de son venin ! Voyez Labruyère et Massillon ! Ils en disent plus en une seule phrase décente que tous vos épileptiques en deux cents lignes. Persuadez-lui donc de lire mon livre sur *La Table chez tous les peuples,* que vous devez avoir dans votre bibliothèque. Il apprendra ce que c'est que la vraie force unie à la distinction.

L'odieux personnage avait cessé de sourire. Il flottait en dérive sur son propre fleuve, avec la majesté d'un Dieu. Ayant envoyé, du bout de ses doigts exorables, un tout petit geste miséricordieux, il s'éloigna, plein de sa puissance, la canne sous l'aisselle, les deux mains cléricalement croisées dans l'intérieur de ses manches et le buste jeté en avant, à la remorque de son museau, ayant l'air, parfois, de soubresauter proditoirement, de son lamentable derrière.

—... Dans ce cas, poursuivit en lui-même Leverdier, pour qui cette retraite savante avait été une beauté perdue, Marchenoir pourrait, en un instant, reconquérir la grande publicité. Ne parvînt-il à lancer qu'un tout petit nombre d'articles, il ressaisirait bientôt, par le moyen d'un journal si retentissant, le groupe intellectuel ameuté naguère par ses audaces et que son silence, depuis tant de mois, a dispersé. Puis, quelle revanche contre tous les lâches qui le croient vaincu ! Cette vermine de Lerat doit avoir dit la vérité. Il a les plus basses raisons du monde pour désirer de toutes ses forces qu'un brûlot formidable soit lancé, n'importe de quelle main, sur les cuisines de la presse catholique. Il a même dû travailler fortement Beauvivier dans ce sens et lui faire gober la nécessité d'être l'*inventeur* de Marchenoir. Properce, d'ailleurs, en sage roublard, s'est soigneusement préservé d'écrire, et s'est contenté de nous décocher cet éclaireur qui pouvait, à toute fortune, encaisser les rentrées de coups de semelles d'une indignation présumable et qui allait, évidemment, rue des Fourneaux, quand je l'ai rencontré.

Leverdier résolut de voir, le jour même, Properce Beauvivier, le poète-romancier sadique, devenu, depuis peu, directeur et rédacteur en chef du *Basile*. Il le connaissait à peine, mais il voulait, autant que possible, pénétrer son jeu et préparer, avec un extrême soin, la négociation, — Marchenoir ayant plusieurs fois exprimé très haut son mépris pour ce marécagier superbe, lequel devait avoir un fier besoin de pimenter son limon pour s'être déterminé à faire des avances à ce cormoran. Il était à craindre, aussi, qu'on ne tendît l'échelle au désespéré que pour l'induire à se rompre définitivement la barre du cou sur quelque échelon pourri. Sans doute, il eût été fort imprudent de chercher à pressentir cet infâme juif sur la vitale question d'argent. Ses pratiques, à cet égard, devaient ressembler à celles de son prédécesseur, le fameux Magnus Conrart, dont le répugnant suicide fit tant de bruit, et qui frappait d'une énorme redevance de prélibation les émoluments des rédacteurs de passage, qu'il savait crevants de faim et réduits à se contenter d'un salaire quelconque.

Mais, à défaut d'une sécurité budgétaire immédiate, il était absolument indispensable d'assurer, au moins, l'indépendance de l'écrivain, Marchenoir n'étant plus du tout le petit jeune homme trop heureux d'acheter l'insertion de son vocable patronymique dans un grand journal, au prix de n'importe quelle charcutière émasculation de sa pensée.

LI

Le lendemain, Marchenoir et Leverdier se retrouvaient, à cinq heures, au café *Caron*, à l'angle de la rue des Saints-Pères et de la rue de l'Université, en face de l'une des quarante mille succursales du Mont-de-Piété littéraire de Calmann Lévy. C'est un café de vieillards vertueux, qui paraît avoir voulu remplacer, dans ce quartier, l'ancien café *Tabouret*, inconnu de la génération nouvelle, où s'abreuvèrent, autrefois, tant de pinceaux et de porte-plumes illustres dont le nom même, depuis dix ans, est parfaitement oublié. Les deux amis se donnaient quelquefois rendez-vous dans ce café qu'ils préféraient à tout autre, à cause du parfait silence observé par les trois ou quatre journalistes centenaires qu'on est toujours assuré d'y rencontrer, et qui forment incompréhensiblement la base essentielle des opérations commerciales de l'établissement.

Leverdier, venu le premier, vit arriver Marchenoir, tel qu'il l'avait quitté quelques heures auparavant, pâle et mélancolique, mais visiblement détendu. La présence *réelle* de Véronique, si changée que fût la sainte fille, avait suffi pour pacifier le malheureux homme.

— Je me fais à ce nouveau visage, dit-il après un moment. Elle est belle encore, *notre* Véronique. Tu la verras bientôt du même œil que moi, cher ami. La première impression a été terrible, j'ai cru que j'allais mourir. Puis, je ne sais quelle vertu est sortie d'elle, mais il m'a semblé qu'un dôme de paix descendait sur nous. En un instant, toute angoisse a disparu et je pense que mes larmes ont emporté d'un seul coup toutes mes douleurs, tandis que je sanglotais sur elle, hier matin, la tenant dans mes bras. Aussitôt après, tu le sais déjà, j'ai dormi vingt heures pour la première fois de ma vie. C'était à croire que je ne me réveillerais jamais... Et quel sommeil du Paradis, rafraîchissant, béatifique, sans rêves précis, sans visions distinctes, lucide pourtant, à la manière d'un crépuscule de vermeil réfracté dans les eaux limpides d'un lac, au fond duquel s'ouvriraient les yeux ravis d'un plongeur! J'ai eu comme la sensation confuse, délicieusement indicible, à la fois spirituelle et physique, d'être immergé dans une crique lunaire comblée de mes pleurs... A mon réveil, j'ai tout de suite rencontré le magnifique regard de ma chère sacrifiée qui jubilait de me voir dormir ainsi, et son aspect ne m'a causé ni surprise, ni douleur, mais, au contraire, une sorte d'attendrissement très doux, composé, j'imagine, de pitié fraternelle et d'enthousiasme religieux fondus ensemble en un seul transport intérieur, absolument chaste!.. Te rappelles-tu, Georges, ces mystérieux oiseaux qui nous firent tant rêver, un jour, au jardin d'acclimatation, et qu'on nomme exactement colombes *poignardées*, à cause de la tache de sang qu'elles portent au milieu de leur gorge blanche? Nous fûmes très étonnés, tu t'en souviens, de ce pléonasme inouï de symbolisme, en l'exceptionnelle créature qui ne se contente pas de signifier l'Amour et qui s'ingère, par surcroît, d'en afficher le stigmate. Eh bien! Véronique sera ma colombe blessée, telle que je l'ai vue ce matin, dans la surnaturelle clarté de mon âme renouvelée par la vertu de son sacrifice... Mais voilà que je fais des phrases et tu as, sans doute, beaucoup à me dire. L'as-tu découvert, enfin, ce trafiquant de laitance humaine?

— Beauvivier! oui, je le quitte à l'instant, répondit en riant Leverdier. Ce dernier mot me rassure plus que tout le reste, mon cher Caïn. Si tu retrouves ta verve méchante, nous ne sommes pas près de te perdre. Furieux de l'avoir manqué hier et ne me souciant pas de droguer indéfiniment dans sa boutique, j'avais mentionné sur ma carte, que je venais de ta part…J'ai été reçu immédiatement. Mon ami, l'affaire est sûre. Le *Basile* a besoin de toi. Beauvivier ne s'est même pas donné la peine de me le cacher. Au fond, j'ai cru démêler que tu étais surtout nécessaire, en ce moment, pour évincer quelqu'un, Loriot, peut-être, dont il m'a parlé incidemment, comme d'une ordure des plus encombrantes, mais d'un balayage instantané fort difficile, ayant été fientée par le trop copieux défunt, avec une attention particulière. Mais cela même est d'un bon augure.

Personnellement, je connais très peu Beauvivier, que j'ai vu aujourd'hui pour la troisième fois. Mais j'ai des informations. C'est le plus infâme des hommes et, pour tout dire, sa bienveillance est plus à craindre que son inimitié déclarée. C'est une espèce de Judas-Don Juan, mâtiné d'Alphonse et de Tartufe. Sa vie est un tissu d'abominations et de trahisons. On est forcé de se désinfecter au phénol, comme un cadavre, quand on a été regardé par lui. Eh! bien, il paraît que cet être a, néanmoins, une qualité, la plus rare en ce temps-ci. Il aime la littérature, et voilà ce qui le rachète. Peut-être a-t-il réellement le projet d'élever un peu la rédaction du *Basile* que Magnus avait abaissée jusqu'à lui, c'est-à-dire, au-dessous de tout. — « J'ai lu tout ce que M. Marchenoir a écrit, m'a-t-il dit, je ne lui connais pas de supérieur, à l'heure actuelle, et je lui vois très peu d'égaux. C'est un grand écrivain, d'une originalité déconcertante. Je vous prie de lui répéter mes paroles. Je considère que le *Basile* ne peut être qu'honoré de sa collaboration et je la sollicite. J'aurais certainement couru moi-même jusqu'à son domicile, si je l'avais cru de retour. Je sais qu'on s'est mal conduit avec lui dans le journal, quand je n'y commandais pas. Je veux réparer cette injustice en donnant à votre ami carte blanche, etc., etc. » Prenons qu'il n'y ait de vrai que le quart de toutes ces merveilles, ce serait encore excellent et, quels que puissent être les dessous, il a fallu, tout de même, un sacré besoin de tes services pour faire sortir un tel boniment de cette gueule prudente !...

— Quelle a été la fin de cet entretien ? demanda Marchenoir.

— La plus nette possible. Marchenoir, lui ai-je dit, est extrêmement fatigué de son voyage et vous sera très obligé de lui faire crédit de quelques jours. M'autorisez-vous, cependant, pour gagner du temps, à lui dire de préparer, dès aujourd'hui, sans se mettre en peine de vous voir auparavant, un article quelconque ? Dans ce cas, il est nécessaire que je puisse l'assurer de l'insertion, car il a cessé, depuis des années, d'être un débutant et il ne veut plus travailler en vain. D'après ce que je viens d'entendre, le préalable concert, entre vous et lui, du choix d'un sujet, me paraît une formalité des plus inutiles. — « Et des plus injurieuses pour un écrivain de talent, ajoutez cela, monsieur. » Telle a été sa réponse immédiate. « Que l'auteur des *Impuissants* m'envoie ou m'apporte ce qu'il aura jugé convenable d'écrire. Je donnerai tout de suite son article à la composition et, pour le reste, qu'il veuille bien le croire, nous nous entendrons toujours. Tout ce que je lui demande, c'est de tirer hors du rang et de ne pas mitrailler nos propres troupes. »

— Aïe ! fit Marchenoir. Ce dernier mot me gâte le reste. Depuis que tu as commencé de parler, je l'attendais. Cette recommandation surérogatoire, qui n'a l'air de rien, ressemble à ces insignifiantes clauses jetées indifféremment au bout d'un contrat, en manière de paraphe destiné à vider la plume, et qui suffisent pour tout annuler. Tu devrais pourtant le savoir, mon vieux Georges. Ces gens-là sont la vermine de tout le monde et il est impossible de tomber sur la peau de n'importe qui, sans les atteindre. Or, je suis incapable, ceci est bien connu, de concevoir le journalisme autrement que sous la forme du pamphlet. Que diable veut-on que je fasse, alors ? Je ne peux pourtant pas me mettre à écrire des pastorales optimistes ou des psychologies de potache inspiré, genre Dulaurier !

— Mais, sacrebleu ! reprit Leverdier, tout le monde sait parfaitement ce que tu peux faire, et Beauvivier l'ignore moins que personne. S'il te sollicite, c'est qu'apparemment, il a besoin de ta virilité ou même de tes violences. J'ai trouvé un homme d'une politesse exquise, irréprochable, — une tranche de galantine pourrie, supérieurement glacée, — mais crispé, vibrant de je ne sais quoi. Il est clair qu'il veut étonner quelqu'un ou renverser quelque chose et qu'il prend en location ta catapulte, en vue de produire un effet de démolition ou de simple intimidation que nous n'avons aucun moyen de conjecturer. Qu'importe ? Cette canaille a trop d'esprit pour te demander jamais d'être son complice. Mais tes haines connues peuvent le servir à ton insu. Il arrivera, pour la millionième fois, que l'indignation d'un honnête homme aura favorisé les combinaisons d'un scélérat. Qu'importe encore? La Vérité est toujours bonne à dire, n'y eût-il que Dieu pour l'entendre, puisqu'alors on l'appellerait Lui-même par un de ses noms!

Le résultat de cette conversation fut ce qu'il devait être. Les deux amis cherchèrent ensemble un sujet d'article. Marchenoir, sans objection dirimante, mais doutant infiniment de ces crises d'énergie qui secouent parfois le stérile figuier du journalisme, — pour l'invariable déception des chevaliers errants qui attendent faméliquement, sous son ombrage, la tombée des fruits, — décida, malgré les représentations de Leverdier qui aurait voulu qu'on allât moins vite, d'offrir, comme début, un article d'une véhémence inouïe.

— S'il passe, dit-il, renvoyant à son ami ses propres paroles, j'aurai l'honneur d'avoir écrit *toute* la vérité sur l'une des plus complètes ignominies de ce temps. On me glorifiera pour mon courage et les esprits lâches qui ne manqueraient jamais de m'accuser de cynisme, en cas d'insuccès, viendront alors pincer une laudative guitare sous mes gargouilles. S'il ne passe pas, ma situation reste exactement ce qu'elle était auparavant et je n'aurai pas même perdu l'occasion de devenir un heureux drôle, car je serais, dans tous les cas, inhabile à me prostituer. Je dégoûterais le client sans lui donner le moindre plaisir. Beauvivier le sait à merveille, comme tu viens de le remarquer. Il me veut tel que je suis ou pas du tout.

Ne savons-nous pas qu'il est toujours inutile de faire des concessions? J'ai quelquefois essayé de m'éteindre un peu, dans l'espoir de récolter quelques misérables sous. Je me déshonorais sans parvenir à me faire accepter davantage. Je n'espère pas réussir le moins du monde au *Basile*. En supposant, une minute, que Beauvivier voulût réellement s'employer pour moi, il serait bientôt surmonté par toute la racaille coalisée de la maison. Ce serait l'aventure renouvelée de cette vieille charogne de Magnus, qui voulut me lancer, lui aussi, l'année dernière, pour de sales raisons que j'ignore, et qui, tout à coup, venant à découvrir que j'étais décidément « un homme haineux », m'en informa, sur-le-champ, par une lettre de congé. Je ne veux point réavaler ces couleuvres. Mon premier et, probablement, mon dernier article, donnera la mesure, la forme et la couleur de tous les autres. Ce sera à prendre ou à laisser.

Leverdier sentait très bien que Marchenoir avait raison. Il aurait fallu à ce corsaire une presse indépendante et littéraire qui n'existe plus en France, où la basse tyrannie républicaine est sur le point d'avoir tout asphyxié. Mais il importait de saisir l'occasion, quand même, fût-ce pour une seule fois et pour l'honneur seul de la justice. D'ailleurs, Marchenoir venait de trouver un sujet pour lequel il s'enflammait déjà. L'artiste et le chrétien dont il était la toute-puissante combinaison, simultanément exultèrent.

— Pourquoi, s'écria-t-il, ne profiterais-je pas de ce premier article, vraisemblablement unique, pour exécuter une effroyable charge sur la littérature et la publicité pornographiques, à l'occasion, par exemple, des affichages récents de la librairie anticléricale ? Tu as, sans doute, remarqué le monstrueux placard, annonçant les *Amours secrètes de Pie IX*, avec accompagnement du portrait du pontife et d'une série de médaillons, représentant les héroïnes, nommément supposées, de ce crapuleux libelle. Le salisseur de murs dont je demanderais pardon d'écrire le nom, le punais idiot Taxil, est un sous-abject qui ne vaut pas, je le sais bien, qu'on parle de lui, ni même qu'on y pense. Mais quand l'ordure est à son comble, quand ce qui devrait rester honteusement au pied des murs grimpe et s'étale sur les façades ; quand le guano, naguère immobile, devient un ennemi violent, casqué, cuirassé, empanaché et embusqué, pour l'agression lithographique de l'innocence, à chaque détour de nos rues, on est bien forcé de demander compte à toute autorité répressive de cette intolérable sédition de l'excrément !

Il est vrai que ce n'est qu'un crachat de plus sur la face ruisselante d'une société soi-disant chrétienne, qui en a déjà tant reçus et tant supportés. Les peuples, aussi bien que les gouvernements, n'ont jamais que les avanies qu'ils méritent, dans l'exacte mesure de leurs lâchetés ou de leurs crimes, et peut-être que c'est trop beau encore, aux yeux d'une rigoureuse justice, de n'être piétinés que par cet avorton.

Ce qui pourrait casser les bras à la colère, — en admettant la métaphore sans génie de ces inefficaces abatis d'airain, toujours invisibles, — c'est l'indifférence de la multitude. On passe devant l'obscène exhibition sans révolte, sans murmure, sans étonnement. Les pères n'en éloignent pas leur progéniture et trouvent tout simple que la face auguste du Père des pères soit ainsi conspuée pour la joie de quelques vidangeurs matutinaux que cela met en gaillarde humeur. Il y a deux ou trois générations à peine, le bourgeois se fût passionné pour ou contre ces éruptions de l'égout. Aujourd'hui, le même bourgeois, devenu un peu plus bête et un peu plus ignoble, les contemple avec la stupidité du désintéressement. Demain, sans doute, sa boueuse idiotie n'ayant plus de fond, il en sera tout attendri. Il se dira que l'héroïque indépendance d'un cœur brûlant pour la justice, est attestée par le jaillissement de ce pus et qu'il convient d'en arroser les jeunes fleurs écloses de son fertile giron. Nous assisterons, en ce jour, à l'apothéose de Tartufe espérée depuis deux cents ans !

Ah ! que ce sera complet, alors, et que l'hypocrite de Molière fera piètre figure ! Paraître homme de bien en répandant, avec de saints gestes, d'ostensibles actions de grâces au pied des autels, quoi de plus facile, même dans un siècle où la foi religieuse serait presque éteinte ? On aurait toujours pour soi l'inquiétude surnaturelle du cœur de l'homme et son inconsciente vénération pour les porteurs de reliques naïfs ou superbes. Mais obtenir un semblable triomphe en étalant l'ignominie absolue, en contaminant ces mêmes autels, en prostituant les regards de l'enfance, irréparablement déflorée au contact de ces porcheries, c'est un peu plus fort, et le dix-septième siècle est terriblement enfoncé !

Etre Léo Taxil ou tout autre voyou de plume, Francisque Sarcey, par exemple, — car le Barnum de l'anticléricalisme ne doit être ici qu'un prétexte, — et ne pas crever sous d'adventices raclées toujours imminentes, maintes fois administrées déjà, sans le reculant dégoût de la trique épouvantée d'une telle approche, c'est fièrement beau, sans doute ! Que sera-ce de se faire adorer sous cette forme, d'y paraître un confesseur de la vraie foi et de s'envoler ainsi, avec des squammes de maquereau et des ailes d'or, dans le paradis brèneux des élus de l'admiration républicaine ?... Tel est pourtant l'avenir présagé par l'indifférence universelle pour l'indicible attentat de cet affichage, aussi parfaitement délictueux que pourrait l'être un spectacle public de prostitution !

Eh ! bien, je veux l'évoquer une bonne fois, cet avenir, et le mettre en regard du troupeau de puants scribes qui nous le préparent et que j'assignerai en confrontation. Mon catholicisme n'apparaîtra que très vaguement dans cette étude où je n'ai que faire de le proclamer. On n'aura ni la consolation ni la ressource de me lancer des sacristies par la figure. La circonstance du Pape outragé ne sera que l'occasion d'avertir, bien vainement, je le sais, de la nécessité de désencombrer la voie publique des immondices qui la pestifèrent. Je les appellerai par leurs noms, ces immondices, — comme le Seigneur appela les étoiles, — je les ferai voir dans la plus indiscutable clarté, je dirai qu'un balai sanglant devient nécessaire quand l'administration de la voirie néglige, à ce point, son premier devoir et que tout devient préférable à ce choléra de goujatisme et d'irrémédiable imbécillité, qui menace de précipiter, demain, ce qui reste de la pauvre France dans le plus sinistre pourrissoir de peuple qu'un pessimisme dantesque pourrait rêver !...

Leverdier eût été, peut-être, un homme *pratique*,

sans la rencontre du téméraire qui l'avait orbité, comme un satellite, dès le premier jour. En général, il exhibait tout d'abord quelques objections prudentes, — quelques *rossignols* d'objections, toujours écartées, — qu'il réintégrait dans le sous-sol de son esprit, aussitôt que Marchenoir commençait à invectiver l'univers. Alors, il s'installait volontiers sur l'arête des gouffres et s'offrait à piloter le délire. En cette occasion, il voyait à merveille que la manœuvre décidée par l'incorrigible casse-cou, allait le couler indubitablement. Il fallait, d'avance, renoncer à cette collaboration nutritive, un instant rêvée pour lui au *Basile*. Beauvivier publierait, peut-être, le coup de boutoir initial et ce serait fini. Mais le moyen de s'opposer à un forcené si éloquent? C'était l'orgueil de Marchenoir de se couper lui-même par la racine, quand on voulait l'empoter. En conséquence, Leverdier prit son parti, comme toujours, temporisateur inconstant qui s'achevait en outrancier.

— Le sujet est superbe, en effet, dit-il, après un silence. Puisqu'il est décidément impossible de caser dans la presse un homme de ton caractère, ne ménage rien, assomme, égorge, extermine ce que tu pourras de ces lâches canailles, qui sauront toujours assez se venger, par le silence, des écrivains de talent dont la hauteur solitaire les épouvante et qu'ils peuvent sûrement affamer, en leur fermant toute publicité. Ce n'est, certes, pas moi, qui plaidaillerai pour eux. Mais, tout à l'heure, ne viens-tu pas de trouver le titre de ton article? *La Sédition de l'Excrément!* Hé!...ce n'est pas trop mal, il me semble. Ta réputation de scatologue ne laisse plus rien à désirer depuis longtemps. Tout le monde est parfaitement certain que les ordures seules te plaisent et que tu es incapable de prendre tes images ailleurs que dans les latrines ou les dépotoirs, — où l'on soupçonne généralement que tu as ta serviette et ton rouleau. Ce titre, par conséquent, n'étonnera personne. Quant à moi, j'avoue qu'il me plonge dans le ravissement !

— Tu as peut-être raison, répondit en souriant Marchenoir. Mais il est temps de partir. Véronique s'est donné quelque mal, je crois, pour nous faire à dîner ce soir. Elle tenait à un repas de *famille*, comme elle appelle notre réunion, la chère créature. Vaugirard est loin et l'heure très précise. Gardons-nous de la faire attendre. Les deux amis se levèrent à l'instant et partirent.

LII

Dans la rue, ils décidèrent d'aller à pied. On était en février et le froid sec de la nuit commençante leur plaisait. Marcher dans Paris, en compagnie d'un être à qui l'on peut tout dire, est un plaisir assez rare, dévolu à quelques artistes sans gloire, dont les heures ne sont pas aisément monnayables. Ils revinrent à l'éternel objet de leurs pensées intimes, à Véronique, puisqu'on allait précisément la revoir et passer ensemble quelques heures auprès d'elle. Ce fut Marchenoir qui commença d'en parler, Dieu sait avec quelle tranquillité et quel discernement !

Certes, il était miraculeux que l'agonisant de la veille eût été capable d'établir, en moins de trente heures, une si imprenable ligne de défense entre lui-même et son propre mal! Mais enfin, il expliquait, *à peu près*, le prodige. Il s'analysait maintenant, il se disséquait avec le plus grand soin, faisant admirer à son ami la soudaine cicatrisation des plaies énormes, par lesquelles il avait semblé que la vie de plusieurs hommes eût dû s'enfuir, et lui disant : — C'est l'admirable fille qui a fait cela, que ferai-je donc pour elle, mon Dieu? Le lyrisme ordinaire de son langage allait s'exaspérant à mesure qu'il parlait, et l'entraîné Leverdier bénissait avec transport les angoisses intolérables dont il avait payé, lui aussi, par contrecoup, cette incompréhensible guérison.

— Vois-tu, Georges, disait l'amoureux exorcisé, ce n'est pas le changement de ses traits qui m'a retourné le cœur, — encore une fois, je ne la trouve pas moins belle qu'avant, — c'est la vertu mystérieuse de l'*acte intérieur* par lequel cette immolation fut déterminée. Le préalable propos du sacrifice a suffi pour établir le courant spirituel qui vient de rapprocher un peu plus nos âmes, en refoulant tous mes sens à cinquante mille lieues de sa chair. C'est sa prière qui me sauve, sa prière seule, — qu'elle a *édentée* et *tondue* pour la rendre pitoyable jusqu'au fond des cieux. — dans l'héroïque illusion de ne mutiler que son propre corps !...

Ils arrivèrent ainsi dans cette lointaine rue des Fourneaux, où des marchands de pavés procurent aux puissants rêveurs le mirage des Pyramides, dans l'aridité mélancolique de leurs incommensurables chantiers.

Marchenoir habitait, non loin de ces lapicides, une maison presque isolée et d'aspect assez humble dont il occupait le deuxième étage, n'ayant au-dessus de lui que deux mansardes louées par d'impeccables employés d'omnibus, absents tout le jour et qui n'y dormaient, la nuit, que quelques heures. Il aimait ce quartier et cette maison pour y avoir passé, depuis deux ans, le meilleur de sa vie morale et intellectuelle. Le calme relatif de cette rue le rafraîchissait, au sortir du centre de Paris qui lui faisait l'effet, par comparaison, du plus inhabitable d'entre les puits de l'enfer.

L'appartement, formé de trois pièces et d'une cuisine, était une espèce de gîte d'artiste comme on n'en voit guère. Il eût été fort inutile d'y chercher des faïences, des cuivres, des ferrailles, des tableaux ou des médaillons curieux. Pas un seul bronze japonais, pas une aquarelle impressionniste, pas l'ombre d'un de ces vieux bois écaillés, vermiculés et friables qui représentent de leur mieux, dans des attitudes recueillies, la dévotion craquelée des anciens âges. Le mépris de Marchenoir pour ce bric-à-brac était à peu près sans bornes. En tout, un émail de Limoges du XVIIe siècle, souvenir de famille, offrant la vision d'un saint Pierre en robe d'azur et manteau couleur d'orange, à genoux dans un paysage fraîchement lessivé, sous de grêles frondaisons en vert d'asperge et brocart d'or, flanqué d'un coq de porcelaine blanche qui chantait dans un coin de firmament du plus impénétrable outremer. A ses pieds, un livre rouge, des clefs de gomme-gutte et une gigantesque bardane en chocolat. Cette image, d'une naïveté incontestable, suffisait, telle quelle, aux appétits d'antiquaire de son possesseur.

Les meubles, en vitupérable noyer et même en sapin, acquis pièce à pièce et d'occasion dans d'infimes ventes, eussent indigné un concierge du faubourg Saint-Antoine. A cet égard, le misanthrope était absolu. — Il n'y a, disait-il, que deux sortes de tables sur lesquelles un artiste puisse écrire : une table de cinquante mille francs ou une table de cinquante sous. Mais, s'il était devenu millionnaire, il aurait probablement gardé la seconde, par peur de se rendre imbécile, aux dépens des pauvres, en achetant la première.

Les livres eux-mêmes étaient en petit nombre : une gigantesque Bible synoptique, la plus coûteuse de ses folies, quelques tomes dépareillés de la patrologie de l'abbé Migne, une dizaine d'elzévirs grecs ou latins, un peu d'histoire, un peu de roman moderne et une cavalerie de dictionnaires en diverses langues, tout au plus une centaine de volumes. Quand il manquait d'un livre, il le prenait chez son ami, mieux approvisionné, ou s'en allait à la Bibliothèque.

Seule, la chambre de Véronique avait un semblant de ce confort de vingtième ordre, dont s'arrangent encore les trois ou quatre douzaines de braves ouvrières favorisées du ciel, qui ont déniché le moyen de concilier les préceptes de la vertu et les exigences de leur estomac. Dans le cas de la repentie, cette modération était d'autant plus extraordinaire qu'il avait fallu renoncer à tout un luxe de dissipation lucrative, dont certains chiffres connus excitèrent autrefois l'envie d'un peuple de prostituées. Aussitôt qu'il eût été décidé qu'on vivrait ensemble au désert, Véronique avait accompli, sans ostentation et sans phrases, l'acte légendaire d'envoyer son mobilier à la salle des ventes, retenant à peine quelques indispensables hardes, et de porter elle-même l'argent à divers établissements de charité que lui désigna Marchenoir, — ne voulant rien *garder*, disait-elle, de ce qu'elle avait mangé dans la main du Diable !

Sa chambre, où les moins minables engins de leur félicité domestique avaient été réunis, en dépit d'elle qui se fût contentée de rien, rappelait assez les intérieurs des pieux isbas, éclairés par de perpétuelles lampes allumées devant les figures propices des iconostases. Une petite veilleuse, à lueur rose, était suspendue au-devant du grand crucifix pâle, et une autre semblable, mais un peu plus grande, teignait vaguement d'incarnat une haïssable reproduction lithographique de la Sainte Face, telle qu'on la vénérait chez M. Dupont, « le saint homme de Tours », qui a propagé en France cette dévotion, — malheureusement assortie de la contradictoire imbécillité d'un art profanant.

Ah ! ce n'était pas bien beau, ces deux images, et Marchenoir en avait plus d'une fois gémi en secret. Mais Véronique portait en elle l'esthétique de toutes les situations imaginables, elle aurait donné le relief de son propre sublime à la platitude même et spiritualisé de son souffle jusqu'à des goîtreux. Elle avait passé des journées, des nuits entières, dans le crépuscule de cette chambre aux persiennes toujours closes, — comme les persiennes d'un mauvais lieu, — conversant avec Dieu et avec ses saints, ayant l'air de les supposer véritablement présents, investie de joie et de certitude, ruisselante de plus de larmes que l'hydraulique de tous les sentiments ordinaires n'eût été capable d'en obtenir, et il semblait, à la fin, que ces indigents simulacres s'imprégnassent de ce double courant de beauté physique et morale qui venait confluer sur eux !

Son ménage, d'ailleurs, en souffrait si peu qu'il eût été difficile de trouver une maison mieux tenue, une plus stricte propreté, une économie plus exacte, une cuisine, enfin, plus ingénieuse à multiplier les patriarcales délices du ragoût de mouton et du pot-au-feu. On aurait dit qu'elle n'avait seulement pas besoin d'agir. Elle passait comme en rêve, effleurant les choses et les forçant à se nettoyer, à s'accommoder, à se cuire elles-mêmes, par l'irrésistible vertu de son seul regard.

Dominatrice charmante et imperturbable, que la seule tristesse de son ami pouvait troubler et que n'eussent déconcertée ni les déluges, ni les incendies, ni les tremblements, ni les dislocations d'univers, puisqu'elle portait en elle une permanente catastrophe d'amour à mettre au défi tous ces accidents ! Marchenoir était tout pour elle. Il planait dans son ciel et s'asseyait sur les circulaires horizons, il piétinait l'océan, la montagne, la nue, les abîmes, la création entière, — seul visible de toutes parts et triomphant ! Son sauveur !... Le pauvre diable était *son Sauveur*, ainsi qu'elle le nommait parfois, avec une simplicité d'enthousiasme que beaucoup de théologiens eussent réprouvée comme un blasphème. Les deux sentiments, naturel et surnaturel, s'étaient, en elle, si parfaitement amalgamés et fondus dans l'unique pensée d'un Sauveur, qu'il n'y avait plus moyen de les séparer, pour cette âme naïve, qui ne croyait pas trop payer la récupération de son innocence, en déversant toute la gloire des cieux sur la douloureuse *ressemblance* humaine de son Rédempteur !

LIII

— Allons, messieurs, à table ! vint dire Véronique aux deux amis en train de contempler les Pyramides par la fenêtre de la chambre de Marchenoir. C'était pour Leverdier une habitude déjà ancienne de manger à la table de ses amis. On se réunissait ainsi deux ou trois fois par semaine, sans compter l'imprévu des arrivées soudaines de ce brave homme, dont la présence était toujours considérée comme un bienfait.

En cette circonstance, la ménagère avait tenu à se surpasser, en offrant à ses convives un menu fort supérieur à l'ordinaire presque frugal de leurs festins. Elle voulait que ce dîner fût une véritable fête de bienvenue pour chacun d'eux, que des émotions et des sentiments divers avaient, un instant, paru séparer des deux autres.

Le fait est qu'on les aurait crus tous trois revenus de diablement loin, et le commencement du repas n'alla pas sans une assez forte contrainte. Quelque soin que prît Véronique d'égarer l'attention de ses hôtes, ses nouvelles et gauches façons de manger, par exemple, ne pouvaient leur échapper, et, quelle que fût leur vigilance à ne rien laisser sortir de leurs impressions douloureuses, il ne fut pas possible d'écarter, tout d'abord, une visible gêne que Leverdier se hâta de rompre en annonçant à la simple fille la résolution toute fraîche éclose de Marchenoir.

— Vous savez, dit-il, que notre ami arrive de la Chartreuse en justicier plus redoutable que jamais. Il veut débuter au *Basile* par un massacre général d'empoisonneurs et par une pendaison en masse d'incendiaires.

— Ah! mon Dieu! s'écria-t-elle, toujours des violences! Et c'est vous, sans doute, monsieur Leverdier, qui l'embarquez dans cette nouvelle aventure ? Savez-vous, mauvais homme, que vous finirez par être un ami des plus funestes ? Certainement, je n'ai rien de ce qu'il faudrait pour vous juger l'un ou l'autre, et je suis persuadée que mon Joseph n'a rien en vue que la justice. Mais comment voulez-vous que je ne tremble pas, quand je le vois seul contre tous ?

Marchenoir, qui avait élu pour contenance de décortiquer laborieusement et silencieusement une patte de homard, intervint alors :

— Ma chère Véronique, épargnez, je vous prie, ce pauvre Georges, qui ne mérite, je vous assure, aucun reproche. Il a trouvé l'occasion de me rendre service, une fois de plus, en négociant, à ma place, avec un homme assez méprisable, mais tout-puissant, ma rentrée au *Basile*, et il s'est donné, comme toujours, beaucoup de mal. J'eusse été, je l'avoue, bien incapable de conditionner moi-même cet arrangement qui peut, en somme, avoir d'heureuses conséquences, au point de vue de notre bien-être matériel, mais qui va surtout me donner le moyen tant désiré d'accomplir ce que je regarde comme le strict devoir d'un écrivain : dire la vérité, quelle qu'elle soit et quels qu'en puissent être les dangers.

Il était curieux de voir cette belle créature écoutant l'homme qu'elle chérissait à peine moins que son Dieu et infiniment plus que toute chose terrestre. Elle l'écoutait de ses vastes yeux grands ouverts, encore plus que de ses oreilles, comme si les paroles qu'il lui faisait entendre eussent été de la lumière !

— Cher ami, reprit-elle, avec la douceur de l'humilité la plus charmante, je crois que vous avez toujours raison, mais je ne sais pas grand'chose et j'ai souvent besoin qu'on m'instruise. Mon directeur m'a parlé de vous un jour. Il m'a dit que votre voie était dangereuse au point de vue chrétien, que vous n'aviez pas mission pour juger vos frères, non plus que pour les punir, et qu'ainsi, la sainte charité courait grand risque d'être blessée par vos écrits. Je n'ai pas cru qu'il eût complètement raison lui-même de vous juger aussi sévèrement. Cependant, je suis restée sans réponse et, quelquefois, ses paroles me reviennent et m'affligent un peu. Je gardais cela pour moi depuis quelque temps, mais aujourd'hui, je me sens poussée à vous ouvrir ce coin de mon cœur. Ma confiance en vous est sans bornes. Dites-moi, je vous prie, ce que je dois penser exactement.

Marchenoir était, peut-être, de tous ses contemporains, le plus exposé au ridicule. Etre admiré et honoré chez soi, quand on ne peut raisonnablement s'attendre, au dehors, qu'à des potées de malédictions, c'est, pour le cerveau d'un malheureux homme, une fumée de revanche assez capiteuse pour l'enivrer du plus sot orgueil. On peut toujours offrir sa vanité, comme une hostie, sous les espèces consacrées d'une injuste proscription dont on est victime. Une femme d'esprit simple et de cœur brûlant gobe dévotieusement cette eucharistie. Mais, dans le cas de Véronique, la psychologie linéamentaire d'une tendresse confiante se compliquait, à l'égard de celui qui avait été son apôtre, d'une sorte de révération mystique, assez analogue au sentiment d'une servante de curé pour l'évêque du diocèse en visite pastorale dans le presbytère. Heureusement pour Marchenoir, il avait en horreur d'être *cultivé*, comme un fétiche, et n'agréait aucune formule d'anthropomorphisme. D'ailleurs, il se croyait, sincèrement, inférieur à cette titane d'amour dont les escalades avaient dépassé, depuis si longtemps, son pauvre ciel !

Apparemment, l'interrogation qui venait de lui être adressée n'avait pour lui rien de surprenant, car il répondit sur-le-champ d'une voix tranquille, d'abord, et presque grave, mais qui devint bientôt animée, sonnante et claire comme un cuivre, selon son habitude, quand il faisait, en parlant, l'ascension des mornes et des pitons volcaniques de sa pensée.

— Votre directeur, Véronique, a exprimé la pensée de la foule, la vôtre, peut-être, inaperçue de vous-même jusqu'à cet instant. Je voudrais bien le voir à ma place, ce ministre de clémence, qui croit qu'on peut faire la guerre sans offenser ni blesser personne. Vous a-t-il dit aussi qu'il ne fallait jamais combattre? Au moins, il serait ainsi dans la logique de ses couardes conciliations. On me l'a fait assez souvent, ce reproche de manquer de charité, parce que je rossais quelques chiens hargneux, — sous prétexte que ces animaux appartenaient à la meute humaine!...

Je veux croire que votre père spirituel est un excellent ecclésiastique pavé et briqueté des plus évangéliques intentions. Mais je doute que sa clairvoyance égale son zèle. Vous pourriez, ma brebis tondue, lui faire observer avec douceur que l'inculpation d'intolérance est une tactique chenue, renouvelée des Pharisiens, par les modernes ennemis de l'Eglise, contre tous ceux qui veulent s'y exposer pour défendre cette vieille mère. Vous avez été indignée de quelques-uns des nombreux articles lancés contre moi par la presse entière. Athées ou catholiques, libérâtres ou autoritaires, tous m'ont accusé de méchanceté, de haine et d'envie. Un instant unanimes sur ce seul point, les chroniques de toute provenance m'ont désigné comme un reptile d'anormale grandeur, dont la rampante férocité menaçait les villes et les campagnes. Ne sentez-vous pas combien cet accord universel déshonore les tristes chrétiens qui se transforment eux-mêmes en bêtes et fraternisent avec les fauves, dans une arène vilipendée, pour déchirer un de leurs témoins?...

— Jusqu'au moment, dit Leverdier, où ce témoin devenu puissant, comme l'était Veuillot, les mêmes chrétiens, sans changer de peau, s'en viendront lui lécher les pieds et même autre chose...

— Louis Veuillot, repartit aussitôt Marchenoir, est arrivé au bon moment. La France, alors, n'avait pas troqué les ailes de l'Empire contre les nageoires de la République et le métier d'homme n'était pas encore devenu tout à fait impossible. Si le personnage avait eu autant de grandeur que de force, le christianisme éclatait peut-être partout, car il y eut une heure d'anxiété suprême où l'âme errante du siècle pouvait aussi bien tomber sur Dieu que « sur elle-même ». Tel fut le pouvoir abandonné à ce condottière dont la vanité goujate et médiocre eût avili jusqu'au martyre. Aucun laïque n'a jamais eu et n'aura, sans doute, jamais, ses ressources et son immense crédit catholique, qui ont été jusqu'au dernier épuisement de la libéralité des fidèles. Quel profit le catholicisme en a-t-il retiré ? Nul autre que le rutilement de cet *animal de gloire* qui voulut toujours être unique et ne souffrit jamais d'égal. C'est donc à lui surtout qu'on est redevable de l'opprobre de ce journalisme catholique, dont l'étroitesse et la contagieuse abjection ont infiniment dépassé les secrets espoirs de la plus utopique impiété.

Nul dépositaire n'a jamais eu l'occasion d'être aussi funestement infidèle et n'en a plus sinistrement abusé. Tu sais, Georges, avec quelle vigilance d'eunuque le rédacteur en chef de l'*Univers* écartait de son sérail les écrivains de talent qui eussent pu se faire admirer à son préjudice, et combien paternellement s'ouvraient ses bras aux avortons imposés par son bon plaisir à toute une société soi-disant chrétienne, assez idiote pour les accepter. Il ne suffisait pas au vieux drôle qu'on s'abaissât devant lui et devant sa chienne de sœur, dont Pie IX lui-même, eut la misère des misères de tolérer l'intrusion *dans le gouvernement de l'Eglise*, il fallait qu'on idolâtrât les plus giflables de ses mamelouks.

N'avons-nous pas vu, un jour, de nos yeux dilatés par la terreur, en haut de l'escalier du journal, ce pommadin de sacristie, ce merlan gâteux qu'on nomme Auguste Roussel, congédiant, le mufle en l'air, deux rétrogradants évêques pliés devant lui, et se dérobant à reculons dans leur robe violette, cuits et juteux de bonheur pour avoir été reçus par ce plénipotentiaire ?...

Maintenant, c'est bien fini, les dictatures des gens de talent, et la place de Veuillot n'est plus à prendre aujourd'hui par personne. Ce jaloux posthume a laissé sur le seuil de la presse religieuse de telles ordures, qu'il n'est plus possible de pénétrer dans la maison. Les chrétiens, qu'il a mis la tête en bas, continueront de paître le sainfoin de la sottise la plus moutonnière, jusqu'à ce qu'ils soient devenus assez gras pour être mangés. Mais le plus immense génie du monde n'obtiendrait pas désormais le crédit de ce singulier pasteur du journalisme, qui changeait ses abonnés en bestiaux pour les mieux garder.

LIV

— Que Dieu nous soit en aide ! dit Véronique. Pourtant, cher ami, vous savez que l'Eglise a des promesses et qu'elle ne saurait périr.

— Je le sais comme vous le savez vous-même, c'est-à-dire par la Foi, qui est « la substance des choses à espérer ». Mais l'expérience ne m'a rien appris, sinon l'immense misère de tout mécréant que son infidélité condamne à se passer d'espérance. Je suis très assuré que l'Eglise doit tout surmonter, à la fin des fins, et que rien ne prévaudra contre elle, pas même la proditoire imbécillité de ses enfants, qui est, à mes yeux, son plus grand péril. J'exposerai, tant qu'on voudra, ma triste vie pour cette croyance, hors de laquelle il n'y a pour moi que ténèbres et putréfaction. Mais Elle peut tomber, demain, dans le mépris absolu, dans l'ignominie la plus excessive. Elle peut être conspuée, fouettée, crucifiée, comme Celui dont Elle se nomme l'Epouse. Il se peut que, définitivement, on lui préfère un immonde bandit, que tous ses amis prennent la fuite, qu'Elle crie la soif et que personne ne lui donne à boire. Il se peut enfin qu'Elle expire, pour une configuration parfaite à son Christ, et qu'Elle soit enfermée, deux nuits et un jour, dans le mieux gardé de tous les sépulcres. Il lui resterait, alors, à faire éclater, dans une apothéose de résurrection, les chaînes de montagnes ou les assises de mauvais peuples qui formeraient les parois de son dérisoire tombeau, — car Elle peut, aussi bien que Dieu lui-même, qui lui conféra sa puissance, défier l'extermination jusque dans le filet de la plus effective des morts.

Il me semble même que cette *Pâque* de l'Esprit Saint doit paraître singulièrement prochaine à tout individu capable de penser et de voir. Ce qui s'accomplit, en la fin de siècle où nous sommes, n'est point une *persécution* ordinaire, — pour me servir de ce mot dont la rhétorique de nos lâches a tant abusé. Leverdier doit se souvenir de ce que j'ai tenté, au moment des expulsions, pour leur inspirer un peu de courage. J'ai couru huit jours dans toutes les maisons religieuses menacées par les décrets et bondées de grotesques pleutres, attendant avec constance, — la palme du martyre en main, — l'occasion *légale* de mitrailler, de leurs inoffensives protestations, le commissaire de police qui les congédiait sans colère, de l'extrémité de sa botte dioclétienne. J'ai tâché stupidement de faire entrer de viriles résolutions dans leurs viscères de crétins. Je leur ai démontré vingt fois l'évidente insolidité de ce gouvernement de fripouilles sans énergie, que la résistance *armée* de quelques audacieux aurait culbuté. Je leur ai dit, — Dieu sait avec quels accents ! — que c'était l'instant ou jamais, de se racheter d'avoir été si longtemps, si onéreusement, renégats ou tièdes ; que l'honneur, la raison, la stricte justice, la *charité* même, vociféraient d'une seule voix, pour qu'ils courussent aux armes, parce que c'était vraisemblablement la dernière fois qu'ils le pourraient faire !...

J'ai trouvé des âmes de torchons graisseux qui m'ont exhibé la consultation d'un avocat, dont ils avaient été prendre l'avis pendant qu'on violait leur mère. Ils m'ont accusé d'être un fou des plus dangereux. L'un d'eux, même, insinua que je pourrais bien être un provocateur envoyé par la police. — Monsieur, lui ai-je dit, je vous conseille de numéroter vos chicots, car je vous préviens que j'ai la calotte facile. Ce chien de procession eut la présence d'esprit de se rendre invisible instantanément, et tel fut, en totalité, le résultat de mes efforts. Il serait donc au moins ridicule de prononcer le mot de persécution à propos de cette clique de fluents cafards qui s'en vont téter, en sortant de la Sainte Table, le bubon véroleux de la Légalité, et qui livreraient aux plus noirs cochons leur propre femme, leur plus jeune sœur et jusqu'au Corps sacré du Dieu vivant, pour conserver l'intégrité de leur peau ou de leurs écus !

Néanmoins, on peut dire que l'Eglise est opprimée de la façon la plus inouïe, puisque les enfants qu'elle allaita la déshonorent, pendant que les étrangers l'assomment et qu'ainsi, elle n'a plus une âme pour la réconforter ou pour la plaindre. C'est l'angoisse de Gethsémani, c'est la dérélictien suprême !

— « L'assemblée des fidèles », — dit le catéchisme. Je sais, parbleu ! que c'est là l'Eglise. Mais combien sont-ils, à cette heure, les vrais fidèles ? Quelques centaines, tout au plus, de quoi faire à peine un imperceptible groupe de pauvres gens héroïques et humbles, éparpillés aux plus distantes encognures de l'univers, où ils attendent, en pleurant, qu'il plaise au Père, qui est dans les cieux, d'inaugurer enfin son règne espéré depuis dix-huit siècles...

L'Eglise est écrouée dans un hôpital de folles, chuchota tout à coup l'étrange visionnaire, pour sa peine d'avoir épousé un mendiant en croix qui s'appelait Jésus-Christ. Elle endure d'irrévélables tourments, dans des voisinages à épouvanter les démons. Les docteurs, qui se sont chargés de veiller sur elle et qui déclarent ne prétendre que son plus grand bien, sont pleins de sourires et pleins de pitié, quand on leur parle de sa guérison. « Pauvre fille, disent-ils, que deviendrait-elle sans nous ? » — Et le mendiant qu'elle avait rêvé de faire adorer est, au loin, déchiqueté par les mauvais aigles et les bons corbeaux, sur son gibet solitaire !...

En vertu d'une certaine conformité mystérieuse qui unissait ces deux êtres, Véronique était devenue aussi extraordinaire par son attention que Marchenoir par ses paroles. De ses grands yeux en rognure de septième ciel, deux larmes pesantes avaient jailli, roulant avec lenteur sur ses joues pâles ; ses mains, appuyées d'abord sur la table, avaient fini par se joindre et maintenant, elle avait l'air d'implorer silencieusement l'esprit invisible qui lui semblait, sans aucun doute, inspirer son *maître*.

Sa physionomie était si étonnante que Leverdier, déjà très frappé lui-même des derniers mots qu'il venait d'entendre, ne put s'empêcher de la faire remarquer à Marchenoir. — Regarde, murmura-t-il.

L'interrompu reploya les ailes de son lyrisme et la regarda.

— Qu'avez-vous, ma Véronique ? lui demanda-t-il, assez ému.

— Mais..., je n'ai rien, mon ami, répondit-elle, en tressaillant. Je vous écoute, sans trop vous comprendre. Vos paroles sont vraies, je pense, mais si terribles ! En vérité, j'ai cru, un instant, qu'un autre parlait à votre place. Je ne reconnaissais plus votre voix ni même vos pensées.

— Est-ce donc là ce qui vous faisait pleurer, mon attristée ? Toi-même, Georges, tu sembles troublé. Est-il possible que j'aie dit des choses si étranges ?

— Il est vrai, dit celui-ci, que ta dernière phrase sur l'Eglise m'a un peu surpris, peut-être par vertu réflexe de l'émotion de notre amie. Mais ta voix, encore plus que tes paroles, était inouïe. C'était à supposer que tu voyais, je ne sais quoi...

— Je vois très certainement, reprit alors Marchenoir, le mal horrible de ce monde exproprié de la foi chrétienne, et je ne me connais pas d'autres pensées, quels que puissent être les mots qui me servent à exprimer celle-ci, que je porte comme un couteau dans la gaîne de ma poitrine. C'est une passion si vraie, si poignante, que je finirai par devenir incapable de fixer mon attention sur n'importe quel autre objet. Mais cet incident me remet dans l'esprit que je ne vous ai pas encore complètement répondu, Véronique. Je vous ai fait remarquer la révoltante coalition des chrétiens et de leurs adversaires, toutes les fois qu'il s'agit de combattre l'ennemi commun, c'est-à-dire un homme tel que moi, téméraire à force d'amour et véridique sans peur. Puis, j'ai parlé de Louis Veuillot et de l'infortune de l'Église. Choses connexes. Laissons tout cela.

On vous a dit, n'est-ce pas, que mes violences écrites offensaient la charité. Je n'ai qu'un mot à répondre à votre théologien. C'est que la Justice et la Miséricorde sont *identiques* et consubstantielles dans leur absolu. Voici ce que ne veulent entendre ni les sentimentaux ni les fanatiques. Une doctrine qui propose l'Amour de Dieu pour fin suprême, a surtout besoin d'être virile, sous peine de sanctionner toutes les illusions de l'amour-propre ou de l'amour charnel. Il est trop facile d'émasculer les âmes en ne leur enseignant que le précepte de chérir ses frères, au mépris de tous les autres préceptes qu'on leur cacherait. On obtient, de la sorte, une religion mollasse et poisseuse, plus redoutable par ses effets que le nihilisme même.

Or, l'Evangile a des menaces et des conclusions terribles. Jésus, en vingt endroits, lance l'anathème, non sur des choses, mais sur des *hommes* qu'il désigne avec une effrayante précision. Il n'en donne pas moins sa vie pour tous, mais après nous avoir laissé la consigne de parler « sur les toits », comme il a parlé lui-même. C'est l'unique modèle et les chrétiens n'ont pas mieux à faire que de pratiquer ses exemples. Que penseriez-vous de la *charité* d'un homme qui laisserait empoisonner ses frères, de peur de ruiner, en les avertissant, la considération de l'empoisonneur ? Moi, je dis qu'à ce point de vue, la charité consiste à vociférer et que le véritable amour doit être implacable. Mais cela suppose une virilité, si défunte aujourd'hui, qu'on ne peut même plus prononcer son nom sans attenter à la pudeur !...

Je n'ai pas qualité pour juger, dit-on, ni pour punir. Dois-je inférer de ce bas sophisme, dont je connais la perfidie, que je n'ai pas même qualité pour voir, et qu'il m'est interdit de lever le bras sur cet incendiaire qui, plein de confiance en ma fraternelle inertie, va, sous mes yeux, allumer la mine qui détruira toute une cité ? Si les chrétiens n'avaient pas tant écouté les leçons de leurs ennemis mortels, ils sauraient que rien n'est plus juste que la miséricorde, *parce que* rien n'est plus miséricordieux que la justice, et leurs pensées s'ajusteraient à ces notions élémentaires.

Le Christ a déclaré « bienheureux » ceux qui sont affamés et assoiffés de justice et le monde, qui veut s'amuser, mais qui déteste la *béatitude*, a rejeté cette affirmation. Qui donc parlera pour les muets, pour les opprimés et les faibles, si ceux-là se taisent, qui furent investis de la Parole ? L'écrivain qui n'a pas en vue la Justice, est un détrousseur de pauvres aussi cruel que le mauvais riche. Ils dilapident l'un et l'autre leur dépôt et sont comptables, au même titre, des désertions de l'espérance. Je ne veux pas de cette couronne de charbons ardents sur ma tête, et, depuis longtemps déjà, j'ai pris mon parti.

Nous mourrons peut-être de faim, ma Véronique, et ce sera bien fait, sans doute, puisque tout le monde, excepté vous et Leverdier, me condamnera. Coûte que coûte, je garderai la virginité de mon témoignage, en me préservant du crime de laisser inactive aucune des énergies que Dieu m'a données. Ironie, injures, défis, imprécations, réprobations, malédictions, lyrisme de fange ou de flammes, tout me sera bon de ce qui pourra rendre offensive ma colère !... Quel moyen me resterait-il autrement de n'être pas le dernier des hommes ? Le juge n'a qu'une manière de tomber au-dessous de son criminel, c'est de devenir prévaricateur, et tout écrivain véritable est certainement un juge.

Quelques-uns m'ont dit : A quoi bon ? le monde est en agonie et rien ne le touche plus. Peut-être. Mais, au fond du désert, il faudrait, quand même, rendre témoignage, ne fût-ce que pour l'honneur de la Vérité et pour l'édification des fauves, comme faisaient, autrefois, les anachorètes solitaires. Est-il croyable, d'ailleurs, qu'une telle opulence de rage, m'ait été octroyée pour rien ? Certaines paroles du Livre sacré sont bien étranges... Qui sait, après tout, si la forme la plus active de l'adoration n'est pas le blasphème *par amour*, qui serait la prière de l'abandonné?... Je vivrai donc sur ma vocation jusqu'à ce que j'en meure dans quelque orgie de misère. Je serai Marchenoir le contempteur, le vociférateur et le désespéré, — joyeux d'écumer et satisfait de déplaire, mais difficilement intimidable et broyant volontiers les doigts qui tenteraient de le bâillonner.

— Pauvre cher ami, pauvre âme douloureuse ! dit la mutilée à demi-voix, comme se parlant à elle-même, pourquoi ce fardeau sur vos épaules ? Elle le regarda avec une tendresse si pure, si profonde, que ce bourreau sentit qu'il allait pleurer et se mit à parler de diverses choses. Le dîner s'acheva presque joyeusement. Véronique servit un café divin et l'inévitable littérature fit sa rentrée. Marchenoir, très en verve, éructa de cocasses apophtegmes et d'inexpiables similitudes qui firent éclater de rire le bon Leverdier. Vers minuit enfin, on se sépara dans l'effusion d'une allégresse attendrie que ces trois cœurs souffrants ne connaissaient guère et qu'ils étaient probablement condamnés à ne plus jamais ressentir.

LV

Properce Beauvivier est juif de naissance et se nomme Abraham. *Abraham*-Properce Beauvivier, juif cosmopolite, d'origine portugaise, rencontré et baptisé, dit-on, par un moine passant, à l'eau du premier ruisseau, sur une route d'Allemagne ; un peu plus tard, allaité par Deutz, le youtre fameux qui *bazarda* la duchesse de Berry, et grandissant à Bordeaux chez ce patriarche. Il se peut que tout le secret de sa destinée morale tienne dans la circonstance de ce conjectural baptême, donné par un inconnu, sur le rebord symboliquement vaseux d'un fossé de grand chemin. On assure que ses parents en conçurent une rage inouïe, dont ses dents grincent encore, et qu'il n'a jamais pu prendre son parti de ce sacrement d'occasion qui paraît agir sur lui comme un maléfice.

Aussi dénué de génie que pourrait l'être, par exemple, un expéditionnaire de l'Assistance publique, mais étonnamment rempli de toutes les facultés d'assimilation et d'imitation, il s'enleva, d'un bond, dans le cerceau déjà crevé du romantisme, avec une vigueur de reins qui lui valut, il y a vingt ans, l'adoption littéraire du vieil Hugo.

A partir de ce bienheureux instant, sa vie fut un rêve. Il devint le réservoir des bénédictions du Père. — Regardez mon fils Properce, disait celui-ci aux débutants avides, et allez en paix ! Properce, de son côté, puisait à pleines mains dans le tiroir aux rayons et saccageait le coffre-fort aux auréoles, les empilant par douzaines, sur sa propre tête, comme les couronnes d'un lauréat de collège vingt fois élu. Il est ainsi devenu glorieux par la poésie, par le roman, par le conte, par le théâtre et même par la politique profonde, ayant été sagement impétueux contre les communards, quand on fusillait, et les dépassant ensuite, quand on ne fusilla plus. Il est surtout devenu le lyrique du proxénétisme et de la trahison, et c'est par là qu'il est entré dans l'hermétique originalité, dont les crochets et les monseigneurs de ses autres lyrismes n'auraient pu forcer la serrure.

Imiter Victor Hugo aussi parfaitement que Beauvivier n'est pas interdit à tous les mortels, mais nul ne peut prétendre à refléter seulement l'ombilic de ce Rétiaire de l'Innocence. Voilà tout ce qu'on en peut dire. Celui qui chantera, d'une juste voix, sur la cithare ou le tympanon, la haine de cet homme pour l'innocence, sera certainement un moraliste à l'aile robuste et un fier lapin. Il ne faut pas rêver mieux que d'en constater certains effets. Il paraît que la vieille crasse juive brûle comme un sédiment calcaire, lorsqu'elle est touchée par l'eau du baptême.

Beauvivier est l'auteur d'un nombre infini de livres de diverses sortes, mosaïque perverse et compliquée, où transparaît, sans relâche, l'intime obsession de déshonorer et de salir. Son dernier roman, l'*Inceste*, une des plus effrontées copies d'Hugo qu'on se puisse aviser d'écrire, est un dosage monstrueux de neige, de phosphore et de cantharides, calculé pour corroder les entrailles d'un adolescent, vingt-quatre heures, au moins, après l'absorption, — la lâcheté de son cœur étant égale à la timidité de sa pensée. L'objet de ce livre est, en effet, la *glorification* de l'inceste, non par vulgaire manie de sophistiquer, mais pour cette primordiale, souveraine et péremptoire raison que le Seigneur Dieu *l'a défendu*. Car il ne peut s'empêcher de croire en Dieu et sa vocation manifeste est de jouer les « Anciens Serpents ». Seulement, il se dérobe au moment de conclure et finit par un équivoque triomphe de la vertu, en laissant insidieusement planer le désir du mal sur la curiosité qu'il vient d'exciter. Cet empoisonneur a osé mettre en circulation, sous forme de *Contes* pour les jeunes filles, de dissolvants et inexorables toxiques. On raconte qu'il en prépare d'autres encore pour les enfants au-dessous de dix ans.

Une hystérie maladive, d'ordre effrayant, est l'insuffisante explication de cette fureur qui n'irait à rien moins qu'à contaminer la lumière. C'est à se demander si l'exécration *physique* de la *blancheur* n'est pas pour quelque chose dans l'inconcevable débordement de son écritoire.

Il passe pour avoir été beau, naguère. Lui-même le déclare en ces termes simples : « J'ai été très beau. » Il a cru devoir comparer son propre visage à celui du Christ. Homme à femmes, par conséquent, il a mis, de bonne heure, sa personne en adjudication et même en *actions*. On a vu des familles payer très cher des *coupons* de son alcôve. — Maquereau deux fois funeste, il ne lui suffit pas de ruiner les femmes pour s'en rendre maître, il se plaît ensuite à les enfermer dans la Tour de la faim du tribadisme, — imprévue par Dante, — où les malheureuses, privées du rognon nutritif de l'homme, sont réduites à se dévorer entre elles... Il s'est marié, pourtant, ce vainqueur, et il a épousé la plus belle femme qu'il a pu trouver, dans l'espérance, non déçue, de conquérir plus facilement les autres.

Il a ce signe particulier d'être sans défense contre les boutiques de cordonniers, devant lesquelles il s'oublie dans d'incontinentes extases. Il faut l'avoir entendu prononçant le mot « bottines ! » pour bien comprendre l'Angleterre, où le *jarret* d'une femme a prévalu cinq cents ans, contre l'épine dorsale de la plus hautaine aristocratie de tous les globes. Il est vrai que le pupille du bon Deutz est réduit à se satisfaire de la seule aristocratie de son fumier d'origine, mais la morgue putanière d'un certain dandysme ne lui manque pas.

Au point de vue de la bassesse d'âme pure et simple, sans complication physiologique d'aucune sorte, l'originalité de Beauvivier ne paraît pas humainement dépassable. A l'exception de Renan, qui décourage le mépris, et dont l'abjection sphérique apparaît comme un mystère de la Foi, l'auteur de l'*Inceste* est, probablement, le seul homme de son siècle en humeur de compatir à la destinée de l'Iscariote. — Jésus l'avait *peut-être* humilié ! — dit-il, et ce n'est point un mot d'auteur. C'est le plus intime de sa substance. Il ne respire que pour tromper, et la trahison est son unique arrière-pensée, sa préoccupation constante. Judas s'est contenté de livrer son Maître, Properce aurait entrepris de le souiller préalablement. Son âme est une condensation de fumée terne et fétide, aussi capable de cacher l'abîme de ténèbres d'où elle est sortie, que d'offusquer les gouffres de lumière vers lesquels elle ne permet pas qu'on s'élance.

Jésus pardonne à la femme adultère. Les sacristains eux-mêmes l'en ont absous. Properce le blâme, objectant que ce pardon est attentatoire à l'autorité du mari, qui avait probablement *acheté* sa femme et, par conséquent, avait le droit de la punir. Telle est sa conception de la justice. Il est vrai que l'Homme-Dieu, ramassant des pierres pour aider le cocu à lapider cette malheureuse, n'exciterait pas moins son indignation, mais, alors, tempérée par la souterraine joie de prendre en défaut la Miséricorde et de supposer de plausibles tares à la Beauté même. C'est l'antique procédé, — nullement inventé par l'abominable Ernest, — de ne pas nier Dieu avec précision, mais de l'amputer de sa Providence, en ne lui permettant aucune intrusion dans nos sublunaires histoires.

« Tu pleuras, Emmanuel, de *ne pas* être Dieu ! » écrivait-il, s'adressant à ce même Christ dont les souveraines Larmes sont un outrage à l'infernale aridité de ses yeux impurs. Ah! s'il avait pu être à la place de l'ange confortateur ! Comme il aurait savamment, *câlinement* bafoué cette Agonie ! Le calice terrible, il ne l'aurait pas fait boire, il l'aurait fait *siroter* ! Et la Sueur de sang, dont la pourpre vive inonda l'Empereur des pauvres, comme il en aurait diligemment altéré la couleur, en y mélangeant son fiel !...

Ce monstre, dont la seule excuse est d'être *venu avant terme* et d'être, ainsi, un fœtus de monstre, a trouvé, cependant, le moyen de procréer des enfants et souffre, paraît-il, de ne pouvoir s'en faire aimer. Il se console, à sa manière, en donnant des bals d'enfants où sa boulimique rage de tendresse a cent occasions de se satisfaire... Malheur aux parents assez imbéciles ou assez criminels pour jeter dans ce pourrissoir leur progéniture !

Un jour, il s'en venait d'enterrer un de ses propres fruits, une petite fille assez heureuse pour avoir été ravie à ce père, avant l'horreur d'en connaître l'infamie ou l'horreur plus grande de n'en être pas dégoûtée. Il avait tamponné ses yeux, pleuré peut-être, on ne sait au juste. Mais tout était fini, et il s'en allait. Tout à coup, n'ayant pas encore franchi le seuil du cimetière : — Il faudra, pourtant, que je lui fasse quelques vers à cette enfant ! dit-il d'une voix éolienne, aux plus proches des accompagnants... Le cabot sacrilège est tout entier dans cette parole.

En voici, maintenant, une autre, d'une atrocité plus surprenante, où se profile, de la tête aux pieds, le Juif réprouvé. Properce est dans la rue, par une nuit très froide, avec un homme qu'il appelle son ami. Une vieille grelottante est rencontrée, qui murmure des supplications en tendant la main. Il s'arrête sous un bec de gaz, — le nourrisson du divin Deutz ! — il exhibe un porte-monnaie gonflé d'or, et, sous l'œil ébloui de la misérable, il fouille cet or, il le pétrit, le retourne, le fait tinter, fulgurer, l'allume comme un tas de braise, puis, fourrant le tout dans sa poche et haussant les épaules d'un air d'impuissance navrée : — Ma bonne, exhale-t-il, j'en suis bien fâché, mais je croyais avoir *de la monnaie*, et je n'en ai pas. L'observateur de cette scène a raconté qu'il aperçut aux pieds du spectre, dans le bitume du trottoir, une petite ouverture lumineuse, par laquelle on aurait pu découvrir l'enfer...

Une obscure nuée d'images religieuses flotte perpétuellement autour de ce poète, qui sent profondément sa réprobation, mais qui se flatte, après tout, de séduire son juge et de carotter le Paradis, si ce séjour de délices existe véritablement. En attendant, il ne parvient pas à se défendre efficacement de certaines terreurs qu'il paraît s'être donné pour mission de faire mépriser aux autres. C'est la revanche des pauvres et des innocents massacrés qui sont, en ce monde, les ambassadeurs lamentables du patient Dieu. Vienne son heure, l'ignominie du Salisseur d'âmes sera vue dans son plein et ce sera, comme une lune dix fois pâle, au ras du plus fétide marécage sur lequel les mortelles Stymphalides de la Luxure et du Sacrilège aient jamais plané !

LVI

Tel était le personnage puissant appelé à prononcer, après tant d'autres, sur le sort de Marchenoir. Rédacteur en chef du *Basile*, depuis trois semaines, sans qu'on pût expliquer son élévation, qui était le secret de quelques femmes et d'un petit groupe de tripotiers, — cet israélite, longtemps captif dans les subalternes rôles, régnait enfin sur l'un des journaux les plus influents de notre système planétaire, à la place de cet amas de chairs putréfiées qui s'était appelé Magnus Conrart, et dont les exhalaisons suprêmes avaient manqué d'asphyxier ses enfouisseurs.

Celui-ci, du moins, n'avait embarrassé l'esprit de ses contemporains d'aucun mystère. Tout le monde savait par quelles basses manœuvres cet ancien laquais à tout faire avait, autrefois, suborné la seconde enfance du fondateur du *Basile*, qui l'avait institué son héritier pour qu'il abaissât les consciences, comme il avait si longtemps abaissé les marche-pieds.

La nullité intellectuelle de l'affreux drôle l'avait servi plus efficacement que le génie même. Devenu l'intendant de la quotidienne pâture des âmes, son choix s'était naturellement porté sur les panetiers et les mitrons littéraires les plus capables de contenter l'ignoble appétit d'une société que la République instruisait à chercher sa vie dans les ordures. La spéculation la plus profonde n'aurait pu mieux faire. Magnus était, par conséquent, devenu un très grand monarque, le monarque des portes ouvertes, offrant la vespasienne hospitalité du *Basile* à toute puante réclame, à toute caséeuse annonce, à tout lancement ammoniacal de promesses financières, à tout *trafic* rémunérateur.

L'insolente fortune qui choisit ordinairement de tels concubins, l'avait à ce point comblé que la bassesse même de son esprit et la surprenante adiposité de son âme écartèrent de lui les inimitiés personnelles ou les rivalités aggressives, qu'une pincée de mérite n'aurait pas manqué d'attirer à un caudataire si scandaleusement parvenu. Il fut cet ami de toutes les canailles qu'on appelle un sceptique ou un « bon garçon » et, joyeusement attablé au foin de ses bottes, il descendit le fleuve de la vie dans la barque pavoisée de fleurs et lestée de lard, de l'universelle camaraderie.

Lorsqu'il s'avisa de réprouver Marchenoir dont il avait espéré monnayer les rares facultés de rhinocéros, — oubliant trop que ce pachyderme en liberté pouvait avoir la fantaisie de le piétiner, — il eut encore cette chance inouïe d'en être silencieusement méprisé. Quelle formidable caricature à la Pétrone, n'eût pas été, sous une telle plume, un portrait simplement exact de ce Trimalcion du journalisme ! Le satiriste, congédié presque honteusement du *Ba-*

sile, avait dû triompher de tentations terribles et subir de sacrés assauts, car sa vengeance était trop facile !

Mais, bientôt, Magnus lui-même se chargea de venger tout le monde. Atteint d'une blessure au pied, que la putridité de son sang rendit promptement incurable, dévoré par la gangrène et souffrant d'atroces tortures, il termina sa vie par l'ignoble pendaison volontaire dont les détails ont écœuré plusieurs virtuoses du suicide.

Properce Beauvivier n'apportait pas, il est vrai, une moralité bien supérieure. Cependant, les deux ou trois demi-douzaines d'artistes que le prédécesseur n'avait pas eu le temps d'étrangler, respirèrent. C'est que Beauvivier avait en raison, sans doute, des paradoxales difformités de son âme, une prédilection infernale pour le talent ! Aussi longtemps que ses propres intérêts ne seraient pas en jeu, on pouvait y compter jusqu'à un certain point. Il était bien certain, par exemple, qu'il faudrait une pression extérieure de tous les diables pour lui faire accepter de la prose du bossu Ohnet, au préjudice d'un *écrivain* de dixième ordre, et même en l'absence de toute compétition.

Canaille pour canaille, c'était bien quelque chose, aussi, d'avoir affaire à un homme qui ne fût pas exclusivement un goujat, qui n'eût pas uniquement en vue, quoique juif, l'encaissement du numéraire, et qui fût capable de comprendre à peu près, quand on lui ferait l'honneur d'avoir besoin d'en être écouté. On se prit à rêver la chimérique aubaine d'un *Basile* redevenu littéraire, comme aux jours lointains de sa fondation. On espéra que le seul fait de savoir écrire cesserait enfin d'être regardé comme un irrémissible forfait, et que le nouveau prince allait introduire quelque adoucissement à la loi pénale édictée par le turgide Magnus, qui condamnait au lent supplice de l'inanition les blasphémateurs de la Médiocrité.

Quels que pussent être les probables cloaques de son arrière-pensée, on ne pouvait douter que le sentiment d'une réelle estime littéraire eût été pour beaucoup dans son désir de réintégrer Marchenoir. Cela paraissait d'autant plus évident qu'il avait deux ou trois fois senti, pour son propre compte, la morsure de ce pamphlétaire que tous ses instincts de voluptueux et d'empoisonneur auraient dû lui faire abhorrer.

Deux jours après le dîner de Vaugirard, Marchenoir porta lui-même son article au directeur du *Basile*. Beauvivier le reçut avec une cordialité grandissime, commandée spécialement pour cette entrevue, chez un fournisseur d'archiducs.

Le visiteur exprima d'abord sa surprise d'avoir été favorisé par le *Basile* d'une recherche en collaboration, après un si motivé bannissement de sa copie par la presse entière. Il ajouta qu'il n'entendait rapporter l'initiative d'une démarche si honorable pour lui qu'à l'indépendance d'esprit du nouveau maître, assez haut pour rompre en visière avec des traditions funestes aux lettres...

— Votre prédécesseur, dit-il, ne gâtait pas les écrivains, quand il s'en trouvait. Il leur faisait amèrement déplorer de n'avoir pas été mis en apprentissage chez quelque diligent savetier, dès leur tendre enfance. On dit que vous avez le dessein de relever la muraille de la Chine et d'endiguer l'horrible muflerie qui menace le céleste Empire du Journalisme. S'il en est ainsi, je suis tout à vous et je vous promets une énergique lieutenance. Je suis très persuadé que, même au point de vue moins élevé de la spéculation, une presse courageuse et, franchement, scandaleusement littéraire, ne serait point une infructueuse tentative. La société contemporaine est hideusement abrutie et dégradée par les pollutions ressassées d'une chronique de trottoir, qui n'a plus même l'excuse de lui donner un semblant de palpitation.

Nos journaux, avouons-le, sont crevants d'ennui. Les délectations américaines du reportage et de la réclame ne sont pas infinies. Si vous étiez un homme énergique et profond, — ai-je dit un jour à cette brute de Magnus Conrart, — non seulement vous m'accepteriez tel que je suis, mais vous grouperiez les gens de ma sorte, absurdement écartés par votre système, et, je vous le jure, nous déterminerions un courant nouveau. Le monde a toujours obéi à des volontés qui s'exprimaient, la cravache ou la trique en l'air. Nous formerions une oligarchie intellectuelle, d'autant plus acclamés de la foule, que nous serions moins capables de la flagorner. Je ne vous connais pas, personnellement, monsieur Beauvivier. Je ne sais de vous que vos livres, dont j'ai dit beaucoup de mal. Qu'importe ? Si vous aimez le talent, pourquoi ne profiteriez-vous pas de votre quasi-royauté du *Basile* pour tenter cette magnifique aventure dont l'ancien directeur a repoussé l'idée comme une folie ?...

Properce, évidemment préparé à tout entendre, avait pris une attitude de séduction. Il s'était levé et accoudé à la cheminée, faisant face à Marchenoir assis devant lui. Celui de ses deux bras qui soutenait sa désirable personne, laissait pendre, au rebord du marbre, une experte main, fuselée par la pratique des nageantes caresses, et qu'on s'étonnait de ne pas voir membraneuse comme le pied d'un albatros. L'autre main complimentait sa barbe en mitre, dont la fourche soyeuse avait l'air de bifurquer sur quelque invisible croupion. L'une de ses jambes fines de Sardanapale accoutumé à languissamment s'ébattre, était ramenée sur l'autre, la pointe en bas, comme un serpent qui s'enlacerait à un serpent. Le torse, flexible tabernacle de son cœur pourri, transparaissait au travers de la fluide flanelle, couleur crème et lisérée de vert d'ortie, d'un pet-en-l'air matutinal.

La lumière de la fenêtre, qui tombait en plein sur son visage et sur les blondeurs fanées de son poil, ne le montrait pourtant pas très beau, ce jour-là. Sa pâleur, habituellement extraordinaire, atteignait presque à la lividité marbrée d'une tranche de roquefort, menacée de la plus imminente fécondité. Des sillons blafards, des raies crayeuses y couraient comme des sutures, et le bleu des yeux, — naguère qualifiés de céruléens, — commençait visiblement à se faïencer sous les cuites sans nombre du libertinage.

N'importe, il avait mis au clair son plus adolescent sourire, et Marchenoir, l'homme le plus aisément friponnable, quand on voulait lui coller la fausse monnaie d'une sympathie sans valeur, y fut trompé, comme toujours, en dépit des cruels avertissements de son expérience.

— Monsieur Marchenoir, répondit le Proxéuète, — dilatant assez son sourire pour qu'une rangée de bubes syphilitiques devînt visible au dedans de la lèvre inférieure, — je n'ai pas de peine à deviner que vous m'apportez un article de début d'une rare véhémence. Donnez-le-moi, j'y jetterai simplement les yeux et vous pourrez, à l'instant, me juger sur mes actes.

Marchenoir tendit le manuscrit.

— *La Sédition de l'Excrément!...* Titre superbe!... Léo Taxil... la pornographie murale... très bien! il s'assit et, prenant une plume, écrivit en syllabisant à haute voix :

« Nous sommes heureux d'offrir l'hospitalité de nos colonnes à l'article suivant de notre vaillant confrère Caïn Marchenoir, l'un des plus sombres coryphées de la littérature contemporaine, qu'un deuil récent avait éloigné du champ de bataille et qu'un scandale monstrueux y ramène aujourd'hui, plus formidable que jamais. Nos lecteurs applaudiront certainement à cette voix énergique s'élevant tout à coup au milieu du lâche silence de l'opinion. Ils accepteront les audaces de forme d'un satiriste génial, dont les indignations généreuses s'expriment en frémissant, et qui pense que toute arme est bonne pour la répression des industriels fangeux qui ont entrepris de souiller nos murs. Le *Basile*, traditionnellement attentif à détourner, autant que possible, les effets immoraux de ces attentats, met volontiers sa publicité au service de l'écrivain le plus capable d'en montrer les dangers. Caïn Marchenoir est surtout une conscience. Ses nombreux ennemis ont pu l'accuser d'être passionné jusqu'à l'intolérance, mais nul ne s'est jamais avisé de mettre en doute sa sincérité parfaite, alors même que sa polémique semblait excessive. — P. B. »

Properce glissa ce boniment sous enveloppe avec l'article et sonna. Un groom, d'une candeur hypothétique, apparut.

— Portez cela à l'imprimerie, sans perdre une minute, dit-il à ce serviteur. Vous direz, de ma part, qu'on donne à composer tout de suite.

Se levant, alors, et s'adressant à Marchenoir surpris et déjà comblé :

— Etes-vous content de moi, homme terrible ? Vous voyez si je suis docile et rapide. Je vous prie de m'accorder, en retour, une vraie faveur. Demain soir, je réunis à ma table quelques confrères. Soyez des nôtres. Je sais bien que ces réunions ne sont pas dans vos goûts de solitaire. Mais je pense qu'il est politique de vous montrer un peu à ces bonnes gens, qui vous détestent pour la plupart et qui vous lècheront le plus civilement du monde, quand ils auront appris que vous rentrez au *Basile*. Je vous ménage un complet triomphe. Venez sans habit et faites-moi l'honneur, désormais, de compter sur mon amitié, ajouta-t-il, en lui offrant celle de ses deux mains qui avait le plus servi.

Marchenoir, presque touché, promit de revenir le lendemain et s'en alla, doucement rêveur.

LVII

Les illusions de Marchenoir, aussi stupides que spontanées, n'avaient pas ordinairement la vie très dure. Il vécut, l'espace d'un jour, sur l'espoir insensé d'une justice littéraire procurée par ce souteneur. Il rêva des polémiques inouïes, des envolées d'imprécations sublimes, toute la lyre vengeresse des ouragans réprobateurs ! Il lui dirait enfin tout ce qu'il avait sur le cœur, à cette immonde société, dont l'inacceptable ignominie le faisait rugir !...

En vain, Leverdier s'efforça de mettre sous les yeux de ce désespéré le danger palpable de trop espérer. Pour tempérer son enthousiasme, il lui rappela tout ce qu'ils savaient, l'un et l'autre, de Beauvivier, ses habitudes de trahison, les verrous, les triples barres, les cadenas, les serrureries compliquées de cette conscience dangereuse, environnée de chausse-trapes et d'oubliettes à engloutir des éléphants, pénétrable seulement par de rares chattières à guillotine où les téméraires les plus altiers ne pouvaient passer qu'en rampant...

— Sans doute, répondait-il, mais qui sait ? Je suis, peut-être, une bonne affaire aux yeux de cet homme. D'ailleurs, j'ai besoin d'espérer. Même en écartant toutes les considérations d'ordre élevé, songe donc, mon ami, que ce serait *du pain* pour ma pauvre compagne et pour moi.

— Hélas ! dit l'autre, en l'accompagnant par les rues, je le désire, mais ce dîner m'inquiète un peu. Une drôle d'idée qu'il a eue, cet animal, de te fourrer le museau, du premier coup, dans l'auge à cochons ! Enfin, sois prudent, endure pour Véronique tout ce qui ne sera pas absolument insupportable, et sauve-toi de bonne heure. Tu me retrouveras au café.

Les deux amis se séparèrent à la porte de Beauvivier.

Dès son entrée dans le vaste salon, où les nombreux convives s'empilaient, Marchenoir fut dégrisé de son rêve, instantanément. Il sentit, comme en une bouffée de dégoût, l'incompatibilité sans remède, infinie, de tout son être avec ces êtres nécessairement hostiles à lui, et dont quelques-uns étaient si bas qu'on pouvait s'étonner de les voir admis, même dans ce lieu de prostitution.

Ils représentaient, cependant, toute la presse dite *littéraire*, et même un peu la littérature, et, certes, il n'y avait pas dans le nombre, un individu qui eût fait un geste pour le secourir, s'il avait été en danger, — un seul geste, — ou qui, même, eût hésité à l'y enfoncer davantage, en protestant de *l'impartialité* du coup de sabot qu'il lui eût appliqué sur le péricrâne. Pas une femme, d'ailleurs, ce qui donnait à pressentir qu'on allait être un peu goujat. Il se vit épouvantablement seul et détesté.

Beauvivier se précipita. — Mon cher monsieur Marchenoir, dit-il, vous étiez attendu avec la plus dévorante impatience. Messieurs, voici notre nouveau *leader*.

Néanmoins, il n'usa pas son précieux pharynx en présentations superflues. Les bonzes de la publicité s'inclinèrent comme des épis, et l'infortuné dut subir le contact de plusieurs mains sordides qui se tendirent vers lui. Tout à coup, il se trouva flanqué du docteur Des Bois et de Dulaurier, en qui renaissait une estime sans bornes pour ce ressuscité d'entre les morts. Le lycanthrope, déjà énervé, n'entendit qu'à peine les gazouillements du premier, mais le second paya pour tout le monde. Sans même y penser, il lui serra la main d'une telle force que le poète sigisbée ne put retenir ce cri : — Ah ! vous me faites mal ! — Je vous étreins comme je vous aime ! mon cher, lui répondit-il, en le fixant avec des yeux froids et clairs plus inquiétants que la colère. Dulaurier s'éloigna sous l'aile du Chérubin, comme un chien rossé, et Marchenoir, enfin tranquille, prit une cigarette, et, s'enfonçant dans un fauteuil, se mit à considérer silencieusement cette populace de la plume, qui remuait la langue en attendant qu'on annonçât la mangeaille.

LVIII

Il vit d'abord, non loin de lui, le roi des rois, l'Agamemnon littéraire, l'archi-célèbre, l'européen romancier, Gaston Chaudesaigues, recruteur d'argent inégalable et respecté. Seul, le gibbeux Ohnet lui dame le pion et ratisse plus d'argent encore. Mais l'auteur du *Maître de Forges* est un mastroquet heureux qui mélange l'eau crasseuse des bains publics à un semblant de vieille vinasse, pour le rafraîchissement des trois ou quatre millions de bourgeois centre gauche qui vont se soûler à son abreuvoir, et il n'est pas autrement considéré. Il est unanimement exclu du monde des lettres, ce dont il brait, parfois, dans la solitude. Sans son héroïque ami Chérubin des Bois, qui a naturellement du goût pour les millionnaires et qui lui ouvre ses bras quand on est seul, ce triomphateur serait tout à fait sans consolation.

Chaudesaigues nage, il est vrai, dans une moindre opulence. Cependant, il dépasse encore les plus cupides sommets littéraires de toute la hauteur d'un Himalaya. Il faut se représenter une façon de juif-auvergnat, né dans le midi, et compatriote de Mistral, un troubadour homme d'affaires, un Lampiste des *Mille et une Nuits*, qui n'aurait qu'à frotter pour que le *génie* apparût et l'éclairât. On se rappelle l'énorme succès de son livre sur le duc de Morny, qui avait protégé ses débuts, auquel il devait tout, et dont il épousseta et retourna les vieilles culottes aux yeux d'un public avide qui couvrit d'or le révélateur...

De telles indiscrétions peuvent être le droit absolu d'un véritable artiste, affranchi par sa vocation de toutes les convenances de la vie normale, mais aucun marchand de lorgnettes ne doit prétendre à d'aussi dangereuses immunités, et Chaudesaigues est précisément un des plus bas *mercantis* de lettres dont le tube classique de cette vieille catin de Gloire ait jamais trompeté le nom.

Il est ce qu'on appelle, dans une langue peu noble, « une horrible *tapette* ». En 1870, il avait attaqué Gambetta, dont il raillait, le mieux qu'il pouvait, la honteuse dictature. Quand la France républicaine eut décidé de coucher avec ce gros homme, sa nature de porte-chandelle se mit à crier en lui et il fit négocier une réconciliation, s'engageant *provisoirement* à ne plus éditer le volume où le persiflage était consigné.

Un peu avant le 16 mai, il s'en va trouver le directeur du *Correspondant*, revue tout aristocratique et religieuse, comme chacun sait. Il offre un roman : *Les Rois sans patrie*. Le thème était celui-ci : Montrer la royauté si divine que, même en exil et dans l'indigence, les rois dépossédés ne parviennent pas à devenir de simples particuliers, qu'ils sont encore plus augustes qu'avant, et que leur couronne repousse toute seule, comme des cheveux, sur leurs fronts sublimes, par-dessus le diadème de leurs vertus. On devine l'allégresse du *Correspondant !...* Mais le 16 mai raté, Chaudesaigues change son prospectus, réalise exactement le contraire de ce qu'il avait annoncé, et transfère sa copie dans un journal républicain.

Toutefois, ce n'est pas un traître pur, un traître pour le plaisir, à l'instar de Beauvivier. Il lui faut de l'argent, voilà tout, un argent infini, non seulement pour contenter les plus *ataviques* appétits de sa nature de fastueux satrape, mais afin d'élever, dans une occidentale innocence, les enfants à profil de chameau et à toison d'astrakan, qui trahissent, par le plus complet retour au type, l'infamante origine juive de leur père.

On n'avait peut-être jamais vu, avant lui, une littérature aussi âprement boutiquière. Son récent livre, *Sancho Pança sur les Pyrénées*, conçu commercialement, en forme de guide cocasse, d'un débit universel, avec des réclames pour des auberges et des fictions d'étrangers sympathiques, est, au point de vue de l'art, une honte indicible.

Son talent, d'ailleurs, dont les médiocres ont fait tant de bruit, est surtout, une incontestable dextérité de copiste et de démarqueur. Ce plagiaire, à la longue chevelure, paraît avoir été formé tout exprès pour démontrer expérimentalement notre profonde ignorance de la littérature étrangère. Armé d'un incroyable et confondant toupet, voilà quinze ans qu'il copie Dickens, outrageusement. Il l'écorche, il le dépèce, il le suce, il le râcle, il en fait des jus et des potages, sans que personne y trouve à reprendre, sans qu'on paraisse seulement s'en apercevoir.

Virtuose de conversation, à la manière fatigante des méridionaux dont il a l'accent, il se trouble aisément en la présence d'un monsieur froid, qui l'écoute en le regardant, sans rien exprimer. Ce Don Juan équivoque manque de tenue devant la statue du Commandeur.

Justement, il pérorait avec deux de ses compatriotes, aussi peu capables l'un que l'autre de l'intimider, Raoul Denisme et Léonidas Rieupeyroux. Le premier, raté félibre et gluant chroniqueur, est généralement regardé comme un sous-Chaudesaigues, ce qui est une façon lucrative de n'être absolument rien. Mais le crédit du maître est si fort que le vomitif Denisme arrive, tout de même, à se faire digérer. Incapable d'écrire un livre, il dépose, un peu partout, les sécrétions de sa pensée. On redoute comme un espion ce croquant chauve et barbu, qui a dû, semble-t-il, payer de quelque superlative infamie son ruban rouge et dont la perfidie passe pour surprenante.

Quant à Léonidas Rieupeyroux, c'est un personnage vraiment divin, celui-là, capable de restituer le goût de la vie aux plus atrabilaires disciples de Schopenhauer. Il est grotesque comme on est poète, quand on se nomme Eschyle. Il a la Folie de la Croix du Grotesque. Méridional, autant qu'on peut l'être en enfer, doué d'un accent à faire venir le diable, il rissole, du matin au soir, dans une vanité capable d'incendier le fond d'un puits.

Il est l'inventeur des paysans épiques. La vieille truie, connue sous le nom de George Sand, les faisait idylliques et sentimentaux. Marchenoir, élevé au milieu de ces lâches et cupides brutes, se demanda, en voyant gesticuler Léonidas, quel pouvait être le plus bête de ces deux auteurs. Il conclut, en ce sens, à la supériorité de l'homme.

La fécondité de celui-ci consiste à publier éternellement le même livre sous divers titres. C'est une finesse du Tarn-et-Garonne. Si, du moins, ses paysans se contentaient d'être épiques, mais ils sont *civiques*, bonté du ciel ! Pendant des cent pages, ils gargouillent et dégobillent les rengaînes les plus savetées, les plus avachies, les plus jetées au coin de la borne, sur les Droits de l'homme et les devoirs du citoyen, sans préjudice de la fraternité des peuples.

Un des poètes contemporains les plus démarqués nomma, un jour, Rieupeyroux, le *Tartufe du Danube*, mot exact et spirituel dont plusieurs imbéciles ont voulu se faire honneur. C'est, en effet, un hypocrite véhément, espèce très peu rare dans le midi. Hypocrite de sentiments, hypocrite d'idées et faux pauvre, il appartient à cette catégorie d'odieux cafards, dont la besace est gonflée du pain des indigents qu'ils ont dépouillés, en leur volant la pitié du riche.

Un jour, ce personnage alla trouver Chaudesaigues et quelques autres financiers de lettres, dont il savait l'ascendant chez un éditeur fameux. Lamentateur fastueux et grandiloque, il raconta que sa mère venait d'expirer et qu'il était sans argent pour la mettre en terre. En même temps, d'impitoyables arriérés tombaient sur lui. Qu'allait-il devenir avec sa femme et ses enfants? Certes, il ne demandait pas d'argent à ses confrères, mais enfin, on pouvait agir pour lui sur l'éditeur qui ne refuserait pas d'escompter son génie. Bref, on parvint à faire dégorger, sans escompte, deux ou trois mille francs, au capitaliste circonvenu. Jusqu'à présent, l'histoire est banale. Mais voici :

Quelque temps après, Léonidas se présente seul, et dit à son créancier qui s'était flatté doucement d'être un donateur :

— Monsieur, je suis un honnête homme. Vous m'avez avancé de l'argent et je suis ennuyé de ne pouvoir vous le rendre. Je n'en dors plus. Eh! bien, je vous apporte un manuscrit étonnant. Payez-vous de ce que je vous dois en le publiant.

L'éditeur, déjà fourbu de son premier sacrifice, et que la seule idée d'imprimer, par surcroît, du Rieupeyroux, comblait de terreur, essaya, vainement, de protester et de fuir. Il tenta, sans succès, de se couler par les fentes, de grimper au mur, de s'obnubiler sous le paillasson. Il fallut absolument qu'il y passât. Cet honnête homme insolvable allait peut-être se pendre chez lui !

Ainsi fut édité l'étonnant volume où cet enfant du midi, informant tous les peuples de ses relations amicales avec Baudelaire, raconte avec candeur la mystification personnelle dont sa vanité d'autruche fut le prodigieux substrat et qu'il est seul, depuis vingt ans, à ne pas comprendre.

La saleté physique de Rieupeyroux est célèbre. C'est un citoyen oléagineux et habité. Il ignore l'eau des fleuves et la virginale rosée des cieux. Il promène sous l'azur une fleur de crasse, immarcessible comme la pureté des anges. Ses cheveux, qu'il porte encore plus longs que Chaudesaigues, et qui flottent sur l'aile des vents, fécondent l'espace à la plus imperceptible nutation de son chef. On ne l'approche qu'en tremblant, et les voleurs, dont il doit avoir tant de crainte, y regarderaient à beaucoup de fois avant de le détrousser.

Un autre trio, curieux et illustre, était celui formé par Hamilcar Lécuyer, Andoche Sylvain et Gilles de Vaudoré, trois poètes romanciers.

Marchenoir savait par cœur son Lécuyer, qu'il avait, une fois, sanglé de la plus mémorable sorte. Ils s'étaient rencontrés, il y avait nombre d'années, chez Dulaurier, très humble alors, dont la petite chambre était un cénacle.

Cet africain, besogneux et hâbleur, mais rongé d'ambition, et qui méditait les rôles classiques de Catilina ou de Coriolan, aurait vendu sa mère à la criée, au carreau des Halles, pour attraper un peu de publicité. Cymbale sensuelle et ne vibrant qu'aux pulsations venues d'en bas, il était admirablement pourvu de tous les tréteaux intérieurs, par lesquels une âme élue de saltimbanque prélude, d'abord, au vacarme fracassant de la popularité.

Le moment venu, la cuve s'était débondée. Il en était sorti, comme d'un abcès monstrueux, des flots de sanie écarlate, des purulences recuites et granuleuses, de la bile d'assassin poltron et malchanceux, d'inexprimables moisissures coulantes et des excréments calcinés. Alors, on avait crié au prodige. Les redondances clichées et la frénésie piquée des vers de ses *Chants sacrilèges* avaient paru suffisamment eschyliennes à une génération sans littérature, qui n'a pas assez de langues dans sa gueule de bête pour lécher les pieds de ses histrions.

Prostitué publiquement à une comédienne cosmopolite, devenu lui-même acteur et jouant ses propres pièces en plein théâtre du boulevard, il avait fini par poser sur sa tête crépue d'esclave nubien, une couronne fermée de crapule idéale et de transcendant cynisme, dont Marchenoir discerna, dès le premier jour, la fragilité et la basse fraude.

Réalité misérable! Ce bateleur n'est pas même un bateleur. Il n'y a pas en lui la virtualité d'un vrai sauteur, sincèrement épris de son balancier. Il suffit de gratter ce crâne fumant, pour en voir jaillir, aussitôt, un romancier-feuilletoniste de vingtième ordre. C'est un bourgeois masqué d'art, très opiniâtre et très laborieux, mais aspirant à se retirer des affaires. La vile prose de son mariage avait éclairé bien des points obscurs, et la langue des vers de ce Capanée de louage — langue piteuse et pudibonde, jusque dans le paroxysme du blasphème, — trahit assez, pour un connaisseur, l'intime *désintéressement* professionnel du blasphémateur, qui n'a choisi le paillon de l'impiété que parce qu'il tire l'œil un peu plus qu'un autre et qu'il fait arriver un peu plus de ce désirable argent, que le pur bourgeois recueillerait, avec sa langue, dans les boues vivantes d'un charnier!

Quelque considérable que fût, en réalité, la situation littéraire de ce négociant, l'équitable gloire n'avait pourtant pas frustré de sa mamelle Andoche Sylvain, le plus lu, peut-être, de tous les virtuoses assemblés chez le rédacteur en chef du *Basile*.

Celui-ci présente l'aspect d'un commissionnaire de gare congestionné, à la barbe épaisse et sale, au teint de viande crue et bleuâtre, à l'œil injecté et idiot, qu'on craindrait, à chaque minute, de voir rouler malproprement au milieu des colis qu'on lui aurait confiés en tremblant.

Le journal fameux où il *renarde* sa prose et même ses vers, lui doit, paraît-il, sa prospérité et double son tirage les jours où le nom du Coryphée rutile au sommaire. Il est, en effet, le créateur d'une chronique bicéphale, dont la puissance est inouïe sur l'employé de ministère et le voyageur de commerce. Alternativement, il pète et roucoule. D'un jour à l'autre, c'est la flûte de Pan ou le mirliton.

Son côté lyrique est fort apprécié des clercs de notaire et des étudiants en pharmacie qui copient, en secret, ses vers, pour en faire hommage à leur blanchisseuse. Mais son autre face est universellement baisée, comme une patène, par les dévots de la vieille tradition gauloise. Andoche Sylvain représente, pour tout dire, *l'esprit gaulois*. Il se recommande sans cesse de Rabelais, dont il croit avoir le génie, et qu'il pense renouveler en ressassant les odyssées du boyau culier et du grand côlon.

Cet écumeur de pots de chambre a trouvé, par là, le moyen de se conditionner une spécialité de patriotisme. De son castel d'Asnières, où ses travaux digestifs s'accomplissent à la satisfaction d'un peuple joyeux d'antiques rouleuses et de cabotins retraités, il sonne, à sa façon, la *revanche* de la vieille gaieté française et lâche de sonores défis au visage de l'étranger.

L'intelligente oligarchie républicaine a rémunéré ce champion d'une lucrative sinécure dans un ministère. Elle a même fini par le décorer, maladroitement, il est vrai. Il a été promu chevalier, comme bureaucrate et non comme poète, ce dont les journaux unanimes ont clamé toute une semaine, — offrant ainsi le spectacle inespérément ignoble d'un gouvernement de pirates réprimandé par une presse de coupeurs de bourses, pour n'avoir pas assez avili la littérature, en la personne incongrûment récompensée d'un accapareur de salaire, que tous les deux ont la prétention d'honorer.

Pour ce qui est de Vaudoré, c'est le plus heureux des hommes. Tout ce que la médiocrité de l'esprit, la parfaite absence du cœur et l'absolu scepticisme peuvent donner de félicité à un homme, lui fut octroyé.

On l'appelle, volontiers, l'un des maîtres du roman contemporain, par opposition à Ohnet, toujours envisagé comme point extrême des plus dégradantes comparaisons. Toutefois, il serait assez difficile de préciser la différence de leurs niveaux. Leur public est autre, sans doute. Mais ils disent les mêmes choses, dans la même langue, et sont équitablement payés d'un succès égal.

Seulement, Vaudoré l'emporte infiniment par les supériorités inaccessibles de son impudeur. Ce médiocre devina, du premier coup, son destin. Sans tâtonner une minute, il choisit la bâtardise et *l'étalon-*

nat. Telles sont les deux clefs par lesquelles il est entré dans son paradis actuel.

Aimé d'un aveugle maître qui crut, sans doute, à l'aurore d'un génie naissant, non seulement il lui soutira une *nouvelle* fameuse, écrite presque entièrement de la main du vieil artiste et qui, signée du nom de Vaudoré, commença la réputation du jeune plagiaire; — mais, après la mort du patron, il répandit par le monde que ce défunt l'avait engendré, n'hésitant pas à déshonorer sa propre mère, que le progéniteur supposé ne connut peut-être jamais. Au moyen de ces industries, il parvint à se remplir d'un atome vivifiant de la gloire d'un des romanciers les plus puissants sur les générations nouvelles, et il hérita de tout son crédit.

Un aussi démesuré triomphe ne suffisant pas encore à ce pédicule du grand homme, il inaugura le sport fructueux de l'Étalonnat. Jusqu'à ce novateur, on s'était contenté de faire l'amour vertueusement ou paillardement, mais dans l'obscurité convenable aux salauderies préliminaires de la putréfaction. Quand on sortait de cette ombre, comme fit le marquis de Sade, c'était pour attenter délibérément à quelque loi d'équilibre primordial, en risquant sa vie ou sa liberté. Le bâtard volontaire ignore ce genre de grandeur, comme il ignore tous les autres. Il a simplement imaginé de forniquer, de temps en temps, par devant expert, pour obtenir un renom d'écrivain viril et subjuguer la curiosité des femmes. Remarquablement doué, paraît-il, ce romancier ityphallique a colligé les suffrages des arbitres les plus rigides, et les princesses russes les plus retroussées sont accourues, déferlantes et pâmées, du fond des steppes, jusqu'à ses pieds, pour lui apporter la saumure de tout l'Orient...

Les confrères, quoique pénétrés de respect pour l'énormité du succès, le nomment entre eux, volontiers, le *tringlot* de la littérature. Telle est, en vérité, la physionomie précise du personnage et tel son degré de distinction. C'est un sous-officier du train et même un *sous-off*. Petit, trapu, teint rouge et poil châtain, il porte la moustache et la mouche et a des diamants à sa chemise. C'est le traditionnel bellâtre de garnison qui affole les caboulotières et qui ne parvient pas à se remettre de son effronté bonheur. Un désir infini d'être cru parisien jusqu'au bout des ongles est la soif cachée de cet indécrottable provincial.

Étonnamment dénué d'esprit et de toute compréhension de l'esprit des autres, il est impossible de rencontrer un être plus incapable d'exprimer un semblant d'idée, ou d'articuler un seul traître mot sur quoi que ce soit, en dehors de son éternelle préoccupation bordelière. La parfaite stupidité de ce jouisseur est surtout manifestée par des yeux de vache ahurie ou de chien qui pisse, à demi noyés sous la paupière supérieure et qui vous regardent avec cette impertinence idiote que ne paierait pas un million de claques.

Ce n'est pas lui qui s'exténuera jamais pour tenter de faire un beau livre, ou pour écrire seulement une bonne page ! — Je ne tiens qu'à l'argent, dit-il, sans se gêner, parce que l'argent me permet de m'amuser. Les artistes consciencieux sont des imbéciles.

En conséquence, il est admiré de la juiverie parisienne, qui le reçoit avec honneur, ce dont il crève de jubilation. Quand il est invité chez Rothschild, le triuglot en informe, quinze jours, la terre entière. C'est à cette école, sans aucun doute, qu'il a puisé la science des affaires. On l'a vu à Etretat, vendant des terrains à des confrères qu'il savait gênés, pour les racheter ensuite, à vil prix.

Sa vanité, d'ailleurs, est à son image. Son hôtel de l'avenue de Villiers est d'une esthétique mobilière de dentiste suédois ou de concierge d'hippodrome. Que penser, par exemple, de portières de soie bleu-ciel, rehaussées de broderies d'or orientales, d'un divan de même style, d'un traîneau hollandais en bois sculpté, faisant l'office de chaise longue et capitonné de bleu clair, enfin, d'une immense peau d'ours blanc sur des tapis de Caramanie, probablement achetés au *Louvre ?* — C'est l'appartement d'un souteneur Caraïbe, disait un observateur exact. On aime à croire que c'est en ce lieu qu'il a écrit cette fameuse autobiographie d'un cynisme si inconscient — que Falstaff n'aurait pas osé signer, — où il s'offre en exemple à tous les maquereaux inexpérimentés qui pourraient avoir besoin de lisières.

Dulaurier, apparemment consolé de la poignée de main de Marchenoir, s'était approché de ces trois glorieux. Cela faisait en tout quatre glorieux, dont trois « jeunes maîtres », car Sylvain commence à se décatir. La sympathie de cette flûte devait naturellement aller à ces tambours.

Il est vrai que Dulaurier a, en commun avec Gilles de Vaudoré, l'inestimable faveur de tous les ghettos et de toutes les judengasses. Cet enfant de pion, dont la principale affaire en ce monde est d'avoir « une âme de goëland », — ainsi qu'il le déclare, — se tuméfie de bonheur à la seule pensée qu'on le reçoit au salon chez les bons youtres, qu'il prend sincèrement pour la plus haute aristocratie, puisqu'ils ont l'argent.

Il venait justement de publier, sous le titre amorphe de *Péché d'amour*, un recueil de centons moraux et psychologiques ramassés partout, qu'il avait dédié à une renarde juive, dont Samson lui-même aurait renoncé à incendier l'arrière-train, et dont il portait les bagages par toute l'Europe, — quémandeur dolent d'une infatigable cruelle qui lui faisait expier l'atroce *moconium* de ses déprécations amoureuses par le plus géographique des châtiments éternels !

LIX

Marchenoir aurait bien voulu pouvoir s'en aller. Il prévoyait trop les abominables heures qu'il allait passer. — Quel amas de voyous! se disait-il consterné. Il va falloir pourtant que je me mêle à tout ça, que je parle, que je mange aussi, que je fasse une trouée dans le dégoût dont ma bouche est pleine, pour y enfourner les aliments qu'on va m'offrir!

Il vit avec désespoir qu'il n'y avait pas devant lui un seul être avec lequel il pût échanger trois paroles sans laisser éclater son mépris.

Un tel merle blanc n'était, certes pas, ce normalien blondasse et barbu, l'homme à l'œil qui verse, l'augural vicomte Nestor de Tinville, le doctrinaire épicurien de la grande presse, qui s'étalait là. On peut défier de mettre la main sur un cuistre plus exaspérant. Il est, à l'heure actuelle, un des types les [plus accomplis de cette intolérable ventrée de journalistes oraculaires dont Prévost-Paradol fut le prototype.

Rien ne saurait s'accomplir dans le monde sans la volonté de Dieu, mais sous la réserve des considérants préalables du noble vicomte. Il est le vrai sage affermi sur une expérience de granit, par conséquent, dispensé de toute invention, de tout style, et même de toute écriture. Il a pour lui la sagesse, rien que la sagesse. Il est celui qu'on ne trompe pas. La sagesse est son grand ressort. Si vous lui refusez la sagesse, vous l'assassinez. Quand les filandiers vulgaires ont pâli longtemps sur un écheveau, il laisse tomber, sereinement, une lourde sentence et tout se débrouille. Il ne reste plus qu'à débobiner la lumière.

Il a, — comme tous les sages, d'ailleurs, — un respect infini pour la richesse et pour les riches, sans exception. La richesse est, à ses yeux, un critérium de justice, de vertu, d'aristocratie, — peut-être aussi de *virginité*, car il parle souvent de virginité, sans qu'on sache pourquoi ce vocable lui est si cher.

Il prononce que le premier devoir du riche est « d'aimer le luxe », et que les crevants de misère, au lieu d'envier les gens qui s'amusent, les devraient *bénir*. « Que m'importe ? — écrivait-il, à propos d'un roman naturaliste racontant les angoisses d'un malheureux expirant de faim, — j'ai une si bonne cuisinière ! »

La solennité stérile, la morgue constipée, la dureté basse de ce mulet de la chronique, avaient le don d'irriter au plus haut degré Marchenoir. Puis, il savait l'effarante ignominie de sa vie privée et la honte, à faire beugler, de son mariage !...

— Ne pourriez-vous, dit-il à Beauvivier qui vint à passer, me faire dîner sur une petite table séparée, ou m'envoyer simplement à la cuisine ? Je vous assure que je ferais de bon cœur la connaissance de vos domestiques.

— Mes convives vous dégoûtent donc terriblement ? Vous êtes un fauve bien délicat ! C'est pourtant le dessus du panier qu'on vous offre !... Mais, voyons, vous m'y faites penser. A côté de qui voulez-vous que je vous place, ou plutôt, à côté de qui tenez-vous absolument à n'être pas ? Vous m'aurez déjà à votre gauche. Mon voisinage vous répugne-t-il ? Non. Qui mettrai-je maintenant à votre droite ? Parlez, il est encore temps.

D'un regard circulaire, Marchenoir tria la chambrée.

— Placez-moi donc à côté de ce loucheur, répondit-il, en désignant Octave Loriot dans la profondeur d'un groupe. Celui-là, du moins, n'est qu'un imbécile.

Octave Loriot n'est, en effet, qu'un imbécile. Les analyses de la critique la plus attentive n'ont pu dégager un autre élément de la pulpe cérébrale de ce romancier pour dames. Il cuisine loyalement son petit navet au macaroni, selon les inusables formules d'Octave Feuillet, de Jules Sandeau, de Pontmartin ou de Charles de Bernard. Quelques-uns prétendent abusivement qu'il procède du *Maître de Forges*. Il est bien trop anémique et frêle, pour qu'on le compare à ce Crotoniate, à cet Hercule Farnèse, à ce Colosse Rhodien de l'imbécillité française. Il en est à peine le Narcisse et n'aurait pas même l'énergie de se noyer dans son image.

Mais voilà justement ce qui le rend si précieux aux sentimentales âmes dont il encourage les transports, — sans obérer son propre cœur. Car il ne se risque pas au hasardeux négoce des grandes passions. Il borne ses vœux à l'humble trafic des émollients et des préservatifs. C'est un modeste bandagiste pour les hernies inguinales ou scrotales de l'amour.

Il continue donc la série des romanciers de confiance de la société correcte, pour laquelle Chaudesaigues a trop d'originalité, Vaudoré trop de sentiment, et le bélître Ohnet trop de profondeur. Dulaurier, seul, pourrait lui porter ombrage. Mais l'auteur de *Péché d'amour* est un poulain de trop peu de manège, dont on n'est pas encore assez sûr. Demain, peut-être, il va tout casser, tandis qu'on est bien tranquille avec cette honnête rosse, qui n'a jamais renâclé, et qu'un strabisme, heureusement convergent, permet de gouverner sans œillères.

En conséquence, les personnes vertueuses qu'il a pudiquement lubrifiées de son imagination, pendant leur vie, se souviennent de lui à l'heure de la mort et le consignent dans leur testament. L'heureux Loriot est le seul romancier qui couche dans des châteaux légués par l'admiration.

Le groupe, dont ce propriétaire faisait partie, se

massait respectueusement autour de Valérien Denizot, l'officier à monocle de la cavalerie légère du journalisme. Sacré homme de lettres par Dumas fils, le grand archonte, et vraisemblablement né pour autre chose, Denizot est le plus universel raté de son siècle. Raté de la poésie, raté du roman, raté du théâtre, raté de la politique, raté même de l'amour, ayant été cocufié à Lesbos, — ce qui est un cocuage sans espérance.

On ne connaît, à Paris, que le seul Bergerat qui puisse lui être comparé comme manant de l'écritoire. Encore, Bergerat fut-il rageusement vernissé de littérature par son beau-père, Théophile Gautier, dont la voluptueuse bedaine avait, dit-on, des entrailles répulsives pour ce *théâtrier* et ce fils de prêtre.

Denizot, lui, se passe très bien de littérature. Il est un manant sans mélange, un goujat complet, — à table surtout, quand il boit du vin du Rhin pour se donner l'air d'un burgrave. Les femmes sont obligées, alors, de prendre la fuite. Ce vieux gavroche n'a jamais soupçonné qu'il pût exister autre chose que des filles ou des brelandiers, car il est prince du tripot, comme il est roi de la basse blague, ayant été rétribué de ses services de spadassin de plume et de ses fonctions de torcheur privé de Waldeck-Rousseau, — dont il eut le génie de déshonorer un peu plus le ministère, — par un diplôme de chevalerie et le juteux octroi d'une cagnotte.

L'esprit de mots tant vanté de Valérien Denizot est puisé à une source difficilement tarissable. Il possède une bibliothèque Alexandrine de calembredaines, d'anas, de recueils grivois, de compilations burlesques. C'est à n'en voir jamais la fin. Il ne tient qu'à lui d'être, cent ans encore, « le plus spirituel de nos chroniqueurs ».

Par malheur, il se doute un peu de son néant et cela l'enrage contre l'univers. Personne n'est absous de son impuissance. S'il avait un sou de talent au service de sa désespérée fureur de raté, nul n'échapperait au venin de ses abominables crocs, — à l'exception, peut-être, de quelques turfistes à poigne, accoutumés à rosser des bêtes plus nobles, mais fort capables, après le champagne, de déroger jusqu'à son calottable visage.

Probablement fatigué de se porter lui-même, il s'appuyait sur son digne confrère, Adolphe Busard, connu dans tous les théâtres sous le sobriquet significatif de *Mimi-Vieux-Chien*. Ce vieux chien a les allures et la physionomie d'un officier de cavalerie, supérieur en grade à Denizot, mais d'une arme plus lourde.

C'est un bonapartiste obséquieux et rêche, à physionomie quelque peu chinoise, plagiaire plein d'impudence, très puissant au *Basile* et baryton des plus influents. Une vieille *pratique*, s'il en fut, et du meilleur temps! On assure que Napoléon III a payé plusieurs fois ses dettes. Hélas! le pauvre sire aurait mieux fait de venir en aide à quelques nobles artistes dédaignés, qui l'eussent efficacement protégé de leur encre ou de leur sang, contre la hideuse vermine qui le dévora.

Le sang de Busard, si cette matière coulante existe en lui, est un trésor dont il paraît singulièrement avare. Quant à son encre, il l'utilise exclusivement à faire, en littérature, des travaux d'expéditionnaire. Son zèle de copiste est infatigable. Une de ses prétentions les plus chères est de passer pour un historien littéraire, pour un bibliophile savant et documenté. Naturellement, il est *moliériste*, comme il convient à tout esprit bas. Jules Vallès est probablement le seul gredin qui ait méprisé Molière. Il est vrai que Vallès était un gredin de talent.

Busard se contente de démarquer le talent des autres ou, plus simplement, de les dépouiller en bloc, sans discernement et sans choix, car il est incapable même d'apercevoir le talent. On se rappelle cet important, ce définitif travail, tant annoncé, sur Villon, sur sa vie et son temps, renforcé de pièces inédites et de toutes les herbes de la Saint-Jean de l'érudition. A l'examen, il se trouva que la chose avait été copiée, intégralement, dans le *Journal des Chartes*. Le véritable auteur détroussé, qui avait encore sa montre, par grand bonheur, jugea enfin que l'heure était venue de se montrer et de protester. Il fit donc paraître ses notes et Busard, démoli, s'immergea dans un silence malheureusement bien court.

Ce qui le tire de pair, absolument, c'est le génie commercial. Les statistiques les plus exactes ont établi l'énorme supériorité numérique de sa clientèle d'écorchés. Wolff excepté, aucun journaliste ne peut se flatter d'une aussi grande puissance d'attraction sur les écus. Ces deux aruspices distribuent la justice, comme Danaé décernait l'amour. Ils sont virginaux et incorruptibles, juste aussi longtemps que cette éventrée de Jupiter. Il est vrai qu'Albert Wolff rançonne la terre et que Busard, moins équipé, opère surtout au théâtre, où il impose jusqu'à ses maîtresses. Mais sur ce marché, il est sans égal.

Et Dieu sait, pourtant, si Germain Gâteau, l'ancêtre du groupe Denizot, est un novice en cet art fructueux de s'engraisser du labeur d'autrui ! Ce Géronte visqueux et blanchâtre, au teint de mastic couperosé, est un sous-Wolff et s'en félicite. Hebdomadairement, il foire au *Basile* le tapioca d'une bibliographie gélatineuse et moléculaire, dont se pourlèche l'abonné sérieux. C'est lui qui est chargé d'informer deux cent mille lecteurs du mouvement intellectuel de la France contemporaine !

A ce titre, il est une des grosses influences du Paris actuel, et d'interminables théories de débutants implorateurs viennent déposer à ses pieds les fruits imprimés de leurs veilles. Mais une longue pratique du négoce a blindé son cœur contre les sollicitations éplorées des Malfilâtres, et les larmes d'argent sont seules admises à rouler sur le drap funèbre de son impartialité. Ce thaumaturge a découvert des filons d'or dans les poches percées de la littérature. Il est le Péruvien du compte-rendu sympathique et le carrier philosophal des transmutations de la Réclame.

Marchenoir, voué, par nature, à l'observation des hideurs sociales, n'avait jamais pu se remettre de l'ahurissement que lui avait causé le premier aspect de cet individu, qu'il avait pu rêver dégoûtant, mais non pas de ce genre ni de ce degré de dégoûtation. Il avait beau se pincer, se crier à ses propres oreilles, se traiter de triple niais, il n'en revenait pas qu'un intendant de la renommée, un être qui tient sous clef, pour le distribuer comme bon lui semble, le pain des artistes dont il serait indigne de décrotter la chaussure, — en lui supposant même la beauté d'un Dieu, — eût précisément l'ignoble physionomie de Germain Gâteau !

C'est la forme sensible que prendrait nécessairement la Vulgarité, si elle venait à s'incarner pour la rédemption des captifs de la Poésie, c'est une Méduse de vulgarité. Il y a du notaire de campagne usurier et du vieux garçon de tripot, du marchand de soupe de vingtième ordre, et du concierge de la place Pigalle, qui a vendu sa fille au capitaine retraité de l'entresol. Il y a, surtout, du laquais insolent et voleur, toléré par des maîtres à peine moins vils, dont il aurait surpris les secrets fangeux. La savate, — déjà levée ! — retombe aussitôt devant cette face décourageante où l'abjection sans mesure s'amalgame visiblement à une imbécillité, qu'on est forcé de conjecturer insondable !

A droite et à gauche de ces chefs, Marchenoir apercevait quelques jeunes thuriféraires en travail d'extase : Hilaire Dupoignet, Jules Dutrou, Chlodomir Desneux, Félix Champignolle et Hippolyte Maubec, — têtards de journalistes-pirates et de romanciers sans génie, fleurs écloses du crottin des vieux, dans les balayures saliveuses du boulevard, et qu'il faut craindre de grandir, en se donnant la peine de les mépriser.

Hilaire Dupoignet est un héros flûtencul de la guerre du Tonkin, où il se signala comme infirmier. Les troupiers l'avaient surnommé *Cinq contre un*, à cause d'une habitude honteuse qu'il se hâta de révéler à ses contemporains dans un roman autobiographique d'une invraisemblable fétidité. Il l'écrivit à son retour, de cette même main qui avait rendu de si grands services et se couvrit ainsi d'une gloire nouvelle, que les qualités de son esprit n'avaient pas promises, mais que la vilenie de son âme lui fit obtenir d'emblée.

Ce masturbateur a pour spécialité d'attaquer les gens qui ne peuvent pas se défendre. Il fit cette prouesse d'envoyer au frère Philippe le premier exemplaire de son punais roman, où le public est informé que les frères de la Doctrine chrétienne furent institués à l'unique fin de pourrir l'enfance.

Lâche évident, chourineur probable, empoisonneur par principes, mais incendiaire frigide, il offre à l'observateur la lividité sébacée d'un homme sur le visage duquel on aurait pris l'habitude de pisser...

Jules Dutrou, le moins jeune de ces têtards, donne l'idée d'une vipère qui serait devenue renard, tout exprès pour succomber aux atteintes d'une inexorable alopécie. Ce croûte-levé s'est fait journaliste pour avoir des femmes, malgré sa pelade et sa calvitie. Il chroniquaille dans une feuille de boulevard renommée pour le néant exceptionnel de ses virtuoses, et distribue sur l'asphalte des sourires à ressort et de dangereuses pressions de sa main suspecte.

Sa voix est celle d'un châtré de naissance, qui n'a jamais eu besoin d'aucune chirurgie pour devenir chanteur et qui porte ses cisailles dans son cerveau.

Dutrou se juge écrivain et parle quelquefois avec un équitable mépris des « voyous de lettres ».

Un jour, quelqu'un nomma Chlodomir Desneux à un romancier célèbre. Il s'agissait d'obtenir de ce pontife tout-puissant alors au *Voltaire*, qu'il y poussât le débutant rongé de misère, disait-on, et intéressant à tous les points de vue. Le maître se laissa toucher et parvint à imposer au directeur du dit *Voltaire* un roman de Chlodomir. Celui-ci soutire aussitôt une somme, décampe avec son manuscrit, le publie ailleurs, devient l'ami d'Arthur Meyer qui lui confie une magistrature, et, à la première occasion, il traîne son protecteur dans les ruisseaux.

Ce Mérovingien est une créature de Dulaurier, qui ne parla jamais de lui donner d'argent, mais qui le pilota de son expérience, et l'instruisit à devenir le semblant de quelque chose.

La force de Chlodomir Desneux est, peut-être, dans son sourire. Un sourire affreux qui lui déchausse les gencives et fait apparaître les dents d'un loup. Mais c'est un brave loup très éduqué qui rentre ses crocs, au surgissement le plus lointain d'une trique possible.

Il est aisément reconnaissable à ses redingotes de clergyman, boutonnées de pastilles de réglisse, et à ses faux gilets lacés dans le dos, en velours olive de vieux fauteuil, — ces derniers servilement copiés de Lécuyer, dont le dandysme de haut souteneur l'a fortement imprégné.

Il a ceci de commun avec Denizot, qu'il ferait, en temps de terreur, un délicieux proconsul de la guillotine. Tant qu'ils pourraient, l'un et l'autre de ces deux envieux couperaient des têtes pour se venger d'avoir été d'heureux impuissants.

Marchenoir n'avait pas à craindre que Félix Champignolle s'approchât de lui. Ce jeune bandit, à figure d'équivoque larbin, était trop prudent pour se mettre à portée d'une main dont il savait la vigueur. Il n'ignorait pas que Marchenoir avait été l'ami d'un pauvre diable d'homme de lettres dont lui, Champignolle, avait procuré la mort tragique, en le faisant tomber dans le guet-apens d'un duel, et, même, il avait été sur le point de prendre congé, sous un prétexte quelconque, en voyant entrer le désespéré. Mais on eût trop compris le vrai motif de cette départie, et la politique le contraignit à rester. Quant à Marchenoir, il n'eut pas trop de toute son énergie pour se tenir tranquille, en attendant une occasion meilleure. Quelle danse, alors !

Champignolle est un personnage des plus remarquables, en ce sens qu'il a l'air d'un parfait scélérat, au milieu d'une bande de coupe-jarrets que sa présence fait ressembler à d'inoffensifs bourgeois. A l'exception d'un acte courageux ou spirituel, on peut dire qu'il est absolument capable de tout. Son effronterie est sans exemple et sans précédent. Il est le seul homme de lettres ayant osé publier un livre plagié de tout le monde, à peu près sans exception, et fabriqué de coupures dérobées aux livres les plus connus, sans autre changement que l'indispensable soudure d'adaptation à son sujet. On s'étonne même que cette audace ait eu des bornes et qu'il n'ait pas donné, comme de lui, le *Lac* de Lamartine ou l'une des *Diaboliques* de Barbey d'Aurevilly. Mais il est facile de concevoir les résultats esthétiques d'une telle méthode.

La personne d'un chenapan de cet acabit ne serait pas tolérée, un quart de minute, dans une société de voleurs de grand chemin, où subsisterait quelque regain de virile solidarité. La société des lettres l'accepte, néanmoins, avec honneur, et se serre, volontiers, pour le mettre à l'aise. Il est offert en exemple à l'émulation des *jeunes*, qui convoitent sa dextérité et naviguent en cohue dans son sillage.

Sa force est, d'ailleurs, attestée par les précautions qu'on est obligé de prendre pour le recevoir. Non seulement, il est conseillé de cacher soigneusement tous les papiers de quelque importance, mais il faut encore surveiller les mains agiles du visiteur, aussi longtemps qu'il stationne dans un endroit où quelque chose est à prendre.

Chamfort recommandait aux ambitieux d'avaler un crapaud tous les matins, avant de sortir, pour se faire la bouche. Champignolle a trouvé mieux. Il a passé le matin de sa vie à solliciter les coups de pieds au derrière de tous les passants, dont la botte pouvait utilement retentir, et quand il ne les obtenait pas, il inventait le moyen de les carotter.

On peut donc tout prédire à un aventurier d'un tel caractère. Les journaux ont raconté la touchante cérémonie de son mariage avec une jeune amie de *Madame* Valtesse... Où n'ira-t-il pas, désormais, ce jeune vainqueur, qui commençait hier, à peine, en se glissant, comme une punaise, par les fentes des parquets et pour qui, bientôt, aucun portail, aucun arc de triomphe ne s'élèvera suffisamment au-dessus du sol ?

Enfin, Hippolyte Maubec, *premier reporter* de Paris, ainsi qu'il se qualifie lui-même. Il passe, du moins, pour l'un des meilleurs flairs et des plus tenaces à la piste, parmi tous ces chiens du journalisme dont l'héroïque emploi consiste à réaliser, dans la vie privée des contemporains illustres, les manœuvres décriées que la loi martiale rétribue d'une demi-douzaine de balles aux alentours présumés du cœur. Ce métier demande, avant tout, du front et de l'estomac. Quant à l'esprit, il en faut tout juste assez pour voir, à temps, monter la moutarde dans le nez d'autrui, ou pour accueillir les coups de bottes des exaspérés, avec le sourire d'un gladiateur de l'information.

Cependant, cette place enviée n'arrivant pas à combler ses vœux, Hippolyte Maubec s'improvisa moraliste consultant au journal fameux dont s'imprègnent les républicains *honnêtes*, où il s'arrange, — malgré le voisinage de Sarcey, — pour être la plus laide chenille de cette feuille de mauvais figuier qui rend un peu plus visibles les parties honteuses de notre histoire contemporaine.

Il est doué d'une espèce de figure syphilitique et foraminée, aux glandes cutanées perpétuellement juteuses. C'est précisément le contraire de son croûteux et *feuilleté* confrère, Jules Dutrou, dont la lèpre est sèche. Quand l'humeur liquide menace de s'indurer, il presse délicatement les pustules réfractaires au suintement et fait jaillir son ordure. Malheur à qui se trouve, alors, devant son abominable gueule !

N'importe. Les boutiquiers et les commis-voyageurs, qui lisent assidûment *son* journal, lui adressent force épîtres anxieuses, auxquelles il répond, publiquement, avec un zèle patriotique à peine surpassé par le ridicule inouï de son ton d'augure, car ce vénéneux est pour la vertu et ce hanteur de tripots pour la probité.

Redouté comme une mouche de pestilence et rempli de *charbonneuses* notions sur la conjecturale moralité des uns et des autres, on lui abandonne sans discussion toute l'autorité qu'il veut prendre, et le drôle immonde en profite pour organiser, à son usage, une sorte de royauté de l'espionnage et de l'intimidation. Il donne ainsi des mots d'ordre à la presse entière, organise le scandale, décrète le bruit, promulgue le silence et, aussi savant délateur que redouté complice, fait tout trembler de son omnipotente ignobilité.

Et c'est une juste royauté, une trois fois légitime primatie, nul, — pas même Albert Wolff et Valérien Denizot! — n'étant plus bas, plus fangeusement coté, plus dénué de talent, plus invulnérable à un sentiment d'ordre élevé, plus impossible à calomnier!

LX

— Est-ce bien tout? se dit Marchenoir, en achevant ce dénombrement. Les quelques comparses que j'entrevois encore, ne me paraissent pas être du bâtiment. Ils ne sont là que pour faire nombre et pour l'exultation de la vanité parvenue de Beauvivier. Quand je pense que voilà pourtant les nourriciers de l'intelligence! Ils sont presque tous décorés. Dieu me soit en aide! Nous allons avoir la Table ronde! Que vais-je devenir au milieu de ces chevaliers?

Sur cette réflexion, une tristesse immense lui vint et un découragement sans bornes. Il éprouva, plus atrocement que jamais, son impuissance. Privé du ressort de la richesse, amoureux de toutes les grandeurs conspuées, et seul contre tous ! Quel destin !

Ah ! s'il se fût agi simplement d'un combat physique, en pleine caverne, il se sentait une vaillance à les défier et à les massacrer tous. Au moins, il aurait la consolation de leur faire acheter sa peau terriblement cher ! Cette idée vaine le transportait. Il se fût présenté en chevalier errant, sans bannière et sans écu, devant ces hauts barons patentés de la ripaille et du brigandage. Il les eût affrontés au nom de la Vierge et des saints Anges, pour l'honneur de la Beauté qu'ils ont reniée et pour la vengeance du faible dont ils sont les massacreurs. Expirer sous la multitude des canailles, il le faudrait bien, mais il expirerait dans la pourpre d'un tapis de sang !

Au lieu de cette mort superbe, il fallait compter sur l'ignoble et interminable agonie moderne de l'artiste pauvre qui ne veut pas se déshonorer. La Misère, l'Aristocratie de l'esprit et l'Indépendance du cœur, — ces trois fées épouvantables qui l'avaient baisé dans son berceau, — avaient marqué, pour lui, la prédilection de leurs entrailles de bronze, par un luxe peu ordinaire de tous les dons de naissance qu'elles prodiguent à leurs favoris. Le pauvre Marchenoir était de ces hommes dont toute la politique est d'offrir leur vie, et que leur fringale d'absolu, dans une société sans héroïsme, condamne, d'avance, à être perpétuellement vaincus. Le courage le plus divin n'y peut rien faire. Le sublime Gauthier *Sans-Avoir* serait aujourd'hui prestement coffré, et c'était déjà fièrement beau que l'inséductible pamphlétaire n'eût pas été, jusqu'alors, incarcéré dans un cabanon.

Il vit, dans une clarté désolante, l'insuffisance inouïe de son effort, et la terrifiante inutilité de sa parole dans un monde si réfractaire à toute vérité. Il lui sembla qu'il était sur une planète défunte et sans atmosphère, semblable à la silencieuse lune, où les plus tonitruantes clameurs ne feraient pas le bruit d'un atome et ne pourraient être devinées que par l'inaudible remuement des lèvres...

Sa collaboration au *Basile* était décidément une chimère, un rêve insensé, qui ne tiendrait pas trois jours devant le préjugé commercial de ne rien changer à l'ordinaire des gargotes intellectuelles où le public moderne est accoutumé à s'empiffrer. D'ailleurs, sa solitude introublée au fond du salon, où tout le monde l'avait laissé fort tranquille, immédiatement après l'effusion postiche du premier instant, lui montrait assez les abîmes séparateurs qu'aucune considération n'aurait pu le déterminer à franchir, pour descendre confraternellement jusqu'à ces asticots de l'intelligence !

Il remarquait, depuis un instant, l'impatience hautement exprimée de quelques-uns et l'inquiétude manifeste de tous. On attendait un dernier convive pour se mettre à table et il fallait que celui-là fût considérable, à en juger par l'anxieuse perplexité de l'amphitryon.

La porte s'ouvrit enfin et Marchenoir vit apparaître celui devant qui tout journaliste s'efface, le folliculaire infini, le très haut Minos de l'enfer des lettres, le sultan sublime de la critique théâtrale, l'indéfectible Manitou du Sens commun, Mérovée Beauclerc !

— Rien ne me sera donc épargné ! gémit en lui-même le solitaire accablé. Je l'avais oublié, celui-là. Si j'avais pu prévoir sa venue, Beauvivier ne m'aurait pas facilement embauché pour sa gamelle. Maintenant, me voilà pris au traquenard de cet infernal dîner et je suis bien forcé de prendre patience. Mais, tonnerre de Dieu, qu'on ne m'embête pas !...

Mérovée Beauclerc est un normalien comme Tinville, comme Prévost-Paradol, comme Taine, comme About, dont il fut l'intime. Il appartient à l'illustre fournée de ces pédants universitaires à qui la France est redevable de la seule turpitude que les doctrinaires et les républicains lui eussent laissé à désirer: l'optimisme suprême du pion de fortune. Seulement, Mérovée Beauclerc les surpasse tous. Il est le pion sérénissime, inaltérable, absolu.

On ne voit à lui comparer qu'Ernest Renan. C'est l'unique parangon que le destin lui ait suscité. L'auteur de la *Vie de Jésus* est, en effet, une outre de félicité parfaite. Gonflé des dons de la fortune qui ne s'interrompit jamais de le remplir, il offre à l'observation le cas exceptionnel d'une hydropisie de bonheur. Réputé grand écrivain sans avoir jamais écrit autrement que le premier cuistre venu, renommé philosophe pour avoir ressassé de centenaires dubitations et critique vanté dans tous les conciles du mensonge, — on l'adore dans les salons et on le sert à genoux dans les antichambres. Il est le Dieu des esprits lâches, le souverain Seigneur des âmes naturellement esclaves, et le psychologue Dulaurier se liquéfie devant ce soleil du *dilettantisme*, dont il raconte la « sensibilité » Si l'histoire du xix° siècle est jamais écrite, ce mot inouï sera recueilli comme une gemme documentaire d'un inestimable prix. On s'en contentera pour nous juger tous, hélas! Mais, qu'importe cet avenir à l'heureux Bouddha du Collège de France dont le ventre plein de délices est caressé par de tels Eliacins?

Mérovée Beauclerc est à peine un peu moins léché que cette idole. Immédiatement au-dessous d'elle, il est le plus démesuré parmi nos pontifes. Ce serait le méconnaître, néanmoins, de s'informer d'une œuvre quelconque sortie de lui. Beauclerc n'est ni poète, ni romancier, ni même critique. Il n'est pas davantage historien ou philosophe, et n'a jamais fait un livre ou quoi que ce fût qui y ressemblât. Il est le Pion, sans épithète, le Pion du siècle, le moniteur et le répétiteur de la conquérante médiocrité.

Quelques-uns l'ont inexactement dénommé « le Bon Sens fait homme », ce qui impliquerait une altitude de raison, outrageante pour ses contemporains et démentie par l'universelle popularité dont il pâture, depuis vingt ans, le trèfle magique, aux plus bas endroits de toutes les plaines. C'est le *Sens commun* qu'il faut dire, si l'on tient à supposer une incarnation.

A la réserve d'Albert Wolff, — qui manquait inexplicablement à ce patibulaire congrès, — il est le seul exemple d'un homme ayant réussi à confisquer une influence à peu près illimitée, sans avoir jamais *rien* fait qui pût servir de prétexte à l'usurpation de son trépied. Les oracles subalternes, mentionnés plus haut, sont beaucoup moins étonnants. D'abord, leur crédit est moindre et presque nul, en comparaison du sien. Puis, ils ont l'air d'avoir tiré quelque chose de leurs intestins. Les Dulaurier, les Sylvain, les

Chaudesaigues, les Vaudoré, les Tinville même, ont au moins la configuration extérieure de probables individus. Ils paraissent avoir écrit, et le public abruti qui les adore, pourrait justifier la bave de son culte, en désignant les fantômes de livres signés de leurs noms.

Beauclerc ne possède absolument rien que le sens commun, où il passe pour n'avoir jamais eu d'égal, et il ne serait rien du tout, s'il n'était le premier des pions. Mais c'est assez, paraît-il, pour la dictature des intelligences. Nestor de Tinville, avec toute sa sagesse, en est écrasé. C'est que Mérovée n'a besoin d'aucune morgue, ni d'aucune solennité pour accréditer sa parole. Il est tellement *arrivé*, qu'il lui suffit de se montrer et d'ânonner n'importe quoi, pour que l'allégresse éclate.

Dans les conférences publiques, qui ont si démesurément agrandi sa gloire, c'est une espèce de prodige, non constaté jusqu'à lui, que le néant du rabâchage qu'on vient applaudir ! Ce fait paradoxal et confondant pour des étrangers inavertis de notre effroyable dégradation, est tellement inouï qu'on ne peut le mentionner exactement sans avoir l'air d'un calomniateur. Le Sens commun, dont la nature est d'étendre des tapis sous les pieds des foules, a ce privilège mythologique de devenir toujours plus fort en s'abaissant et de ramasser par terre ses victoires. Depuis qu'il existe, Beauclerc s'est rapetissé et abaissé, avec une constance de volonté qui eût suffi à un autre homme pour s'envoler par-dessus les astres, et il est parvenu si *bas*, qu'il a l'air de s'y perdre comme au fond des cieux ! Il plane à rebours, du rez-de-chaussée de l'abîme, et sa force attractive est identique à la loi de gravitation. C'est sa proie qui fond sur lui. Il n'a qu'à s'entr'ouvrir pour recevoir les matières pesantes et les déjections.

Il en est à n'avoir plus besoin de connaître le moins du monde ce dont il parle, et à ne plus lire du tout les livres qu'il a la prétention de juger dans ses harangues. Deux ou trois bas-bleus sacristains, voués à son tabernacle, lisent à sa place, et leurs suggestives notules suffisent à cet intuitif. Alors, quelle joie de déshonorer une belle œuvre, quand il s'en trouve, de la vautrer dans la boue de son analyse, de la descendre au niveau du groin de son auditoire !

Et le journaliste est à l'image du conférencier. Il apparaît, ici aussi bien que là, comme le châtiment, la flétrissure infinie, la tare vivante d'une société assez avachie pour ne plus avoir conscience des attitudes qu'on la force à prendre et des vomissures qu'on lui fait manger. Ce Beauclerc n'a-t-il pas eu l'impudence de se vanter, dans le plus incroyable des feuilletons, d'être le Minotaure de la critique de théâtre et de percevoir d'exacts octrois de fornication sur les débutantes, forcées de lui passer par les mains, sous peine d'insuccès fatal !... Il semble qu'une telle déclaration aurait dû attirer à son auteur, en n'importe quel lieu du globe, une tempête de huées, une clameur de réprobation à décrocher tous les luminaires du firmament. On l'a généralement applaudi, au contraire, et secrètement envié. Ce faquin nage avec sérénité dans l'ordure liquide, en laquelle il a le pouvoir de transmuer tout ce qui l'approche. C'est le Midas de la fange !

Son hideux mufle, qu'on pourrait croire façonné

pour inspirer le dégoût, ajoute probablement au vertige de sa fascinante crapule. On l'a souvent comparé à un sanglier, par un impardonnable oubli de la grandeur sculpturale de ce sauvage pourchassé des Dieux. C'est une charcuterie et non pas une venaison. La bucolique dénomination de goret est déjà presque honorable pour ce locataire de l'Ignominie. Mais les bourgeois se complaisent en cette figure symbolique de toutes les bestialités dont leur âme est pleine, et qu'ils présument assez épiscopale d'illustration, pour les absoudre valablement de leur trichinose.

Evidemment, le dîner de Beauvivier eût été raté sans ce dernier convive, que Wolff seul eût pu remplacer. Toutes les catégories d'influences par la plume étaient maintenant représentées à l'auge du nouveau satrape, depuis les mastodontes jusqu'aux acarus. Il ne restait plus qu'à se mettre à table.

LXI

La victuaille fut copieuse et d'une culinarité sublime. Pendant quelque temps, on n'entendit que le bruit des mandibules et de la vaisselle, accompagné, en dessous, du gargouillement hoqueté de la commençante déglutition des vieux. Une parlote susurrée ondulait vaguement autour de la table immense, préliminaire d'une conversation générale qui cherchait à se préciser. Des interjections brèves, des exclamations suspendues, de timides interrogats, de préhistoriques facéties et des calembours tertiaires, faufilaient peu à peu la rumeur joyeuse, en attendant qu'elle éclatât comme une fanfare, sous l'excitation des puissants vins.

Beauvivier, flanqué à sa droite de Marchenoir et tamponné à sa gauche de Chaudesaigues, s'efforçait assez vainement, d'établir, à travers sa propre personne, un courant d'électricité cordiale entre ses deux voisins immédiats. Marchenoir, impraticable autant qu'un créneau couvert de givre, répondait, en mangeant, avec une concision boréale qui faisait tousser Chaudesaigues.

Néanmoins, Properce, aussi sagace que patient, calculait que l'anachorète finirait par s'allumer, comme un pyrophore, à l'oxygène ambiant de la sottise générale et qu'alors, il éructerait un de ces *paradoxes* véhéments dont on le savait coutumier, et dont la promesse, glissée sournoisement à quelques oreilles, faisait partie du menu de cet étonnant festin. Il avait même donné de machiavéliques instructions pour qu'on fût très attentif à ne pas le laisser expirer de soif...

Après pas mal de bourdonnement et d'incohérence de propos, la conversation finit par se fixer, à l'autre bout de la table, sur l'événement de la veille dont tous les journaux avaient retenti. Il s'agissait du duel, aussi malheureux que ridicule, d'un confrère catholique assez indépendant, par miracle, et assez courageux pour avoir écrit un livre contre la société juive, mais assez inconséquent pour avoir accepté de *croiser le fer* avec l'un des plus décriés représentants de cette vermine. Or, ce duel avait été des plus funestes. Le juif avait simplement assassiné le chrétien, aux applaudissements unanimes de la fripouille sémitique, et la justice criminelle, pénétrée de respect pour cette potentate, n'avait pas informé contre l'assassin.

Il va sans dire que nul, parmi les convives, ne gémissait amèrement sur la victime. La plupart, subventionnés par la Synagogue ou valets de cœur de la haute société juive, auraient estimé de fort mauvais goût de s'attendrir sur le juste châtiment d'un énergumène qui avait poussé l'insolence jusqu'à compisser le Veau d'or. On ne pouvait pas exiger, par exemple, que des romanciers aussi domestiqués que Vaudoré ou Dulaurier, s'indignassent de ce qui faisait la joie de leurs maîtres.

On discutait donc uniquement l'*incorrection* de cette rencontre au point de vue du sport, sans qu'une pensée ou un sentiment quelconques eussent la moindre occasion de se donner carrière dans le bavardage. Beauvivier espéra prématurément que son sauvage allait s'allumer.

— Que pensez-vous de cette affaire ? lui demanda-t-il.

La question, venant de ce juif, parut singulière à Marchenoir qui comprit qu'on voulait le faire *poser*, et qui décida, sur-le-champ, de déconcerter de son calme le plus inquiétant le scepticisme malicieux de son questionneur.

— Je pense, dit-il, que c'est une sotte affaire. Que voulez-vous que je dise d'un malheureux homme qui démontre jusqu'à l'évidence, en plusieurs centaines de pages, que les juifs sont des voleurs, des traîtres et des assassins, une race de pourceaux illégitimes engendrés par des chiens bâtards, et qui se hâte, aussitôt après, d'accepter un duel avec le plus vil d'entre eux? Car ce pauvre diable a choisi, — tout le monde en conviendra, — l'adversaire le plus capable de l'égorger de ridicule, en supposant que l'autre manière n'eût pas réussi. Le courage de cette absurde victime est, d'ailleurs, incontestable. Son livre, quoique mal bâti et plus faiblement écrit, lui faisait assez d'honneur. Il a été mal payé d'en désirer davantage. Quant aux circonstances mêmes du duel, elles me sont indifférentes. Le caractère connu du meurtrier autorise le moins informé des Parisiens à préjuger hardiment l'assassinat. Seulement, il est heureux pour lui que je ne sois pas le frère du défunt...

Cela fut débité d'un ton exquis dont Marchenoir s'étonna lui-même. — Ils veulent me faire brâmer comme un jeune daim, pensait-il, je vais leur dire tout ce qu'ils voudront, du même air que je commanderais une portion de tripes dans un restaurant.

— Que feriez-vous donc? interrogea, à son tour, Denizot, qui passe généralement pour un oracle en matière de point d'*honneur*.

— Je l'assommerais sans phrases et sans colère... rien qu'avec un bâton, répondit suavement Marchenoir, en regardant son assiette, pour ne pas voir le monocle du plus spirituel de nos chroniqueurs.

L'attention devint générale. Le réfractaire excitait visiblement la curiosité. Il se souvint, par bonheur, du « complet triomphe » dont Beauvivier l'avait assuré, la veille, en le congédiant, et ce fut avec une vigueur extraordinaire qu'il serra ses freins.

— Si je vous entends bien, dit alors le vicomte de

Tinville, non sans quelque hauteur, vous rejetez absolument la coutume du duel ?

— Absolument. Voudriez-vous m'apprendre, monsieur, comment je pourrais ne pas la rejeter ? Sans parler d'une certaine consigne religieuse qui serait peu comprise, et que je n'aurais probablement pas le courage de vous expliquer, il y a ceci qu'on oublie trop : Le duel est une prouesse de gentilshommes et nous sommes des *goujats*. Des goujats sublimes, peut-être, mais enfin, d'irrémédiables goujats. A l'exception de quelques rares personnages, semblables à vous, — dont les ancêtres escaladèrent autrefois les murs de Jérusalem ou d'Antioche, — on ne voit pas que nous différions sensiblement de ces croquants, à qui l'on donnait deux triques énormes et le champ clos d'un large fossé, pour vider leurs querelles. Je vous avoue que le ridicule d'une épée dans la main de gens de notre sorte a toujours été terrassant pour moi. Il serait donc parfaitement inutile de me proposer un duel. Si c'est là votre pensée, elle est admirablement judicieuse et fait le plus grand honneur à votre pénétration. Je veux même vous déclarer qu'à mes yeux, le véritable outrage commencerait précisément à cet instant-là. J'estimerais qu'on me regarde comme un farceur de catholique ou comme un imbécile, et mon courroux éclaterait, à la minute, d'une manière tout à fait surprenante.

— Mais, cependant, monsieur le réactionnaire, brailla aussitôt Rieupeyroux, dans une hilarante tonique de pur gascon, qui faillit déchirer en deux le velarium de la gravité générale, vous êtes assez violent, il me semble, quand vous attaquez vos confrères, et il serait peut-être juste que vous ne leur refusassiez pas les réparations qu'ils sont en droit de vous réclamer, quand vous les traînez dans la boue. C'est trop commode, vraiment, de se retrancher derrière le catholicisme pour échapper à toutes les conséquences de ses actes et de ses paroles !

Marchenoir qui sirotait, en souriant, un verre du plus délicieux de tous les *Châteaux* et que la claironnante cocasserie de ce marquis des marches de la Pouille intéressait, lui répondit en douceur parfaite :

— Si j'étais réactionnaire, comme vous dites inexactement, mon très doux maître, vous me verriez aussi ardent que vous-même à toutes les passes d'armes et à tous les genres de tournois. C'est, au contraire, parce que je suis le plus dépassant des progressistes, le pionnier de l'extrême avenir, que je contemne ces pratiques surannées. Vous affirmez que je suis violent. Dieu sait pourtant si je me refrène, car je pourrais l'être bien davantage !...

Quant aux belles âmes que mes écritures affligent, qui les empêche de m'affliger, à leur tour, de la même sorte ? Je serais le plus inique des éreinteurs si je me fâchais d'une riposte, même imbécile. Je taille mes projectiles avec le plus d'art que je puis et je me ruine à choisir, pour cet usage, les plus dispendieuses matières. L'un de mes rêves est d'être un joaillier de malédictions. Mais je n'exige pas que mes plastrons soient eux-mêmes des lapidaires et qu'ils se mettent en boutique. On fait ce qu'on peut et j'aurais mauvaise grâce à contester le choix d'une arme défensive à n'importe quel chenapan dont je serais l'agresseur. Si je poursuis un putois l'épée à la main et qu'il me combatte avec le jus de son derrière, c'est absolument son droit et je n'ai rien à dire. Il est loisible à chacun de publier que je suis un bandit, un faussaire, un va-nu-pieds, un proxénète, et même un idiot. J'accueille ces vocables avec une indifférence dont vous ne sauriez avoir une juste idée. Par exemple, il ne faut pas m'en demander davantage, car j'oppose aux voies de fait la plus insolite humeur...

Je mourrai certainement sans avoir compris ce que signifie le mot de *réparation*, au sens où les duellistes veulent qu'on l'entende. Je ne défends pas, d'ailleurs, aux mécontents de m'apporter leurs museaux, s'il leur paraît expédient d'opérer ce transit. Mon domicile est connu de tout le monde et nullement pourvu de *retranchements* catholiques ou autres. Ma porte s'ouvre facilement, aussi bien que ma fenêtre, mais je ne conseille à aucun brave de choisir ses plus chers amis pour me les expédier comme témoins. Je leur accorderais environ trois minutes de courtoisie, à l'expiration desquelles, il se pourrait que je les renvoyasse assez détériorés pour les guérir, quelque temps, du besoin d'embêter les solitaires dans leurs ermitages.

Léonidas, anciennement maltraité par le pamphlétaire, et que plusieurs mots de ce persiflage sérieux avaient clairement cinglé, ouvrait la bouche pour parler encore, quand Beauvivier l'arrêta d'un geste.

— Pardon, mon cher Rieupeyroux, le débat est clos. Vous avez forcé monsieur Marchenoir à renouveler des déclarations déjà anciennes et que nous avons tous entendues depuis longtemps. Vous n'espérez pas, sans doute, l'amener, pour vous complaire, à modifier ses vues ou ses sentiments. Notre convive est un homme exotique et d'un autre siècle. Il a d'autres idées que nous sur l'honneur, mais cette divergence est sans portée, puisque son intrépidité personnelle est hors de cause.

A ce dernier point de vue, même, je crois que ses chroniques seront d'un utile scandale en tête du *Basile*. Tenez! si personne n'y voit d'inconvénient, et que l'auteur veuille bien y consentir, ajouta-t-il, en se tournant vers son voisin, je serais d'avis qu'il nous lût, tout à l'heure, l'article de début que je fais paraître après-demain, et dont les épreuves sont justement sur mon bureau. Je crois, messieurs, que votre surprise ne sera pas médiocre. Avez-vous quelque répugnance à nous donner ce plaisir intellectuel, monsieur Marchenoir?

Celui-ci hésita une minute, puis se décida. Il sentait vaguement que, déjà, Beauvivier cherchait une occasion de le compromettre et de lui casser les reins, en le rendant impossible, puisqu'il le poussait à lire cette philippique, où les deux tiers des convives étaient plastronnés. Mais la seule pensée d'un tel risque le détermina, — étant de ces fiers chevaux, qui s'éventrent sur les baïonnettes, en hennissant de la volupté de souffrir!

LXII

Marchenoir avait la réprobation scatologique. Le bégueulisme cafard des contemporains d'Ernest Renan l'avait rigoureusement blâmé pour l'énergie stercorale de ses anathèmes. Mais, avec lui, c'était une chose dont il fallait qu'on prît son parti. Il voyait le monde moderne, avec toutes ses institutions et toutes ses idées, dans un océan de boue. C'était, à ses yeux, une Atlantide submergée dans un dépotoir. Impossible d'arriver à une autre conception. D'un autre côté, sa poétique d'écrivain exigeait que l'expression d'une réalité quelconque fût toujours adéquate à la vision de l'esprit. En conséquence, il se trouvait, habituellement, dans la nécessité la plus inévitable de se détourner de la vie contemporaine, ou de l'exprimer en de répulsives images, que l'incandescence du sentiment pouvait, seule, faire applaudir. L'article qu'il avait donné à Beauvivier sur le scandale de la publicité pornographique, était, en ce genre, un tour de force inouï. C'était un Vésuve d'immondices embrasés.

Lorsqu'il fut mis en demeure d'exécuter le saut périlleux de sa lecture, le malheureux homme, un peu surchauffé par la chère exorbitante qu'on lui avait imposée, commençait à perdre cette cautèle d'occasion qui l'avait préservé, jusqu'alors, de la salissante familiarité du troupeau dont il subissait l'entourage. Il constatait, avec une joie pleine d'épouvante, que son armure de glace fondait sensiblement sous la température anormale de cette ribote. Ce qui arriverait ensuite, il le savait trop. Le fauve sortirait de lui sans qu'il pût l'en empêcher, et l'exhibition qu'il avait à faire, — de quelque manière qu'il s'y prît, — apparaîtrait d'autant plus comme un défi, qu'il s'échaufferait encore en mettant sa voix et son geste au diapason de ses agressives périodes. Il avait, malgré tout, fini par la désirer, cette lecture, comme un exutoire. L'énormité des sottises ou des infamies qu'il entendait, depuis une heure, appelait une éruption.

Il se leva donc, aussitôt que Beauvivier lui eût donné le paquet d'épreuves, et il se fit un profond silence, la curiosité malveillante des auditeurs étant à son comble.

— *La Sédition de l'Excrément...*, articula lentement le lanceur de foudre.

A cet énoncé, le pion Mérovée, en train de tamponner, avec son mouchoir, l'impure viscosité de ses yeux malades, fit un haut-le-corps.

— Le titre promet, fit-il. Monsieur Marchenoir n'a pas changé. Il tient toujours pour l'éloquence fécale.

— Messieurs, je vous en prie, intervint aussitôt Beauvivier, pas de commentaires !

Marchenoir, nullement déconcerté, lut alors, sans interruption, les trois cents lignes de son article. Il avait une espèce de voix de buccin, assez semblable à son style monstrueusement oratoire et calculé, semblait-il, pour la vociféporation. Il lisait *mal*, comme il convient à tout prophète. Houleux et tumultuaire, ce vaticinateur déchaîné était plein de sanglots, de catafalques et de huées. Il faisait rouler sur les têtes, des quadriges de Mardi-Gras et des tombereaux de tonnerres. Il avait l'attendrissement sarcastique et l'engueulement solennel. Le mot abject, dont l'usage lui fut reproché si souvent, il avait une manière de le clamer, comme s'il eût été, à lui seul, une multitude, et ce mot devenait sublime, autant que l'imprécation désespérée de tout un peuple.

Il arriva ce que Marchenoir avait vu d'autres fois

déjà. L'immobilité silencieuse de ceux qui l'écoutaient devint une stupeur. Aucune plainte ne s'éleva de ce tas d'hommes bafoués, houspillés, piétinés, rossés avec une férocité inouïe et une autorité tortionnaire de vendeurs d'esclaves. A la réserve de deux ou trois, qui l'avaient entendu déjà, les assistants ne s'étaient jamais avisés de soupçonner une chose semblable et ne pensèrent pas à s'en indigner. Beauvivier, lui-même, qui avait pourtant lu l'article, mais qui ne le reconnaissait plus, débité de cette façon, eut quelque peine à revenir de son ahurissement.

— Ma foi, messieurs, dit-il, parfaitement sincère, avouez que ce que nous venons d'entendre est confondant. Nous nous devons à nous-mêmes de faire tout crouler ici, et il battit des mains. Les autres, décollés de leur étonnement et entraînés par l'exemple du patron, applaudirent à provoquer une émeute.

— Mais,... monsieur Marchenoir, continua le colonel du *Basile*, — s'adressant à son invité qui venait de se rasseoir après une inclination de tête imperceptible, — je ne vous connaissais pas cette force tragique, qui m'étonne encore plus, je vous assure, que votre talent d'écrivain, dont je fais, cependant, vous ne l'ignorez pas, la plus haute estime. C'est à se demander pourquoi vous n'êtes pas au théâtre. Vous en deviendriez le maître et le Dieu... N'est-ce pas votre avis, Beauclerc ?

Le grand Sentencier n'eut pas le temps de rédiger son dispositif. Ces dernières paroles venaient de procurer à Marchenoir la sensation d'un formidable soufflet. La bonne foi évidente, en ce moment, de Beauvivier, faisait enfin ce que son insidieuse malice n'avait pu faire. Le lycanthrope était vraiment en fureur. Il devint pâle et ses yeux noircirent.

— Pardon, dit-il, en étendant la main, comme pour imposer silence au tas de viande poilue qu'on venait de consulter et qui se préparait à répondre, l'avis de monsieur Beauclerc est sans intérêt pour moi. Je tiens même à l'ignorer absolument, et je m'étonne, monsieur Beauvivier, que vous ayez eu l'idée de me faire asseoir à votre table pour mettre la dignité de ma personne en expertise. J'étais loin de supposer que la lecture que vous venez d'applaudir et que je n'ai faite que pour vous complaire, dût être, sitôt, l'occasion du mortifiant éloge dont vous m'accablez, et de l'arbitrage plus outrageant qu'il vous plaît d'invoquer !

Beauvivier, surpris, se récria :

— Comment est-il possible, cher monsieur, que vous dénaturiez à ce point mes paroles et mes intentions ? En vérité, je ne devine pas en quoi j'ai pu vous offenser...

Plusieurs parlèrent à la fois. — Il est bien mal élevé, ce catholique ! disait Beauclerc. — Il a été mordu par Veuillot, ajoutait Tinville. D'autres exclamations du même genre coururent d'un bout de la table à l'autre. Le chenil, un instant maté, retrouvait sa gueule.

— Si vous avez besoin que je vous explique en quoi vos paroles m'ont révolté, reprit Marchenoir, il est douteux que mes explications vous éclairent et vous satisfassent. Néanmoins, les voici, en aussi peu de mots que possible. Je regarde l'état de comédien comme la honte des hontes. J'ai là-dessus les idées les plus centenaires et les plus absolues. La vocation du théâtre est, à mes yeux, la plus basse des misères de ce monde abject et la sodomie passive est, je crois, un peu moins infâme. Le bardache, même vénal, est, du moins, forcé de restreindre, chaque fois, son stupre, à la cohabitation d'un seul et peut garder encore, — au fond de son ignominie effrable, — la liberté d'un certain choix. Le comédien s'abandonne, *sans choix*, à la multitude, et son industrie n'est pas moins ignoble, puisque c'est son *corps* qui est l'instrument du plaisir donné par son art. L'opprobre de la scène est, pour la femme, infiniment moindre, puisqu'il est, pour elle, en harmonie avec le mystère de la Prostitution, qui ne courbe la misérable que dans le sens de sa nature et l'avilit sans pouvoir la défigurer.

Il a fallu le dénûment métaphysique particulier au XIX° siècle et l'énergie surprenante de sa déraison, pour réhabiliter cet art que dix-sept cents ans de raison chrétienne avaient condamné. Il paraît tout simple, aujourd'hui, de recevoir avec honneur et de pavoiser de décorations d'abominables cabots, que les bonnes gens d'autrefois auraient refusé de faire coucher à l'écurie, par crainte qu'ils ne communiquassent aux chevaux la morve de leur profession. Mais vous l'avez dit tout à l'heure, je ne suis pas de ce siècle, j'ai d'autres idées que les siennes, et parmi les choses répugnantes qu'il idolâtre, le prostibule de la rampe est surtout blasphémé par moi... Il vous était facile de conclure, ainsi que tant d'autres l'ont déjà fait, de l'intensité de mon coup de boutoir à une vocation d'assassin, par exemple, — ce qui n'aurait nullement altéré mon humeur. Vous pouviez inférer de ma prose et de ma diction, la folie furieuse ou, tout au moins, quelques scrofules honteuses, quelque bas ulcère dont la purulence cachée me sortirait jusque par les yeux... Sans hésiter, vous expliquez tout de moi par des facultés de saltimbanque et vous m'offrez un avenir de bouffon de la canaille. Voilà, je vous l'avoue, ce qui dépasse complètement mes capacités de résignation !

Pendant que parlait l'étrange rebelle, un murmure plus qu'hostile s'élevait autour de lui et montait jusqu'au grondement. Aussitôt qu'il eut fini, les aboiements éclatèrent. Il fallait qu'on en eût gros sur le cœur, et depuis longtemps. Un inconnu, proférant les mêmes impiétés, n'aurait obtenu que des interjections de rappel à l'ordre ou de silencieux et compatissants sourires, — car le monde de la plume est, en général, fort attentif aux pratiques extérieures de la plus urbaine indulgence, surtout en la présence des bêtes féroces.

Mais, ici, on avait affaire à l'ennemi commun, à celui dont personne ne pouvait être l'ami et qui ne pouvait être l'ami de personne. Marchenoir était un hérétique négateur du Saint Sacrement de la Crapule, au milieu d'un ripaillant concile de théologiens et de hauts prélats du maquerellage. Le vomissement sur les comédiens éclaboussait à peu près tous ces courtiers de luxure ou de vanité, qui prospéraient en exploitant les plus viles passions de leur temps. Puis, il fallait bien qu'on se vengeât de la surprise qu'on venait d'avoir et des applaudissements qu'on avait donnés, par l'effet d'un ascendant inexplicable.

Il y eut, alors, un concert de trépidations, un crépitement d'injures, une bourrasque de mauvais souffles, une clameur composée de toutes les formules d'excommunication et d'interdit, usitées dans les séances les plus orageuses des parlements de la racaille. Les têtes, chauffées à l'esprit de vin et fumantes sous la girandole, n'étaient plus en état de garder aucune mesure, et la vérité de leur goujatisme transsudait de leur congestion. Il n'était pas jusqu'au docteur Des Bois, l'intime de tout le monde et, en particulier, du glorieux Cadet, qui n'eût quelque chose à dire, et qui n'exprimât, — en un style vérifié par l'auteur du *Maître de Forges*, — que Marchenoir avait le malheur de « ne pas savoir se tenir en société ».

Beauvivier, excessivement inquiet, se prenait à craindre, pour de bon, que son complot n'eût un dénouement fâcheux, et que l'amusante exhibition du monstre qu'il avait rêvée, ne devînt, — par la malechance d'une considérable addition de calottes, — une tragédie sans gaieté. Vainement, il essaya, par gestes et conjurations impuissantes de sa frêle voix, de rétablir l'ordre.

Au fait, l'aspect du monstre n'était pas pour inspirer précisément la sécurité. Il était demeuré assis, il est vrai, et très calme en apparence, mais ses yeux, dilatés à l'intérieur, réverbéraient, en noir profond, la colère générale. On devinait qu'il était plus à son aise, de se voir en butte à tous les carreaux, et qu'il jouissait de sentir monter son courage. Il attendit que la première furie s'apaisât d'elle-même, naturellement, par l'exhalation pure et simple de l'injure ou du démenti que chacun de ses adversaires pouvait avoir à lui décerner.

Quand le moment lui sembla venu, il se leva, et

ce diable d'homme se mit à parler, en commençant, d'un ton si particulièrement sonore et grave qu'il obtint le silence.

— Il me serait extrêmement facile, messieurs, de prendre ici un objet quelconque, — ne fût-ce que M. Champignolle, — et de m'en servir pour vous rosser tous. Quelques-uns d'entre vous qui me connaissent, — appuya-t-il, en regardant Dulaurier que son dandysme clouait au rivage, — savent que j'en suis capable, et je n'essaierai pas de vous dissimuler que j'en suis fort tenté, depuis un instant. Cet exercice me soulagerait et rendrait ma digestion plus active. Mais,... à quoi bon? Je vais partir simplement et vous pourrez, alors, entrelacer vos esprits fraternels dans la paix parfaite. Je ne suis pas des vôtres et je l'ai senti dès mon entrée. Je suis une façon d'insensé, rêvant la Beauté et d'impossibles justices. Vous rêvez de jouir, vous autres, et voilà pourquoi il n'y a pas moyen de s'entendre.

Seulement, prenez garde. La salauderie n'est pas un refuge éternel, et je vois une gueule énorme qui monte à votre horizon. On souffre beaucoup, je vous assure, dans le monde cultivé par vous. On est sur le point d'en avoir diablement assez, et vous pourriez récolter de sacrées surprises... Dieu me préserve d'être tenté de vous expliquer la sueur de prostitution qui vous rend fétides! La force des choses vous a remplis d'un pouvoir qu'aucun monarque, avant ce siècle, n'avait exercé, puisque vous gouvernez les intelligences et que vous possédez le secret de faire avaler des pierres aux infortunés qui sanglotent pour avoir du pain.

Vous avez prostitué le Verbe, en exaltant l'égoïsme

le plus fangeux. Eh! bien, c'est l'épouvantable muflerie moderne, déchaînée par vous, qui vous jettera par terre et qui prendra la place de vos derrières notés d'infamie, pour régner sur une société à jamais déchue. Alors, par une dérision inouïe, capable de précipiter la fin des temps, vous serez, à votre tour, les représentants faméliques de la Parole universellement conspuée. Je vois, en vous, les Malfilâtres sans fraîcheur et les minables Gilberts du plus prochain avenir. Jamais on n'aura vu un déshonneur si prodigieux de l'esprit humain. Ce sera votre châtiment réservé, d'apprendre, à vos dépens, par cette ironie monstrueuse, les infernales douleurs des amoureux de la Vérité, que votre justice de réprouvés condamne à se désespérer tout nus, comme la Vérité même. Mon plus beau rêve, désormais, c'est que vous *apparaissiez* manifestement abominables, car vous ne pouvez pas, en conscience, l'être davantage. Au nom des lettres qui vous renient avec horreur, vous vivez exclusivement de mensonge, de pillage, de bassesse et de lâcheté. Vous dévorez l'innocence des faibles et vous vous rafraîchissez en léchant les pieds putrides des forts. Il n'y a pas, en vous tous, de quoi fréter un esclave assez généreux pour ne vouloir endurer que sa part congrue d'avilissement, et disposé à regimber sous une courroie trop flétrissante. J'espère donc vous voir, dans peu, sans aucun argent et tondus jusqu'à la chair vive, puisqu'il n'existe pas d'autre expiation pour des âmes de pourceaux telles que sont les vôtres!

J'espère aussi que ce sera la fin des fins, — continua Marchenoir, s'exaspérant de plus en plus, — car il n'est pas possible de supposer le proconsulat d'une vidange humaine qui vous surpasserait en infection, sans conjecturer, du même coup, l'apoplexi de l'humanité. En ce jour, peut-être, le Seigneur Dieu se repentira, — comme pour Sodome, — et redescendra, sans doute, enfin! du fond de son ciel, dans la suffocante buée de notre planète, pour incendier une bonne fois, tous nos pourrissoirs. Les anges exterminateurs s'enfuiront au fond des soleils, pour ne pas s'exterminer eux-mêmes du dégoût de nous voir finir, et les chevaux de l'Apocalypse, à l'apparition de notre dernière ordure, se renverseront dans les espaces, en hennissant de la terreur d'y contaminer leurs paturons!..

Ayant vociféré ces derniers mots d'une voix qui parut presque surhumaine, l'imprécateur s'en alla frémissant, la tête haute et les yeux en flammes. Les auditeurs comprirent probablement qu'il ne ferait bon pour personne lui barrer le chemin, en lui présentant un manuel de civilité, car ceux au milieu desquels il dut passer s'écartèrent avec un empressement visible.

Une demi-heure après, il disait, en se laissant tomber sur une banquette du café où l'attendait Leverdier :

— Cher ami, mon journalisme est fricassé, mais c'est égal, je n'ai pas payé trop cher la volupté de leur sabouler la gueule!

LXIII

A partir de ce jour, le révolté s'enferma dans la plus haute citadelle de son esprit. Il se remit courageusement à son livre sur le Symbolisme. Il se représenta que c'était la dernière ressource qui lui restait, et calcula qu'avec l'argent du bon général des Chartreux, il irait quelques mois encore, et pourrait, sans doute, le terminer. Alors, il arriverait ce que Dieu voudrait, mais, du moins, cette œuvre, dont il se sentait la vocation et qui criait en lui pour être enfantée, se trouverait accomplie.

Aucune porte, d'ailleurs, ne paraissait devoir s'entr'ouvrir. Son premier article au *Basile* avait été le dernier. Il avait paru, effectivement, le surlendemain du fameux dîner, mais tellement défiguré par des atténuations et des retranchements sans nombre, qu'il ne le reconnaissait plus, et que le premier chroniqueur venu l'aurait pu signer. Il s'y attendait un peu et n'en eut point de colère. Il déplora seulement que son nom même n'eût pas été raturé comme ses épithètes, et, il ressentit, de cette lâche sottise, une amertume poignante qui le paralysa, intellectuellement, tout un jour. Puis, ce fut fini.

Du côté des catholiques, il avait éprouvé, depuis longtemps, de telles aversions, qu'il ne fallait même pas y songer. L'hostilité cafarde de ce groupe était, peut-être, encore plus enragée que la haine déclarée des mécréants. Il l'avait bien vu pour sa *Vie de Sainte Radegonde*, livre exclusivement religieux, s'il y en eut jamais, dont les catholiques eussent dû faire le succès, et qu'ils avaient éteint, du premier coup, sous un implacable silence. Pour ces nyctalopes, la pourpre vive du talent de Marchenoir était un scandale d'optique, pouvant mettre en danger la santé de leurs méchants yeux, et qu'ils se firent un devoir d'étouffer comme une tentation du Diable. Le nouveau livre qu'il préparait ne les indignerait pas moins. En supposant qu'il trouvât un éditeur, — ce qui paraissait peu probable, — quel moyen aurait son œuvre d'arriver jusqu'au public et d'obtenir ce demi-succès de vente si nécessaire à la subsistance de l'auteur ? Décidément, l'avenir était horrible.

Marchenoir travaillait à corps perdu, écartant, comme il pouvait, cette vision de désespoir. Mais elle revenait, quand même, s'imposant despotiquement au malheureux homme. Alors, la plume tombait de sa main et, quoi qu'il pût faire, il lui fallait repasser toute sa vie et reboire tous les souvenirs amers. C'était une mélancolie de damné. Dans ces moments, Véronique s'approchait et, s'inclinant sur l'épaule de ce porte-croix chargé d'un si dur fardeau, s'efforçait de le ranimer. — Pauvre chère âme, disait-elle, que ne puis-je prendre sur moi toute votre peine ! et, souvent, ces deux êtres s'attendrissaient l'un sur l'autre et pleuraient ensemble.

Or, cela même était un autre danger et une source de douleurs nouvelles, — incomparables. Marchenoir se sentait plus amoureux que jamais. Avec une terreur immense, il se voyait de plus en plus captif et chargé de chaînes. Il avait beau regarder la mutilée, dans l'espérance de recueillir l'horreur dont elle avait prétendu masquer son visage, cette impression salutaire ne venait pas. Il ne trouvait en elle qu'un objet de pitiés amollissantes, qui s'achevaient en de suggestives incitations. Ce rêveur, chaste autant qu'un moine, brûlait comme un sarment...

Tel était le résultat définitif, l'aboutissement suprême de tant d'efforts, de si complètes victoires antérieures sur sa chair et sur son esprit. A quarante ans, il revenait aux troubles de l'adolescence. Il lui fallait, déjà brisé tant de fois, résister encore à cet effrayant retour de jeunesse qui déracine les âmes les moins entamées et les plus robustes. Et il ne voyait pas d'issue pour fuir. Le travail, la prière même, ne la calmaient pas. Tout le trahissait. Les eucharistiques tendresses de sa foi ne servaient qu'à pencher un peu plus son cœur sur cet abîme du *corps* de la femme, où vont se perdre, en grondant, les torrents humains dévalés des plus hautes cimes. Le Christ saignant sur sa Croix, la Vierge aux Sept Glaives, les Anges et les Saints lui tendaient l'identique traquenard de liquéfier son âme à leurs fournaises...

La situation morale de Marchenoir était épouvantable. Aucun être humain ne saurait s'arranger de la privation perpétuelle de tout bonheur. Les plus misérables n'acceptent pas cet inacceptable dénûment. On peut toujours se donner un vice, une manie, ou se précipiter au suicide. Ces trois solutions révoltaient également l'amoureux mystique, sans qu'il fût plus capable que le dernier vagabond, d'en dénicher une quatrième. Le bonheur ! il en avait été affamé toute sa vie, sans espoir de rassasiement. Personne ne l'avait jamais cherché avec une telle furie... et une si parfaite incrédulité. Et encore, il l'avait cherché trop haut, dans un éther trop subtil, même pour l'illusion.

Maintenant, par une dérision satanique, cet éternel désir d'être heureux, — cette inapaisable soif d'une fontaine qui n'existe pas pour les êtres supérieurs, — se précisait, à deux pas de lui, sous la forme d'un objet palpable, dont la possession l'eût comblé d'horreur. Il se tordait de rage, il se souffletait lui-même, à la pensée que cette sainte, — qui était sa gloire et sa rançon, — il la convoitait charnellement comme une maîtresse vulgaire ! Ah ! c'était bien la peine d'endurer quarante martyres, de s'exténuer par tant de labeurs, de se consumer au pied des autels et de laver les pieds de Jésus d'un million de larmes, pour aboutir finalement à la saleté de cette obsession !...

Il s'enfuyait loin de la maison, forcé d'abandonner son travail, et marchait hors de Paris, sur les routes et par les chemins déserts, en criant vers Dieu dans d'interminables pérambulations solitaires. Mais la Tentation ne le lâchait pas et souvent, même, en devenait plus active. Elle se perchait comme un aigle sur ce marcheur, les ongles plantés dans son cou, l'aveuglant des ailes, le déchiquetant du bec, lui dévorant la cervelle, et dominant, de ses cris de victoire, la clameur de détresse du Désespéré !

Des frénésies soudaines le saisissaient, le rendaient vraiment énergumène. Il se jetait, en mugissant comme un buffle pourchassé, dans les taillis, au risque de se déchirer le visage ou de se crever les yeux, insensible aux écorchures et aux meurtrissures, — quelquefois aussi, se roulait sur l'herbe en écumant à la façon des épileptiques, appelant à son secours, indistinctement, les puissances de tous les abîmes. Un soir, il se réveilla dans un fourré du bois de Verrières, glacé jusqu'à la moelle des os, ayant dormi de ce perfide et profond sommeil des épuisés de chagrin, qui les réconforte pour qu'ils puissent un peu plus souffrir.

Dans l'accalmie nerveuse qui suivait ces crises,

son imagination, toujours inquiète, lui représentait, pour varier son supplice, Véronique telle qu'elle avait été, hier encore, avant de se massacrer elle-même, pour l'amour de lui. Alors, il se laissait aller à des calculs de marchand d'esclaves, se disant qu'après tout, le mal n'était pas irréparable, que les dents peuvent *s'acheter* et qu'il ne tenait qu'à lui de restaurer l'idole de sa perdition. Puis, le sentiment revenait aussitôt, de son éternelle indigence, — ramenant cette âme malheureuse au centre le plus désolé de ses infernales douleurs !

LXIV

Une des pratiques religieuses auxquelles il tenait le plus était la grand'messe de paroisse, celle-là qu'on a nommée, dans un style abject, « l'opéra du peuple, » probablement par antiphrase, puisqu'il est interdit au peuple d'y assister.

Il est sûr que les *fabriques* ne badinent pas avec le pauvre monde et Jésus lui-même, suivi du Sacré-Collège de ses douze Apôtres, serait promptement balayé par le bedeau, — si cette compagnie s'en venait, guenilleuse, et n'ayant pas de monnaie pour payer les chaises. Les dévotes riches et notables, qui font graver leurs noms sur leurs prie-Dieu capitonnés, ne souffriraient pas le voisinage d'un Sauveur lamentablement vêtu, qui voudrait assister en personne au sacrifice de son propre Corps. Les tou-

tous de ces dames seraient certainement expulsés avec plus d'égards que ce Va-nu-pieds divin.

Cette simonie inspirait à Marchenoir une horreur sans bornes. Aussi, ne le voyait-on jamais parmi la foule des parcissiens endimanchés. Il déposait Véronique au premier rang, devant l'autel qu'elle aimait à voir en face, et allait s'installer, à l'abri de tous les yeux, dans une chapelle latérale et presque toujours solitaire, où son âme douloureuse risquait moins d'être coudoyée par les âmes d'argent ou de boue qui polluent de leurs toilettes la maison du Pauvre.

Il tâchait aussi de ne pas voir l'architecture de cette église moderne, — sous-imitation mal venue d'un art décadent, exécutée par quelque maçon dénué de pulchritude géométrique.

Toute son attention était pour cette Liturgie profonde qui a traversé les siècles, à l'encontre des apostasies du tire-ligne et des reniements du compas. La compréhension qu'il avait de cette merveille du symbolisme chrétien lui procurait un apaisement surnaturel. Son âme religieuse, aux trois quarts submergée par le diabolisme de la passion, prenait pied quelques instants sur ces formes saintes, au delà desquelles il pressentait la gloire des pitiés divines. Il retombait, aussitôt après, dans les vagues folles de son délire. N'importe! il avait une heure de réconciliation sublime, traversée d'éblouissements. Une hypertrophie de joie lui gonflait le cœur, jusqu'à l'éclatement de sa poitrine.

La grand'messe est une agonie d'holocauste accompagnée par des chants nuptiaux. Elle résume l'incommensurable des douleurs et l'infini des allégrosses. Elle renouvelle, sans lassitude, en des cérémonies toujours identiques, l'énorme confabulation du Seigneur avec les hommes :

— Je vous ai créés, vermine très chère, à ma ressemblance trois fois sainte, et vous m'avez payé en me trahissant. Alors, au lieu de vous châtier, je me suis puni moi-même. Il ne m'a plus suffi que vous me ressemblassiez, j'ai senti, moi, l'Impassible, une soif divine de me rendre semblable à vous, pour que vous me devinssiez égaux, et je me suis fait vermine à votre image.

Vous croupissez, comme il vous plaît, dans la fange rougie de mon sang, au pied de la croix où vous m'avez fixé par les quatre membres pour que je ne m'éloignasse pas. Nous voilà donc ainsi, vous et moi, depuis deux mille ans bientôt. Or, ce bois est affreusement dur et vous ne sentez pas bon, mes enfants chéris...

Je ne vois guère que mon serviteur Elie qui pourrait venir me délivrer, pour qu'il me fût possible, enfin, de vous baptiser et de vous lessiver dans le feu, comme je l'ai tant annoncé. Mais ce prophète est endormi, sans doute, d'un puissant sommeil, depuis si longtemps que je l'appelle dans l'angoisse du *Sabacthani !*...

Il viendra, pourtant, je vous prie de le croire, et vous apprendrez alors, imbéciles ingrats, ce que je suis capable d'accomplir.

En ce jour, les épouvantes de Dieu militeront contre les hommes, parce qu'on verra la chose inouïe et parfaitement inattendue, qui doit déraciner, jusque dans ses fondements, l'habitacle humain, c'est-à-dire, la translation des figures en réalités...

Je vous aveuglerai, parce que je suis l'auteur de la Foi, je vous désespérerai, parce que je suis le premier-né de l'Espérance, je vous brûlerai parce que je suis la Charité même. Je serai sans pitié, au nom de la Miséricorde et ma Paternité n'aura plus d'entrailles, sinon pour vous dévorer.

Ma Croix méprisée éclatera de splendeur, comme un incendie dans la nuit noire, et une terreur inconnue recrutera, dans cette clarté, la multitude tremblante des mauvais troupeaux et des mauvais pasteurs. Ah ! vous m'avez dit d'en descendre et que vous croiriez en moi. Vous m'avez crié de me sauver moi-même, puisque je sauvais les autres. Eh ! bien, je vais combler tous vos vœux. Je vais descendre effectivement de ma Croix, lorsque cette épouse d'ignominie sera tout en feu, — à cause de l'arrivée d'Elie, — et qu'il ne sera plus possible d'ignorer ce qu'était, sous son apparence d'abjection et de cruauté, cet instrument d'un supplice de tant de siècles !...

Toute la terre apprendra, pour en agoniser d'épouvante, que ce Signe était mon Amour lui-même, c'est-à-dire l'Esprit Saint, caché sous un travestissement inimaginable...

Cette Croix *qui me dépasse de tous les côtés*, pour exprimer, dans sa Folie, les adorables exagérations de votre Rachat, Elle va dilater sur toute la terre ses Bras torréfiants. Les montagnes et les vallées se liquéfieront comme la cire, et votre Dieu, décloué de son lit sanglant, posera de nouveau, sur le sol d'Adam, ses deux pieds percés, pour savoir si vous tiendrez parole en croyant en lui.

Il vous regardera avec la Face de sa Passion, mais

ruisselante, cette fois, de la lumière de tous les symboles préfigurateurs que ce prodige allumera, devant lui, comme des flambeaux, et, — pour avoir fait, dans le temps des ténèbres, l'usage qu'il vous aura plu de votre liberté de pourriture, — vous connaîtrez, à votre tour, ce que c'est que d'être abandonné de mon Père, la Soif vous sera enseignée et toute justice sera consommée en vous, dans les épouvantables Mains ardentes que vous aurez blasphémées !

Tel était en Marchenoir l'étrange écho de la liturgie sacrée. La ferveur de ce millénaire tendait sans cesse aux accomplissements de la fin des fins. Tous les désidérata des âmes les plus sublimes accouraient à cette âme, comme une invasion de fleuves, et sa prière intérieure mugissait comme l'impatience des cataractes.

Ce chrétien inouï ne pensait même plus à son triste temps. Les colères immenses que soulevait en lui la promiscuité des ambiantes turpitudes, étaient oubliées. Involontairement, il assumait, en de surhumains transports, la déréliction de tous les âges.

— Vous avez promis de revenir, criait-il à Dieu, pourquoi donc ne revenez-vous pas ? Des centaines de millions d'hommes ont compté sur votre Parole, et sont morts dans les affres de l'incertitude. La terre est gonflée des cadavres de soixante générations d'orphelins qui vous ont attendu. Vous qui parlez du sommeil des autres, de quel sommeil ne dormez-vous pas, puisqu'on peut vociférer dix-neuf siècles sans parvenir à vous éveiller ?... Lorsque vos premiers disciples vous appelèrent dans la tempête, vous vous levâtes pour commander le silence au vent. Nous ne périssons pas moins qu'eux, je suppose, et nous sommes un milliard de fois plus infortunés, nous autres, les déshérités de votre présence, qui n'avons même pas le décevant réconfort de savoir en quel lieu de votre univers vous dormez votre interminable sommeil !

Ces objurgations, que les docteurs de la Loi eussent condamnées, il ne pouvait s'empêcher de les renouveler sans relâche. C'était la respiration de son âme, quand il s'exhalait vers le ciel, et, — depuis la mort du prêtre qui lui avait autrefois ouvert l'entendement, — il n'avait pu rencontrer que Véronique dont le simple esprit ne se scandalisât pas de cette impétueuse façon de parler à Dieu.

Le souvenir de la chère créature se mêlait, par conséquent, à sa prière et traversait en flèches de flammes ses exaltations prophétiques. Il s'enroulait à ses pensées les plus hautes et participait de leur enthousiasme. Il trouvait, analogiquement, sa place dans les péripéties et les phases liturgiques du vaste drame de propitiation qui s'accomplissait sous les yeux du contemplatif obsédé.

Lorsqu'après l'*instruction* dominicale du curé ou de son vicaire, — que Marchenoir, au fond de sa chapelle, se félicitait de ne pas entendre, — l'orgue, venant à tonner à la parole de l'officiant, promulguait, une fois de plus, en accompagnant les voix des chantres, cet antique Symbole de Nicée dont quinze siècles n'ont pas encore épuisé l'adolescence, le solitaire était, malgré tout, avec Véronique, dans le houlement grégorien des douze articles incommutables. La chair se taisait, sans doute, et la bien-aimée se transfigurait à la lumière des aperceptions extra-terrestres. L'obsession se faisait divine pour n'être pas exorcisée, mais elle ne s'éloignait pas un instant.

Peut-être fallait-il qu'il en fût ainsi. Les prières canoniques de l'Eglise romaine ont un tel caractère d'universalité, une si essentielle vertu de ramener à l'absolu tout réductible sentiment humain, que Marchenoir, momentanément allégé de tortures, se prenait à considérer cette violence exercée sur lui comme une nécessaire épreuve.

A ce point de vue, l'oblation de l'Hostie et l'oblation du Calice suggéraient à cet exégète enflammé d'immédiates applications, que les grondements de l'orgue, aux versets incitateurs du commencement de la Préface, avaient l'air de paraphraser. *Sursum corda!* — Hélas! je le veux bien, répondait le misérable, mais ma force est abattue et mon triste cœur pèse autant qu'un monde...

A l'immense éclat du *Sanctus*, il se redressait, il se brandissait lui-même jusqu'aux cieux, dans l'ivresse rédemptrice de cette louange œcuménique. Il lui semblait, alors, présenter devant le trône de Dieu cette sainte de la terre qu'il avait formée à la ressemblance des saintes du Paradis.

— Retirez-la de moi, disait-il, cachez-la de moi dans vos gouffres de lumière, gardez-moi ce pécule de rémission que j'ai si laborieusement conquis!

Un peu plus loin, à l'hymne séraphique de l'*O salutaris*, il se liquéfiait de mélancolique douceur, et c'était la minute exacte où il se croyait ordinairement devenu tout fort.

Toutes les cérémonies, tous les actes particuliers de ce Sacrifice, que les théologiens regardent comme le plus grand acte qui puisse être accompli sur terre, pénétraient Marchenoir jusqu'aux intestins et jusqu'aux moelles. Il se saturait de la Dilection supérieure et n'en devenait ensuite que plus abordable aux inférieures sollicitations de son animalité...

C'est un lamentable mystère de notre nature, que les plus hautes appétences des êtres libres soient précisément ce qui les précipite à leur perdition, — afin qu'ils tombent sans espérance, comme Lucifer ! Le malheureux le savait. C'est pourquoi il aurait voulu que cette messe n'eût jamais de fin, et que les chants amoureux ou comminatoires continuassent ainsi, jusqu'à ce que les tièdes fidèles, venus pour faire semblant de les écouter, fussent tombés en poussière avec lui-même et sa Véronique !...

Il sortait enfin, les nerfs rompus, la tête sonnante, excédé jusqu'à défaillir.

LXV

Véronique n'eût pas été femme si l'état effroyable de Marchenoir avait pu lui échapper. Il s'en fallait, d'ailleurs, qu'il fût habile à dissimuler. Tout ce qu'il pouvait était de donner le change à Leverdier, en laissant croire à cet ignorant de l'amour que son œuvre seule le désorbitait de la vie normale. Véronique, plus clairvoyante, avait discerné, du premier coup, la désespérante vérité. Elle garda le silence, n'ayant pas autre chose à faire, mais dans une désolation et un tremblement inexprimables.

L'apparente inutilité de son martyre l'écrasa. Elle vit que tout était perdu, cette fois, et eut le pressentiment d'une catastrophe prochaine.

Seulement, elle désira d'un désir tout-puissant d'en être la seule victime, pour que sa disparition délivrât celui qui l'avait elle-même délivrée. Elle se mit à convoiter le fruit savoureux de sa propre mort, comme la grande Eve convoita le fruit de la mort universelle.

Ses continuelles oraisons acquirent une intensité inouïe et s'emportèrent jusqu'au délire. Elle se tordit le cœur à deux mains pour en exprimer sa vie. A l'exemple de sainte Thérèse, elle se construisit « un château de sept étages », non plus, comme la réformatrice du Carmel, pour monter de l'initial détachement de ce monde à la parfaite consommation de la paix divine, mais pour transférer son âme navrée dans quelque définitive prison, lumineuse ou sombre, qui ne fût pas, du moins, ce tabernacle charnel si vainement défiguré, — en passant par les successives geôles du renoncement suprême, — et tel fut le donjon de sa silencieuse agonie.

Ce fut un de ces drames noirs et profonds, cachés sous le *petit manteau bleu* des sourires de la charité, — comme l'ébène horrible de l'espace est masqué de cet azur qui est l'aliment de la vie des hommes. Ces deux singulières victimes d'un Idéal prorogé au delà des temps, évitaient soigneusement toute parole qui pût éclairer l'un ou l'autre, et cette prudence n'était vaine qu'à l'égard de Véronique, — car Marchenoir, bien assuré que son amie ne partageait pas son trouble, à lui, était loin, cependant, de conjecturer le trouble sublime dont la physionomie imperturbée de la trépassante gardait le secret. Ils ne se parlaient donc presque plus, s'épouvantant eux-mêmes du despotisme de ce silence qui s'asseyait dans leur maison.

Bientôt ils ne se virent qu'aux heures des repas, rapidement expédiés et plus tristes encore que les autres événements quotidiens de leur vie commune, excepté les jours où Leverdier venait interrompre de sa présence les suffocations insoupçonnées de ce tête-à-tête. Le brave homme, à cent lieues de deviner les tortures infinies qu'on lui cachait avec le plus grand soin, parlait du Symbolisme à Marchenoir, heureux de s'ensevelir sous cette couverture intellectuelle qui lui servait à tout abriter. Puisque, de part et d'autre, on jugeait le mal sans remède, pourquoi contrister à l'avance un si tendre ami? Il souffrirait toujours assez tôt, le pauvre diable, quand viendrait le dénouement, nécessairement funeste, que les deux infortunés apercevaient plus ou moins distinct, mais inévitable.

Une nuit, le damné, seul dans sa chambre, ayant passé plusieurs heures à compulser des *similitudes* historiques dans l'abominable épopée du Bas-Empire, s'aperçut tout à coup qu'il peinait en vain. La torche fumeuse de son esprit, inutilement agitée, ne donnait plus de lumière. Il posa sa plume et se mit à songer.

On était au mois de juin et le jour naissait. De sa fenêtre ouverte sur le quartier endormi, un souffle suave arrivait sur lui, rafraîchissant et capiteux comme le parfum des fruits... C'est l'heure des énervements dangereux et des languides instigations de l'esprit charnel. Un homme, habituellement chaste et fatigué d'une longue veille, est, alors, sans énergie pour y résister. Dans le cas de Marchenoir, ce très simple phénomène se compliquait de prédispositions passionnelles à faire sombrer quarante volontés du plus haut bord. Tout à coup, une furie de concupiscence sauta sur lui, comme eût fait un tigre.

Abattu, roulé, dilacéré, dévoré dans le même instant, son libre arbitre, atténué depuis tant de jours, disparut enfin. Etranglé par le spasme de l'hystérie, agité de frissons et claquant des dents, il se leva, mit sa tête hors de la fenêtre, exhala, dans l'air du matin, le hennissement affreux des érotomanes et, — silencieusement, — avec la circonspection miraculeuse d'un aliéné, il ouvrit sa porte sans le plus léger grincement, glissa comme un fantôme à travers la salle à manger, et parvint à la porte de Véronique.

Une ligne de clarté jaune passait au-dessous et un rayon plus lumineux filait par le trou de la serrure. La pénitente veillait encore. Il s'arrêta et prit à deux mains sa tête en feu, se demandant ce qu'il voulait, ce qu'il venait faire... lorsqu'il entendit un gémissement et n'hésita plus.

Abandonnant toute précaution, il entra et vit celle qu'il convoitait d'un si flagellant désir, le très « dur fléau de son âme », à genoux, les yeux fixés sur le crucifix, les bras croisés sur son sein, le visage gonflé, ruisselant et, chose navrante, le parquet, devant elle, mouillé de ses larmes. Elle avait dû pleurer ainsi toute la nuit.

L'effet de cette vision fut de transformer immédiatement la fureur de Marchenoir en une compassion déchirante. — Je suis son bourreau ! pensa-t-il. Il allait se précipiter vers elle pour la relever, quand la pauvre sainte, qui n'avait pas remarqué son intrusion, se mit à parler.

— Mon Bien-Aimé, disait-elle, d'une voix entrecoupée, que Vous êtes dur pour ceux qui Vous aiment ! Ils ne sont pas trop nombreux, cependant ! Que n'a-t-il pas fait pour Vous, ce malheureux homme qui ne respire que pour Votre gloire ?... Il n'est pas pur devant Vous, c'est bien possible..... Hé ! qui donc est pur ? Mais il a toujours donné tout ce qu'il avait, il a pleuré avec tous ceux qui étaient en travail de douleurs et il a eu pitié de Vous-même dans la personne de ceux que Votre Eglise appelle les membres souffrants de Votre Majesté sacrée... Est-il juste, dites-moi, qu'il soit mis dans le feu pour avoir voulu sauver Madeleine ?...

Puis, dans une sorte de transport, et sa raison se déréglant, elle se mit à invectiver contre son Dieu. Marchenoir, au comble de l'épouvante, voyait ses plus procellaires emportements de blasphémateur par amour, dépassés par cette ingénue qu'il avait tirée de l'extrême ordure, comme un diamant du limon, et dont il thésaurisait, depuis deux ans, les paradoxales innocences !

— Tout ce que Vous voudrez, criait presque la délirante, excepté cette iniquité qui Vous déshonore ! Replongez-moi, s'il le faut, dans la fosse horrible où il m'a prise, et ensuite, jetez-moi, comme un haillon dégoûtant, dans Votre enfer sempiternel. Si Vous me damnez, je suis bien sûre, au moins, que *je ne grincerai pas des dents !*

Soudain, comme si la présence de son pantelant ami, immobile et debout à l'extrémité de son oratoire, l'eût impressionnée, elle se retourna et venant vers lui, lentement, ses magnifiques yeux dilatés par toutes les stupéfactions de la démence, elle prononça distinctement, mais d'une voix désormais douce et plaintive, ces inconcevables mots :

— *Quid feci tibi, aut in quo contristavi te?*

Cette interrogation de victime, qu'on chante le Vendredi-Saint, dans les églises dénudées, à l'antienne de l'adoration de la Croix, et que Véronique, dans son égarement, appliquait, par une confusion poignante, à celui même dont elle venait d'étaler à Dieu la détresse, acheva de briser le désespéré Marchenoir. Des larmes jaillirent de ses yeux et brillèrent à la lueur rosée des deux lampes.

A cet aspect, l'affolée revint à elle, accomplissant le geste inconscient de tous les êtres qui souffrent en haut de leur âme, et qui consiste à se balayer le front du bout des doigts, des sourcils aux tempes, pour en écarter le souci. Ensuite, elle poussa un cri et, par un mouvement d'irrésistible féminéité, jeta ses deux bras autour du cou de son compagnon d'exil.

— O mon Joseph! lui dit-elle, en roulant sa tête sur ce cœur dévasté, cher malheureux à cause de moi, ne pleurez pas, je vous en supplie, vos peines vont bientôt finir... Vous étiez peut-être là, tout à l'heure, quand je disais des injures à mon très doux Maître, et vous avez dû penser que j'étais folle ou fameusement ingrate. Je me les reproche, maintenant, comme si je vous les avais adressées à vous-même, ces cruelles paroles!... C'est vrai pourtant, que j'avais la tête perdue! Quand je vous ai vu si triste, au fond de ma chambre, j'ai cru, un moment, que je voyais ce même Jésus que je venais d'accuser de méchanceté et d'injustice, — car c'est à peine si je parviens à vous séparer, même dans la prière, mes deux Sauveurs, tous deux agonisants pour l'amour de moi et tous deux si pauvres!... Ces mots latins, que vous m'aviez expliqués à l'adoration de la Croix et que vous avez dû être bien étonné d'entendre, — n'est-ce pas? — il m'a semblé que c'était Jésus lui-même qui me les appliquait, en manière de reproche, sous votre apparence douloureuse, et ma bouche les a répétés comme un écho... Ne cherchez point à expliquer cela, mon cher savant. Vous avez assez de vos pensées, sans vous mettre en peine de mes folies... Vous êtes captif, comme le premier Joseph, dans une très rigoureuse prison, et je prie, sans cesse, pour que Dieu vous en délivre. Croyez-vous qu'il puisse résister longtemps à une fille aussi importune?...

Ah! çà, mais, — ajouta-t-elle, se redressant tout à coup et posant ses mains sur les épaules de Marchenoir, — vous ne savez donc pas *qui vous êtes*, mon ami, vous ne voyez donc rien, vous ne devinez rien? Cette vocation de sauver les autres, malgré votre misère, cette soif de justice qui vous dévore, cette haine que vous inspirez à tout le monde et qui fait de vous un proscrit, tout cela ne vous dit-il rien, à vous qui lisez dans les songes de l'histoire et dans les figures de la vie?...

Cette question, peu ordinaire, ce n'était pas la première fois que Véronique l'adressait à son ami lamentable. Elle n'était pas plus inouïe pour lui que tant d'autres choses insolubles ou hétéroclites qui avaient fait de sa vie un paradoxe. Cette habitante « de l'autre rive », — eût dit Herzen, — à laquelle aucune dévote ne ressemblait, paraissait avoir reçu, en même temps que le don de la perpétuelle prière, la faculté surhumaine de tout ramener à une vision objective si parfaitement simple, que le synthétique Marchenoir en était confondu. Souvent, elle le suggérait, à son insu, en le remplissant de lumière, sans se douter du prodige de son inconsciente pédagogie.

Un jour que le symboliste scripturaire lisait en sa présence, en les interprétant, les premiers chapitres de la Genèse, elle l'interrompit à l'endroit de la fameuse justification d'Eve déchue : « Le serpent m'a trompée », et lui dit : — Retournez cela, mon ami, vous aurez la consommation de toute justice. De manière ou d'autre, il *faudra* que le serpent réponde, à son tour : *C'est la femme qui m'a trompé...*

Marchenoir avait été sur le point de se prosterner d'admiration devant cette ingénuité divine qui raturait la sagesse de quarante docteurs plus ou moins subtils, en forçant, d'un seul mot naïf, toutes les énergies de l'intelligence à se résorber dans le rudimentaire concept du Talion.

La merveille s'était renouvelée un assez grand nombre de fois, pour qu'il regardât cette fille à peu près comme une prophétesse, — d'autant plus incontestable qu'elle s'ignorait elle-même, s'estimant trop honorée de recevoir les leçons de certains apôtres qui eussent dû l'écouter avec tremblement.

Toutefois, en ce qui le concernait personnellement, le confident ébloui gardait une réserve austère, qui le rendait sourd-muet aux ouvertures amphibologiques semblables à celle qui venait de lui être faite sous la forme captieuse d'une interrogation pleine d'innocence, mais pouvant, après tout, émaner indifféremment de n'importe quel abîme...

Que cette étonnante fille eût l'intuition d'une *solidarité* si absolue que toutes les attingentes idées d'espace, de temps et de nombre en fussent dissipées comme la buée des songes, et qu'elle accumulât, sur la tête du malheureux homme qui l'avait rachetée, toutes les identités éparses des Sauveurs immolés et des héroïques Nourriciers défunts, dont il lui avait raconté l'histoire; que, par l'effet d'un amour de femme exorbitamment sublimé, il lui apparût, en une façon substantielle, comme son Adam, son Joseph d'Egypte, son Christ et son Roi, il ne jugeait pas expédient d'y contrevenir, — ses propres pensées empruntant souvent leur accroissement et leur être définitif aux extra-logiques formules, dont la voyante illettrée s'efforçait d'algébriser, pour lui, ses indéterminables aperceptions.

Mais, ce jour-là, vibrant encore du trouble charnel qui avait précédé cette mise en demeure de se manifester comme un Dieu, il se sentit écrasé d'humiliation et de repentir. L'exaltation inouïe de Véronique l'effrayant aussi, il se reprocha amèrement d'avoir, sans doute, encouragé, par son silence, une illusion pleine de dangers et résolut de protester, à l'avenir, avec une autorité souveraine.

— Hélas! répondit-il, pour commencer, je ne vois rien. Je sais, ma douce visionnaire, que vous me croyez appelé à de grandes choses, mais comment pourrais-je vous croire? Il me faudrait un autre *signe* que cette perpétuelle agonie... Ce que je vois de plus clair, c'est que vous vous exterminez. Voyez, le jour commence déjà, et vous êtes sans repos depuis longtemps. Il faut vous coucher tout de suite, je l'exige, et puisque je suis un important personnage, vous m'obéirez sans discussion. Je vais me jeter moi-même sur mon lit, car je suis rompu. Au revoir, chère sacrifiée, dormez en paix et que Notre-Seigneur veuille mettre à votre porte une demi-douzaine de ses plus grands anges !

LXVI

Quelques jours après, Marchenoir reçut de Périgueux la lettre suivante du notaire de sa famille, en réponse à une réclamation sans espoir déjà vieille de plusieurs semaines :

« Monsieur, j'ai l'honneur de répondre à votre lettre du 25 mai, relative au règlement définitif de la succession de feu monsieur votre père, règlement que je n'ai pu mener plus tôt à bonne fin, malgré mon désir de vous être agréable, à cause des formalités à remplir et des difficultés que nous avons eues à réaliser la vente de l'immeuble.

« Tout étant enfin terminé dans les meilleures conditions possibles, je vous adresse, sous ce pli, le compte détaillé de la succession, duquel il résulte qu'il vous revient *Deux mille cinq cents francs*. Comme vous m'avez laissé procuration et quittance en blanc, je vous envoie cette somme par lettre chargée.

« Veuillez agréer, Monsieur et cher client, mes salutations empressées,

« Charlemagne Vobidon. »

Ce message inattendu produisit sur Marchenoir l'effet admirable de lui restituer aussitôt toute son énergie. Il y avait en ce Périgourdin un tel ressort, qu'on pouvait toujours s'attendre à quelque surprenante manifestation de sa force, au moment même où il paraissait le plus renversé sur lui-même et le plus irrémédiablement déconfit. Dans la même heure, il se releva de toutes ses poussières et prit une résolution formidable, qu'il commença, sur-le-champ, d'exécuter.

Puisque tous les journaux lui étaient fermés et que son livre futur était une opération financière très lointaine, d'un insuccès à peu près certain, il allait risquer cette somme qui lui tombait du ciel, dans une entreprise des plus hasardeuses, mais capable, après tout, — en supposant un sourire de la Fortune, — de rémunérer le téméraire. Car les ressources allaient ui manquer et cette angoisse trop connue s'ajoutait à toutes les autres.

Il décida de publier, à ses frais, un pamphlet périodique dont il serait l'unique rédacteur, qu'il remplirait de toutes les indignations de sa pensée et qu'il lancerait, chaque semaine, sur Paris, comme un tison. Qui sait ? Paris s'allumerait peut-être par quelque endroit.

Approximativement, il calcula qu'avec son argent seul, sans la balance d'aucune recette fructueuse, il pourrait tenir environ deux mois. Il faudrait vraiment que tous les démons s'en mêlassent pour que l'inouïe vocifération dont il méditait d'assaillir ses contemporains ne produisît aucun résultat. Une circonstance favorable, assurément, sortirait de l'ombre, jusqu'alors implacable, de sa destinée. Une commandite, une adhésion efficace quelconque lui permettrait de pousser plus avant et de se rendre aussi redoutable par la durée que par la vigueur sauvage de ses revendications et de ses anathèmes.

Et puis, il fallait surtout qu'il changeât d'hygiène morale, s'il tenait à ne pas périr, et l'activité endiablée d'une lutte si terrible découragerait infailliblement l'obsession mortelle qui l'assassinait.

Il s'estima sauvé et courut chez Leverdier qui trembla de crainte, en voyant un semblant de joie sur le visage habituellement désolé de son ami. Ce fut bien autre chose quand il connut son dessein.

— Mais, insensé, lui dit-il, tu veux donc tenter Dieu ? Ton pamphlet sera étouffé par la presse entière. Tu perdras, sans aucun profit, l'argent que tu viens de recevoir, lequel vous ferait vivre, une année entière, Véronique et toi, en te permettant d'achever ton livre. Il faudrait cinquante mille francs de réclames et la complicité de tous les journaux pour lancer une pareille machine. Le marchand le plus habile et commissionné de la façon la plus onéreuse, ne t'en vendra pas dix exemplaires sur cent.

L'honnête séide, qui ne savait pas la détresse d'âme du désespéré, épuisa vainement les trésors de sa sagesse, Marchenoir avait pris son parti. Il fallut, en gémissant, préparer encore ce naufrage.

Ils dépensèrent l'un et l'autre une activité si fiévreuse qu'au bout de huit jours, en pleine semaine de la fête nationale, parut le premier numéro du Carcan *hebdomadaire*, dans le format de l'ancienne *Lanterne*, à couverture couleur de feu, offrant cet étrange dessin, dicté par l'auteur à Félicien Rops, que Leverdier lui avait fait connaître : Un chèvre-pieds riant aux larmes, fixé par le cou à un immense poteau noir, allant de la terre au ciel, et ses immondes sabots sur un tas de morts.

Ce pamphlet, qui eut le sort annoncé par Leverdier et que le silence des journaux éteignit sans peine, fut, néanmoins, remarqué de tous les artistes, et son insuccès postiche est encore regardé, par quelques indépendants, comme l'une des iniquités les plus remarquables de ce temps maudit.

Il suffira d'en citer deux articles pour donner l'idée de cette œuvre de haute justice et de magnifique fureur, qui n'allait à rien moins qu'à faire dérailler le train des opinions contemporaines, — si n'importe quel effort du Verbe simplement humain pouvait accomplir ce désirable prodige !

Voici donc le premier, celui par lequel Marchenoir ouvrit sa trop courte campagne :

LE PÉCHÉ IRRÉMISSIBLE

« Ce soir, 14 juillet, s'achève enfin, dans les moites clartés lunaires de la plus délicieuse des nuits, la grande fête nationale de la République des Vaincus. Ah ! c'est peu de chose, maintenant, cette allégresse de calendrier, et nous voilà terriblement loin des anachroniques frénésies de la première année ! Ce début, — légendaire déjà ! — de la plus crapuleuse des solennités républicaines, je m'en suis, aujourd'hui, trop facilement souvenu devant l'universel effort constipé d'un patriotisme, évidemment indéfécable, et d'un enthousiasme qui se déclarait lui-même désormais incombustible !

« La nuit avait eu beau se faire désirable comme une prostituée, et l'entremetteuse municipalité parisienne avait eu beau multiplier ses incitations murales à la joie parfaite, on s'embêtait manifestement. Les pisseux drapeaux des précédentes commémorations flottaient lamentablement sur de rares et fuligineux lampions, dont l'affictive lueur offensait le masque poncif des Républiques en plâtre que la goujate piété de quelques fidèles avait clairsemées sous des frondaisons postiches. Comme toujours, de nobles arbres avaient été mutilés ou détruits, pour abriter, de leurs expirants feuillages, les soulographies sans conviction ou les sauteries en plein air achalandées par les putanats ambiants. Nulle invention, nulle fantaisie, nulle tentative de nouveauté, nulle infusion d'inédite jocrisserie dans cette imbécile apothéose de la Canaille.

« On avait été trop sublime, la première fois ! Chaque acéphale avait tenu, alors, à se faire une tête pour honorer l'épouvantable salope dont la France moderne fut engendrée. La nation entière s'était ruée au pillage du trésor commun de la stupidité universelle. Mais, à présent, c'est bien fini, tout cela. On continue de célébrer l'anniversaire de la victoire de trois cent mille hommes sur quatre-vingts invalides, parce qu'on a de l'honneur et qu'on est fidèle aux grands souvenirs, et aussi, parce que c'est une occasion de débiter de la litharge et du pissat d'âne. On y tient, surtout, pour affirmer la royauté du Voyou qui peut, au moins ce jour-là, vautrer sa croupe sur les gazons, contaminer la ville de ses excréments et terrifier les femmes de ses insolents pétards. Mais la foi est partie avec l'espérance de ne pas crever de faim sous une république dont l'affamante ignominie décourage jusqu'aux souteneurs austères qui lui ont livré le plus bel empire du monde !

*
* *

« Ce mensonge de fête idiot, ce puant remous de honte nationale dans le sillage de la banqueroute, me fit venir, une fois de plus, la pensée peu folâtre que cette misérable nation française est bien décidément vaincue de toutes les manières imaginables, puisqu'elle est vaincue, même comme cela, dans l'opprobre de ses infertiles réjouissances.

« Cette vomie de Dieu n'a même plus la force de s'amuser ignoblement. De toutes ses anciennes supériorités qui faisaient d'elle la régulatrice des peuples, une seule, en vérité, lui est demeurée, mais tellement méconnue d'elle-même, tellement méprisée, décriée, déshonorée, jetée à l'égout, qu'il se trouve que c'est précisément comme une autre façon d'être vaincue qu'elle a inventée, ayant trouvé le moyen de faire tourner à son irréparable déconfiture l'unique richesse qui pouvait encore payer sa rançon !

« La France est vaincue militairement et politiquement, en Orient comme en Occident; elle est vaincue dans ses finances, dans son industrie et dans son commerce; vaincue encore scientifiquement par un tas d'étrangers, dont elle ne sait pas même utiliser les découvertes; elle est vaincue partout et toujours, à ce point de ne pouvoir jamais, semble-t-il, se relever.

« Elle n'a pas même su conserver la supériorité du Vice. Les plus irréfragables documents attestent que des villes protestantes, telles que Londres, Berlin ou Lausanne, ont le droit de considérer comme rien la juvénile débauche de Paris, où le voluptueux repli d'une savante cafardise est à peine soupçonné.

« Ah! nous sommes fièrement vaincus, archivaincus de cœur et d'esprit! Nous jouissons comme des vaincus et nous travaillons comme des vaincus. Nous rions, nous pleurons, nous aimons, nous spéculons, nous écrivons et nous chantons comme des vaincus. Toute notre vie intellectuelle et morale s'explique par ce seul fait que nous sommes de lâches et déshonorés vaincus. Nous sommes devenus tributaires de tout ce qui a quelque ressort d'énergie dans ce monde en chute, épouvanté de notre inexprimable dégradation!

« Nous sommes comme une cité de honte assise sur un grand fleuve de stupre, descendu pour nous des montagnes conspuées de l'antique histoire des nations que le genre humain a maudites!...

*
* *

« Mais enfin, une supériorité nous reste, une seule, incontestable, il est vrai, et absolue : la supériorité littéraire. Ascendant tellement victorieux que personne au monde ne prend plus la peine de l'affirmer et que tout ce qui est capable d'une vibration intellectuelle, en quelque lieu que ce soit, sollicite humblement une niche à chiens sous le gras évier de la cuisine où se condimente la littérature française.

« On pourrait croire que la France, éperdue de gratitude, ne sait plus de quel duvet de phénix renaissant capitonner le lit de la demi-douzaine d'enfants merveilleux qui lui font cette suprême gloire. On devrait supposer, au moins, qu'elle les comble de richesses et d'honneurs et qu'ensuite, elle se déclare tout à fait indigne de lécher la trace de leurs pas... Elle les fait simplement crever de misère dans l'obscurité.

« Elle n'a pas de mépris et d'avanies assez énormes pour les abreuver. Depuis Baudelaire jusqu'à Verlaine, toutes les abominations et toutes les ordures ont été versées en cataractes de déluge sur tous les fronts de lumière. Les journaux, pleins de terreur, se sont barricadés avec furie contre ces pestiférés d'idéal dont le contact épouvantait la muflerie contemporaine. Cette horreur est si grande et la répression qu'elle exige est si attentive, qu'on a pu voir d'infortunés imbéciles condamnés à périr de désespoir sur une mensongère inculpation de talent ou d'originalité.

« Mais cette guerre serait mal faite si elle se contentait d'être défensive. On a donc suscité des catins de lettres pour la supplantation du génie. Trois cents journaux vont en avant pour leur balayer le haut du pavé, d'une diligente nageoire, et le suffrage universel est leur dispensaire. Vieilles ou jeunes, croûtonnantes ou chauves, liquides ou pulvérulentes, il suffit que leur bêtise ou leur ignobilité soit irréprochable. On ira même jusqu'à leur passer un semblant de fraîcheur, si c'est un ragoût de plus pour les séniles concupiscences dont l'éréthisme est ambitionné.

« A Baudelaire agonisant dans l'indigence et quasi-fou, on oppose, par exemple, un Jean Richepin rutilant de gloire et gorgé d'or. Celui-là, d'ailleurs, parfaitement assuré d'être le premier d'entre les fils de la femme, juge sa part insuffisante et vocifère sous sa casquette contre le client détroussé. Le délectable Paul Bourget, *pré acier* chéri des baronnes, se dresse en sifflotant sur sa petite queue contre l'immense artiste Barbey d'Aurevilly qui se couche, formidable, dans le fond des cieux, et... il l'efface. Flaubert, à son tour, est dépecé et grignotté par l'acarus Maupassant, engendré de ses testicules magnanimes, lequel, devenu poulain, promulgue littérairement le maquerellage et l'étalonnat.

« Nul, parmi les grands, n'est excepté. Le boueur passe dans la rue et réclame les gens de talent. La reine du monde n'en veut plus. Elle a mal au cœur de ces tubéreuses. Il lui faut, à l'heure présente, exclusivement, l'huile de bêtise et le triple extrait de pourrissoir qui lui sont offerts par les tripotantes mains des vendeurs de jus, que sa propre déliquescence est en train de saturer !

.·.

« Il serait long, le défilé des médiocres et des abjects que le fromage de notre décadence a spontanément enfantés pour l'inexorable dévoration du sens esthétique !

« Et d'abord, le plus glorieux de tous ces élus, — le Jupiter tonnant de l'imbécillité française, — Georges Ohnet, le squalide bossu millionnaire, dont la prose soumise opère une succion de cent mille écus par an sur l'obscène pulpe du bourgeois contempteur de l'art. Immédiatement après, son illustre fils, Albert Delpit, le virtuose du foyer correct et le peseur vanté de fécule psychologique, Lovelace châtré, au strabisme innocemment déprédateur.

« Puis, une sale tourbe : Bonnetain, le Paganini des solitudes, dont la main frénétique a su faire écumer l'archet ; — Armand Sylvestre, l'éternel rapsode du pet, que ses latrinières idylles ont fait adorer des multitudes ; — le virginal Fouquier, moraliste hautain, héritier du bois de lit de feu Feydeau, ferré aux quatre pieds sur toutes les disciplines conjugales et juge rigide en matière de dignité littéraire ; — l'aquatique Mendès, aux squammes d'azur, ami de Judas par *charité* et lapidateur de l'adultère par esprit de justice, espèce de bifront sémite à double sexe, l'un pour empoisonner, l'autre pour trahir ; — Dumas fils, le législateur du divorce et du relevage, qui inventa de remplacer la Croix par le speculum pour la rédemption des sociétés ; — Alphonse Daudet, le Tartarin sur les Alpes du succès, pour avoir pris la peine de naître copiste de Dickens, eunuque trop fécond qu'il trouve le moyen de tronçonner encore depuis quinze ans ; — les deux batraciens oraculaires, Wolff et Sarcey, de qui relèvent tous les jugements humains et dont la disparition calamiteuse, en la supposant conjecturable, produirait immédiatement l'universelle cécité ; — enfin, pour n'en pas nommer cinquante autres, Ernest Renan, le sage entripaillé, la fine tinette scientifique, d'où s'exhale vers le ciel, en volutes redoutées des aigles, l'onctueuse odeur d'une âme exilée des commodités qui l'ont vu naître, et regrettant sa patrie au sein des papiers qu'il en rapporta, comme des reliques à jamais précieuses, pour l'éducation critique des siècles futurs !...

*
* *

« Après cela, que voulez-vous qu'il fasse, le petit troupeau des vrais artistes, qui ne savent rien du tout que frémir dans la lumière et qui ne furent jamais capables de cuisiner les gros ragoûts de la populace ? Ils ne sont pas nombreux, aujourd'hui, cinq ou six, à grand'peine, et l'immonde avalanche a peu de mérite à les engloutir.

« Ce serait assez, pourtant, si la France avait un reste de cœur, pour lui restituer, intellectuellement, la première place. L'Europe n'a aucun écrivain vivant, parmi les jeunes, à mettre en balance avec deux ou trois romanciers de génie qui périssent actuellement de misère, dans le cachot volontaire de leur probité d'artistes. La mort de Dostoïewsky a fait l'universel silence autour de Paris, et Paris, à genoux devant les cabotins qui le déshonorent, n'a pas même un morceau de pain à donner à ceux-là qui empêchent encore son vieux bateau symbolique de chavirer dans les étrons !

« Si ce n'est pas là le Péché irrémissible dont il est parlé dans l'Evangile, je demande ce qu'il peut être, ce fameux péché, ce blasphème contre l'Esprit que rien ne pourra, dit-on, faire pardonner ?...

« Il n'est pas croyable que la Providence ait fait des hommes de génie tout exprès pour être vomis. L'aventure, je le sais bien, est arrivée à un fameux prophète. Mais cette Vomissure s'est ramassée d'elle-même et s'en est allée parler à la plus terrible ville de tout l'Orient qui l'a écoutée avec respect. Paris n'aurait écouté Jonas d'aucune manière et cet infortuné serviteur de Dieu eût été peut-être forcé de supplier son requin de le réavaler.

« Les hommes assez malheureux, aujourd'hui, pour être de grands écrivains, doivent attendre la mort et la désirer diligente et sûre, car leur vie est désormais sans saveur comme sans objet. Tout ce qu'ils pourraient faire, en les supposant des saints, serait de supplier le Dieu terrible — et trop longanime ! — de les considérer, à son tour, comme moins que rien et de ne pas ouvrir, pour leur vengeance, les stercorales écluses qui menacent évidemment Paris du seul déluge qu'il ait mérité, et qu'on s'étonne de voir si obstinément fermées ! »

*
* *

L'autre article qui parut dans le sixième et dernier numéro du *Carcan*, fut, pour Marchenoir, la plus atroce de toutes les dérisions de son enragé destin. Cet article eut un succès retentissant, énorme, et ce succès lui fut inutile. La recette du numéro, le seul qui se soit vendu, ne couvrit qu'à peine ses derniers frais, sans lui donner aucun moyen de continuer. L'imprimeur plein de défiance, et peut-être menacé, refusa obstinément tout crédit.

Le pamphlétaire vit ainsi la fortune se dérober en riant, au moment même où elle paraissait s'offrir et dut renoncer, définitivement, à toute espérance, avec l'aggravation de cette cuisante certitude que son triomphe aurait été assuré, s'il avait eu la pensée de débuter par ce grand coup.

L'HERMAPHRODITE PRUSSIEN

ALBERT WOLFF

« Mercredi dernier, je m'excusais de parler d'un subalterne chenapan du nom de Maubec, alléguant que nul, dans le monde des journaux, ne le surpassait en ignominie. Je l'appelais, pour cette raison : *Roi de la Presse*.

« Quelques-uns ont trouvé cela excessif. On m'a reproché de m'être laissé emporter par mon sujet, d'avoir donné trop d'importance à ce drôle chétif, au préjudice d'Albert Wolff et de quelques autres, d'une bien plus aveuglante splendeur de salauderie morale !

« Je confesse que le reproche peut paraître fondé. Il est incontestable qu'à ce point de vue, le courriériste du *Figaro*, — pour ne parler, aujourd'hui, que de celui-là, — a plus de crédit et plus d'envergure.

« C'est sur le globe qu'il plane, ce condor d'abomination ! Il soutire si puissamment, à lui seul, l'universelle pourriture contemporaine, qu'il en devient positivement *volatile* et qu'il a l'air de s'enlever dans les nues.

« Mais, sans prétendre l'égaler, on peut encore être diablement prodigieux, et c'est le cas du petit Maubec.

« D'ailleurs, tous ces monstres engendrés d'un même suintement verdâtre de notre charogne de société en copulation immédiate avec le néant, sont tellement identiques par leur origine, qu'on croit toujours contempler le plus horrible quand on les regarde successivement.

« Albert Wolff a eu son Plutarque en M. Toudouze, romancier cynocéphale qui aurait pu se contenter d'être un impuissant de lettres, mais qui a choisi de faire bonne garde aux alentours du « grand chroniqueur », comme si la pestilence ne suffisait pas!

« Le livre de ce chien est, en effet, un essai d'apothéose d'Albert Wolff.

« Certes, je peux me flatter d'avoir lu terriblement dans mon existence de quarante ans! Mais, jamais, je n'avais lu une chose semblable.

« Ici, la bassesse de la flatterie tient du surnaturel, puisqu'on a trouvé le secret d'*admirer* un être, soi-disant humain, dont le nom seul est une formule évocatoire de tout ce qu'il y a de plus déshonorant et de plus hideux dans l'humanité.

« Il paraît que M. Toudouze est un riche qui n'a pas besoin de faire ce sale métier, que la plus déchirante misère n'excuserait pas. Mais la vanité d'un pou de lettres est inscrutable et profonde comme la nuit de l'espace, c'est une épouvantable contre-partie de la miraculeuse puissance de Dieu,... et celui-là, qui s'en va chercher sa pâture aux génitoires absents d'Albert Wolff, — dans l'inexprimable espérance d'une familiarité à épouvanter des léproseries, — est cent fois plus confondant qu'un thaumaturge qui ranimerait de vieux ossements !

« Feu Bastien Lepage, que de lointaines ressemblances physiques et morales rendaient sympathique à Wolff, le peignit, un jour, dans l'ignoble débraillé de son intérieur.

« Ce portrait, aussi ressemblant que pourrait l'être celui d'un gorille, eut un succès de terreur au salon de 1880.

« La brutale autant que précieuse médiocrité du peinturier avait trouvé là sa formule.

« Il fut démontré que Bastien Lepage avait été engendré pour peindre Wolff et Wolff lui-même, pour être étonné du génie de Bastien Lepage, dont la destinée fut dès lors accomplie et qui, promptement, s'alla recoucher le premier, dans les puantes ténèbres de leur commune esthétique.

« Ce portrait devrait être acquis par l'Etat et conservé avec grand soin dans notre Musée national. Il raconterait plus éloquemment notre histoire que ne le ferait un Tacite, à supposer qu'un Tacite français fût possible et que la désespérante platitude de notre canaillerie républicaine ne le décourageât pas !...

« Il est assez connu des gens du boulevard, ce grand bossu à la tête rentrée dans les épaules, comme une tumeur entre deux excroissances ; au déhanchement de balourd allemand, qu'aucune fréquentation parisienne n'a pu dégrossir depuis vingt-cinq ans, — dégaine goujate qui semble appeler les coups de souliers plus impérieusement que l'abîme n'invoque l'abîme !

« Quand il daigne parler à quelque voisin, l'oscillation dextrale de son horrible chef ouvre un angle pénible de quarante-cinq degrés sur la vertèbre et force l'épaule à remonter un peu plus, ce qui donne l'impression quasi fantastique d'une gueule de raie émergeant derrière un écueil.

« Alors, on croirait que toute la carcasse va se désassembler comme un mauvais meuble vendu à crédit par la maison Crépin, et la douce crainte devient une espérance, quand le monstre est secoué de cette hystérique combinaison du hennissement et du gloussement qui remplace pour lui la virilité du franc rire.

« Planté sur d'immenses jambes qu'on dirait avoir appartenu à un autre personnage et qui ont l'air de vouloir se débarrasser à chaque pas de la dégoûtante boîte à ordures qu'elles ne supportent qu'à regret, maintenu en équilibre par de simiesques appendices latéraux qui semblent implorer la terre du Seigneur, — on s'interroge sur son passage pour arriver à comprendre le sot amour-propre qui l'empêche encore, à son âge, de se mettre franchement à quatre pattes sur le macadam !

« Quant au visage, ou, du moins, ce qui en tient lieu, je ne sais quelles épithètes pourraient en exprimer la paradoxale, la ravageante dégoûtation !

« J'ai dit un peu inconsidérément que Maubec faisait repoussoir à Wolff et le rendait par là, presque beau.

« Je n'avais, alors, que le punais Maubec devant les yeux, et je ne démêlais pas très bien mes sensations.

« En réalité, ce vomitif gredin est surtout lépreux. Il porte sur sa figure, — où tant de claques retentirent ! — la purulence infinie d'une âme récoltée pour lui dans l'égout, et il tient beaucoup plus de la charogne que du monstre.

« Wolff est le monstre pur, le monstre *essentiel*, et il n'a besoin d'aucune sanie pour inspirer l'horreur. Il lui pousserait des champignons bleus sur le visage, que cela ne le rendrait pas plus épouvantable. Peut-être même qu'il y gagnerait !...

« L'aspect général rappelle immédiatement, mais d'une manière invincible, le fameux *homme à la tête de veau*, qu'on exhiba l'an passé, et dont l'affreuse image a souillé si longtemps nos murs.

« Je connais un poète qui avait entendu : *l'homme à la tête de Wolff* et qui n'en voulut jamais démordre. Il trouvait, peut-être, un peu moins de vivacité spirituelle dans l'œil du chroniqueur. A cela près, il les aurait crus jumeaux.

« La face entièrement glabre, comme celle d'un Annamite ou d'un singe papion, est de la couleur d'un énorme fromage blanc, dans lequel on aurait longuement battu le solide excrément d'un travailleur.

« Le nez, passablement osseux, comme il convient aux gibbosiaques, sans finesse ni courbure aquiline, un peu groïnant à l'extrémité, solidement planté d'ailleurs, mais sans précision plastique, éveille confusément l'idée d'une ébauche de monument religieux, que des sauvages découragés auraient abandonné dans une infertile plaine.

« En haut, des sourcils en forme de cirrus, s'envolent dans un front de Tartare, au-dessus d'une paire d'yeux cupides, bridés et pochetés de vieille catin, devenue entremetteuse et patronne achalandée d'un bas tripot.

« La bouche est inénarrable de bestialité, de gouaillerie populacière, de monstrueuse perversité supposable!

« C'est un rictus, c'est un vagin, c'est une gueule, c'est un suçoir, c'est un hiatus immonde. On ne peut dire ce que c'est...

« Les images les plus infâmes se présentent seules à l'esprit.

« On ne peut s'empêcher de croire que cette bouche de mauvais esclave, ou d'espion décrié, fut exclusivement faite pour engloutir des ordures et pour lécher les semelles du premier maître venu qui ne craindra pas de décrotter sa chaussure à ce mascaron vivant.

« Et c'est tout. Il n'y a pas de menton. La lippe pendante de ce gâteux de demain ne recouvre rien que le fuyant dessous d'entonnoir de son museau de poisson, qui disparaît ainsi, pour notre subite consternation, dans le plus ridicule accoutrement de cuistre sordide qu'on ait jamais rencontré sur nos boulevards !

※

« Le moral du sire est en harmonie parfaite avec le physique. Sa vie, dénuée de toute péripétie juponnière, — pour l'excellente raison d'un hermaphrodisme des plus frigides, — est aussi plate que celle du premier cabotin venu, dont la carrière aurait été sans orages.

« Albert Wolff est né Juif et Prussien, à Cologne, dans les bras de la grand'mère de Béranger.

« Parvenu à l'âge *viril*, — pour lui dérisoire, — on le trouve copiste d'actes chez un notaire, à Bonn, mêlé aux étudiants de l'Université, dont il partage les études de physiologie.

« Il s'amuse même, dit son biographe, à décapiter des grenouilles, — en attendant celles, qu'en des jours meilleurs, il devra manger.

« Puis, la vocation littéraire s'allumant tout à coup en lui, comme une torche, il écrit *Guillaume le Tisserand*, conte moral qui fit pleurer des familles, assure-t-on.

« Seulement, ces choses se passaient en Prusse et

son ambition ne pouvait se satisfaire à si peu de frais.

« Il lui fallait Paris et le café de *Mulhouse*, où se réunissait alors, vers 1857, la rédaction du *Figaro* hebdomadaire, fœtus plein de santé du puissant journal qui règne aujourd'hui sur les cinq parties du monde.

※

« Il ne s'agissait pas précisément d'avoir du génie pour être admis à partager la fortune de ce perruquier.

« Il s'agissait, surtout, de faire rire Villemessant et le balourd y parvint.

« Dès ce jour, il fut jugé digne d'entrer dans le groupe des farceurs, par qui la France est devenue, intellectuellement, ce que vous savez, et il ne s'arrêta plus de monter, lentement, sans doute, à cause de la pesanteur de son gros esprit, mais avec l'infaillible sécurité du cloporte.

« L'héroïque Toudouze raconte, sans aucun agrément, cette plate Odyssée de journaliste, jugée par lui cent fois plus épique que l'Odyssée du vieil Ulysse.

« Il s'arrête çà et là, — comme un âne gratté, — pour exhaler d'idiotes réflexions admiratives, à propos d'Aurélien Scholl, de Jules Noriac, d'Alexandre Dumas, père et fils, ou de tout autre décrocheur de timbale de l'*arrivage* parisien.

« Au fond, toute cette histoire n'est rien de plus qu'un livre de caisse, où le comptable inscrit exactement les recettes et dépenses de son héros.

« On voit bien que c'est là l'essentiel pour le narré et le narrateur.

« Aussi, quelle exultation pour celui-ci, quand il

relate le succès d'argent de cette honorable brochure : les *Mémoires de Thérésa, écrits par elle-même*, mémoires inventés par Wolff, en collaboration avec Blum et Peragallo, et quels lyriques accents désolés, quand sa conscience implacable le force à mentionner une perte de jeu de *cent quatre-vingt-quinze mille francs !*

« Cette catastrophe, arrivée en 1877, fut, sans doute, pour beaucoup dans la vocation de Salonnier de l'hermaphrodite du *Figaro*.

« Il avait, une minute, pensé au suicide, mais il se tint ce raisonnement lucide, qu'après tout, il serait bien imbécile de se faire périr, comme un vulgaire décavé, quand il avait sous la main la riche mamelle de la vache à lait d'un Salon sincère.

« La Fortune recommença donc à rouler vers lui, à dater de cette réflexion salvatrice.

« Il devint très puissant, sa *sincérité* prussienne n'ayant plus de bornes et, du même coup, le malheur ayant fait tomber les squammes qui enténébraient son génie, le simple pître qu'il avait été jusque-là, fit enfin place au grand moraliste, que consultent, avec respect, les magistrats les plus sévères et qui tient l'humanité contemporaine sous son arbitrage !

« Telle est sa dernière et, probablement, définitive incarnation. Albert Wolff crèvera dans la peau d'un moraliste révéré.

« Nous en sommes venus à ce point.

« Ce semblant d'homme, raté même comme eunuque, ce *bas-bleu germanique*, — suivant l'expression de Glatigny, — dispose d'une autorité si grande, que le plus sublime artiste du monde relèverait de son bon plaisir, et qu'il a le pouvoir de faire tomber des têtes ou de déterminer des verdicts d'acquittement !

« Ce vermineux juif de Prusse est le roi que nous avons élu dans notre inexprimable avilissement, roi respecté de l'opinion, comme Louis XIV ne le fut pas, et devant qui bave de peur toute la rampante crapule des journaux !

« Bismark peut dormir tranquille.

« Son bon lieutenant est le maître en France.

« Il se charge de nous émasculer, comme il est émasculé lui-même, et de tellement nous mettre par terre, qu'il ne reste plus qu'à nous piétiner comme un fumier de peuple, bon à engraisser le sol de l'universelle Allemagne de l'avenir !

« Lorsque la guerre de 1870 éclata, la situation de l'horrible drôle, non assise comme elle l'est aujourd'hui, ne fut plus tenable.

« Il se vit forcé de disparaître, ainsi que la plupart de ses compatriotes. Il erra, dit-on, par toute l'Europe, comme un chacal inassouvi, attendant que le Belluaire de Prusse eût achevé sa besogne et que le vieux Lion français, épuisé de vieillesse, fût abattu, pour venir l'achever de sa lâche gueule.

« Il n'osa pas immédiatement reparaître après la Commune. Il y avait encore, pour lui, trop de bouillonnement et trop de calottes dans l'air parisien.

« Il se fit imperceptible, il s'aplatit sous les meubles comme une punaise, il se coula dans la boiserie.

« Avec la ténacité d'acarus de sa double race, il se cramponna au bitume, essuyant les crachats et l'ordure dont l'inondait le passant stupéfait de son impudence, voulant, quand même, s'imposer à Paris, qu'un atome de fierté lui eût conseillé de fuir.

« Humble, mais inarrachable d'abord, victorieux et superbe, à la fin des fins !

« Il ne lui suffisait pas d'être implanté parmi nous. Il lui fallait régner par le *Figaro*, et Villemessant fut assez infâme pour le lui abandonner.

« On sait, d'ailleurs, la reconnaissance du légataire, et le mot, révélateur de la beauté de son âme, qu'il laissa tomber, en manière d'oraison funèbre, sur la montagneuse charogne de son bienfaiteur.

« Il venait de rembourser quatorze cent cinquante francs à la caisse du journal pour dette de jeu contractée envers le patron.

« Presque aussitôt, le télégraphe apporte la nouvelle de la mort de Villemessant.

« Après la première *émotion*, Wolff dit à ses camarades :

« — Je n'ai jamais eu de chance avec notre rédacteur en chef. Si la nouvelle était arrivée quelques heures plus tôt, je ne payais pas les quatorze cent cinquante francs et la famille ne les aurait jamais réclamés.

« Il ne reste plus qu'à rapprocher de cette anecdote le cantique d'allégresse des journaux allemands, apprenant la sinistre farce de naturalisation du chroniqueur, et félicitant l'Allemagne d'être débarrassée d'une fière *canaille* aux dépens de cette imbécile de France qui s'empressait de la recueillir.

« J'ai parlé de pertes au jeu. Une étude sur Albert Wolff ne serait pas complète si on oubliait de mentionner ce trait essentiel.

« Fort tranquille du côté des femmes, il se rattrape au tripot.

« Paris ne connaît pas de plus forcené joueur.

« Cette passion est telle, qu'il fuit d'instinct tout cercle honorable, — s'il en existe, — et ne fréquente que d'infâmes tripots où il lui est plus aisé de la satisfaire.

« Détesté des autres joueurs, redouté des directeurs et prêteurs, à cause de sa formidable situation au *Figaro*, il règne en despote, là comme ailleurs, abhorré, mais inexpulsable.

« Profitant de la terreur qu'il inspire, il se fait ouvrir de démesurés crédits. Quand il a pris sa *culotte*, ainsi qu'il s'exprime, le prêteur est obligé, neuf fois sur dix, d'attendre qu'il ait regagné, pour rattraper son pauvre argent, sans aucun espoir de retour du même service, — Wolff ayant affiché son principe d'emprunter toujours et de ne prêter jamais.

« L'argent gagné, d'ailleurs, s'éloigne très promptement de nos rivages.

« Le bon Prussien envoie fidèlement son numéraire chez un banquier Berlinois, et s'empresse de brûler les reçus, — ou de faire croire qu'il les brûle, — pour se mettre hors d'état de retirer les sommes ou d'en négocier les titres, avant l'échéance, complexe turpitude que je livre à de compétentes méditations.

« Rien n'égale la morgue insolente de ce Dégoûtant, vis-à-vis des misérables qu'il peut se flatter de terrifier par sa plume et rien, non plus, ne saurait être comparé à son humble réserve, quand il est en présence d'un véritable homme que ses vils potins ne sauraient atteindre.

« On raconte qu'il a eu des duels. Je n'y étais pas, hélas! mais je doute fort qu'il en accepte désormais.

« Le temps n'est plus où il avait besoin de réclame.

« Puis, l'âge descend sur ce monstre, comme il descendrait sur le front auguste d'un patriarche, certaine chose qu'il sait bien va, peut-être, s'aggravant de jour en jour, et plus que personne, le VIRGINAL Albert Wolff doit craindre d'être enfilé!

« On sait que je n'ai pas l'âme ouverte à de bien enivrants espoirs et que je n'attends aucune propre chose d'un avenir même éloigné.

« Pourtant, s'il nous venait une seule minute d'énergie et de généreuse révolte contre l'effroyable vermine qui nous dévore, il me semble qu'on la devrait employer, cette bienheureuse minute, à l'expulsion immédiate de ce Prussien de malheur, qui nous empoisonne, qui nous souille, qui nous conchie à son plaisir; qui ose se permettre de nous moraliser et de nous juger ; — comme si ce n'était pas assez de la rage d'avoir été vaincu et piétiné par un million d'*hommes*, et qu'il nous fallût encore avaler la suprême honte d'être opprimé par cette vieille Salope, sans esprit, ni cœur, ni sexe, ni conscience, plus pestilentielle, en sa personne, que les croupissants détritus de tout un peuple en putréfaction !

« S'il arrive enfin, le trois fois désirable hoquet du dégoût sauveur, il faudra se jeter sur les balais, sur les pelles, sur les chenets, sur les fouets et les fléaux, sur tout objet propre à l'extirpation d'un vénéneux malfaiteur, et rejeter par-dessus la frontière, — avec d'irrémédiables malédictions, — cette vomissure allemande, cette ordure de l'ennemi, cette ineffable monstruosité physiologique et morale, qu'un siècle de gloire ne nous absoudrait pas d'avoir supportée ! »

LXVII

Une misère plus noire que jamais s'abattit, alors, rue des Fourneaux et, pour que rien ne manquât aux affres d'agonie mortelle qui allaient commencer, Leverdier disparut brusquement de la vie de Marchenoir.

Cet être sublime, voyant l'imminence et l'énormité du péril, se détermina, sans avertir, à vendre le mobilier peu considérable et la collection de livres qu'il possédait et, — après avoir donné l'argent à son ami, — à s'en aller vivre à la campagne au fond de la Bourgogne, chez une vieille tante qui le réclamait depuis des années.

Cette parente lui gardait une petite fortune dont

il était l'unique héritier, et Leverdier serait à son aise un jour. Mais elle n'entendait pas lui envoyer d'argent pour le faire subsister à Paris, lui déclarant, sans cesse, qu'elle tenait à l'avoir auprès d'elle pour lui *fermer les yeux*, et, qu'en Bourgogne, il vivrait plantureusement, dans la maison qui devait lui appartenir après sa mort, comme s'il en était déjà le maître absolu.

Leverdier calcula qu'il serait ainsi plus utile à Marchenoir et qu'il pourrait aisément lui envoyer tous les mois un secours d'argent qui l'empêcherait toujours bien de crever de faim.

Lorsque ce dernier apprit l'héroïque décision de son mamelouck, elle était irrévocable. Leverdier avait tout vendu et déposait sur la table du malheureux les quelques centaines de francs qu'il avait recueillis.

Il n'y eut pas d'explosion. Marchenoir baissa la tête à la vue de cet argent et deux larmes lentes, — issues du puits le plus intime de ses douleurs, — coulèrent sur ses joues blêmes et déjà creusées.

Leverdier, ému, s'approcha et le serrant dans ses bras, avec tendresse :

— Mon cher pauvre, lui dit-il, ne t'afflige pas, si tu veux que je m'éloigne en paix. C'est tout juste si j'ai la force de me séparer de Véronique et de toi... Je ne me suis défait d'aucun objet qui me fût réellement précieux, et quand cela serait, qu'importe ?. Ignores-tu que ta vie m'est plus chère que n'importe quel bibelot qui soit au monde ? D'ailleurs, n'avons-nous pas, depuis longtemps, une destinée commune ? Je veux te sauver, afin de me sauver moi-même, entends-tu ? Il faut que tu vives et c'était le seul moyen... Nous serons séparés quelque temps. Qu'importe encore?... Je souhaite du fond du cœur à ma bonne vieille tante, qui va, certainement, m'assommer beaucoup, toutes les prospérités imaginables, mais il m'est impossible, avec le meilleur naturel du monde, d'oublier que je suis son héritier et que sa fortune, un jour ou l'autre, *nous* appartiendra.... Alors, Marchenoir, quelle existence avec Véronique, dans cette campagne délicieuse où nous aurons notre maison! Quelle paix! Quelle sécurité parfaite!... Mais encore, il faut vivre jusqu'à cette époque ignorée. Relève ton cœur! La délivrance est proche, peut-être, et quand l'univers te rejetterait, tu as un fier ami, je t'en réponds!

Marchenoir, toujours sombre au fond de son attendrissement, répondit au consolateur :

— Il vaudrait mieux pour toi, mon dévoué Georges, que tu n'eusses jamais connu un homme si funeste à tous ceux qui l'ont aimé. Le malheur de certains individus est contagieux autant qu'incurable, et j'espère peu cette existence paisible que tu me montres dans l'avenir... Cependant, je ne veux pas te contrister de mes pressentiments noirs qui peuvent, après tout, me tromper. Il y aurait une cruauté lâche et bête à te payer ainsi du service inouï que tu viens de me rendre... Véronique va rentrer dans quelques instants. Nous ferons un déjeuner d'adieu et je t'accompagnerai à la gare... Ah! mon vieux camarade, j'avais rêvé mieux que tout cela!... On m'a souvent accusé d'ingratitude, parce que je refusais de vautrer ma conscience dans certaines mains qui s'étaient entr'ouvertes pour moi, mais il est heureux, tout de même, que je sois né croquant, car je n'eusse pas encore été assez ingrat pour faire un bon prince. *Beatius est dare quam accipere*. Telle eût été, je crois, ma devise, et ce texte aurait fait ma majesté méprisable et mes pieds d'argile...

— Tu es, au moins, le roi de l'impertinence, indécrottable gueux, répartit l'autre, et tu aurais pu me priver de ta sacrée devise qui n'a rien à faire ici. On ne sait jamais qui donne ni qui reçoit, ajouta-t-il profondément. Voilà ce que je pourrais t'apprendre si tu ne le savais encore mieux que moi. Tu as sauvé ma peau dans un temps, je m'efforce, aujourd'hui, de sauver ton esprit, parce que ton esprit m'est nécessaire pour ne pas me casser le cou dans les chemins noirs où nous pataugeons *per multam merdam*, comme disait Luther. Qu'as-tu à répondre à ça ?

Les deux amis reprirent tant bien que mal un peu d'entrain et concertèrent de laisser croire à Véronique que Leverdier s'absentait pour une affaire de famille et reviendrait, sans doute, bientôt, — la vérité vraie pouvant occasionner une crise de désolation que ni l'un ni l'autre ne se sentait capable de supporter.

Leverdier partit donc le soir même, laissant à son compagnon, désormais solitaire, cette accablante impression qu'ils venaient de s'embrasser pour la dernière fois et qu'ils ne se reverraient plus !

LXVIII

La loi salique ne fut jamais écrite, parce que c'était la loi vitale, essentielle, de la monarchie française, et que tout essai de rédaction l'eût délimitée. L'absolu est intranscriptible.

Pour cette raison, le Crime d'être pauvre n'est mentionné clairement dans aucun code, ni dans aucun recueil de jurisprudence pénale. Tout au plus, est-il classé parmi les simples délits relevant des tribunaux correctionnels et assimilé au vagabondage, qui n'est, lui-même, qu'une conséquence de la pauvreté.

Mais ce silence est une sanction péremptoire de la terreur universelle qui refuse de préciser son objet.

Indiscutablement, la Pauvreté est le plus énorme des crimes, et le seul qu'aucune circonstance ne saurait atténuer aux yeux d'un juge équitable. C'est un crime tel, que la trahison, l'inceste, le parricide ou le sacrilège paraissent peu de chose, en comparaison, et sollicitent l'attendrissement social.

Aussi, le genre humain ne s'y est jamais trompé, et l'infaillible instinct de tous les peuples, en n'importe quel lieu de la terre, a toujours frappé d'une identique réprobation, les titulaires de la guenille ou du ventre creux.

Puisqu'on ne pouvait édicter aucun châtiment déterminé, pour un genre d'attentat que les législations épouvantées ne consentaient pas à définir, on accumula sur le Pauvre toutes les formes infamantes ou afflictives de la vindicte unanime. Pour être assuré de tomber juste, on empila sur sa tête la multitude des expiations, au milieu desquelles il était impossible de faire un choix, sans danger de *caractériser* le forfait.

Les indigents ne furent condamnés formellement ni au feu, ni à l'écartellement, ni à l'estrapade, ni à l'écorchement, ni au pal, ni même à la guillotine. Nulle disposition légale ne précisa jamais qu'on dût les pendre, les émasculer, leur arracher les ongles, leur crever les yeux, leur entonner du plomb fondu, les exposer, enduits de mélasse, au soleil de la canicule, ou simplement, les traîner, dépouillés de leur peau, dans un champ de luzerne fraîchement fauché... Aucun de ces charmants supplices ne leur fut littéralement appliqué, en vertu d'aucune explicite loi.

Seulement, le génie tourmenteur, qui s'est appelé la Force sociale, a su rassembler pour eux, en une gerbe unique de tribulation souveraine, toute cette flore éparse des pénalités criminelles. On les a sereinement, tacitement, excommuniés de la vie et on en a fait des réprouvés. Tout *homme du monde,* — qu'il le sache ou qu'il l'ignore, — porte en soi le mépris absolu de la Pauvreté, et tel est le profond secret de l'Honneur, qui est la pierre d'angle des oligarchies.

Recevoir à sa table un voleur, un meurtrier ou un cabotin, est chose plausible et recommandée, — si leurs industries prospèrent. Les muqueuses de la considération la plus délicate n'en sauraient souffrir. Il est même démontré qu'une certaine virginité se récupère au contact des empoisonneurs d'enfants, — aussitôt qu'ils sont gorgés d'or.

Les plus filiales innocences offrent, en secret, la rosée de leurs jeunes vœux au rutilant Minotaure, et les mères les plus vertueuses pleurent de douces larmes à la pensée qu'un jour, peut-être, cet accapareur millionnaire, qui a ruiné cent familles, aura la bonté de s'employer à l'éventrement conjugal de leur « chère enfant ».

Mais l'opprobre de la misère est absolument indicible, parce qu'elle est, au fond, l'unique souillure et le seul péché. C'est une coulpe si démesurée, que le Seigneur Dieu l'a choisie pour sienne, quand il s'est fait homme pour tout assumer!

Il a voulu qu'on le nommât, par excellence, le Pauvre et le Dieu des pauvres. Ce goulu Sauveur, — *homo devorator et potator*, comme le désignaient les juifs, — qui n'était venu que pour se soûler et pour s'empiffrer de tortures, a judicieusement élu la Pauvreté pour cabaretière. Aussi, les gens honorables ont réprouvé, d'une commune voix, le scandale d'une telle orgie, et prohibé, dans tous les temps, la fréquentation de cette hôtesse divinement acharnée.

Voilà bientôt deux mille ans que l'Eglise prêche la pauvreté. D'innombrables saints l'ont épousée, pour ressembler à Jésus-Christ, et la vermineuse proscrite n'a pas monté d'un millionième de cran dans l'estime des personnes décentes et bien élevées.

C'est, qu'en effet, la pauvreté *volontaire* est encore un luxe, et, par conséquent, n'est pas la vraie pauvreté, que tout homme abhorre. On peut, assurément, *devenir* pauvre, mais à condition que la volonté n'y soit pour rien. Saint François d'Assise était un amoureux et non pas un pauvre. Il n'était *indigent* de rien, puisqu'il possédait son Dieu et vivait, par son extase, hors du monde sensible. Il se baignait dans l'or de ses lumineuses guenilles...

La pauvreté véritable est involontaire, et son essence est de ne pouvoir jamais être désirée. Le christianisme a réalisé le plus grand miracle possible en aidant les hommes à la supporter, par la promesse d'ultérieures compensations. S'il n'y a pas de compensations, au diable tout ! Il est insensé d'espérer mieux de notre nature.

Un plantigrade, doué de raison et contradictoirement privé d'espérance religieuse, est dans l'impossibilité la plus étroite d'accepter cette geôle d'immondices et de consentir qu'on le traite plus durement qu'un parricide, pour avoir perdu sa fortune ou pour être né sans argent. S'il se résigne sans décalogue et sans eucharistie, on ne peut rien dire de lui, sinon qu'il est un lâche ou un imbécile. A ce point de vue, les nihilistes ont cent fois raison. Que tout tombe, que tout périsse, que tout s'en aille au tonnerre de Dieu, s'il faut endurer indéfiniment cette abominable farce de souffrir *pour rien !*

Hier soir, un millionnaire crétin, qui ne secourut jamais personne, a perdu mille louis au cercle, au moment même où quarante pauvres filles que cet argent eût sauvées, tombaient de faim dans l'irréméable vortex du putanat ; et la délicieuse vicomtesse, que tout Paris connaît si bien, a exhibé ses tétons les plus authentiques, dans une robe couleur de la quatrième lune de Jupiter, dont le prix aurait nourri, pendant un mois, quatre-vingts vieillards et cent vingt enfants !

Tant que ces choses seront vues sous la coupole des impassibles constellations, et racontées avec attendrissement par la gueusaille des journaux, il y aura, — en dépit de tous les bavardages ressassés et de toutes les exhortations salopes, — une gifle absolue sur la face de la Justice, et, dans les âmes dépossédées de l'espérance d'une vie future, un besoin toujours grandissant d'écrabouiller le genre humain.

— Ah ! vous enseignez qu'on est sur la terre pour s'amuser. Eh ! bien, nous allons nous amuser, nous autres, les crevants de faim et les porte-loques. Vous ne regardez jamais ceux qui pleurent et ne pensez qu'à vous divertir. Mais ceux qui pleurent en vous regardant, depuis des milliers d'années, vont enfin se divertir à leur tour, et, — puisque la Justice est décidément absente, — ils vont, du moins, en inaugurer le simulacre, en vous faisant servir à leurs divertissements.

Puisque nous sommes des criminels et des damnés, nous allons nous promouvoir nous-mêmes à la dignité de parfaits démons, pour vous exterminer ineffablement.

Désormais, il n'y aura plus de prières marmonnées au coin des rues, par des grelotteux affamés, sur votre passage. Il n'y aura plus de revendications ni de récriminations amères. C'est fini, tout cela. Nous allons devenir silencieux...

Vous garderez l'argent, le pain, le vin, les arbres et les fleurs. Vous garderez toutes les joies de la vie et l'inaltérable sérénité de vos consciences. Nous ne réclamons plus rien, nous ne désirons plus rien de toutes ces choses que nous avons désirées et réclamées en vain, pendant tant de siècles. Notre désespoir complet promulgue, dès maintenant, *contre nous-mêmes*, la définitive prescription qui vous les adjuge !

Seulement, défiez-vous !... Nous gardons le *feu*, en vous suppliant de n'être pas trop surpris d'une fricassée prochaine. Vos palais et vos hôtels flamberont très bien, quand il nous plaira, car nous avons attentivement écouté les leçons de vos professeurs de chimie et nous avons inventé de petits engins qui vous émerveilleront !

Quant à vos personnes, elles s'arrangeront pour acclimater leur dernier soupir sous la semelle sans talon de nos savates éculées, à quelques centaines de pas de vos intestins fumants ; et nous trouverons, peut-être, un assez grand nombre de cochons ou de chiens errants, pour consoler d'un peu d'amour vos chastes compagnes et les vierges très innocentes que vous avez engendrées de vos reins précieux...

Après cela, si l'existence de Dieu n'est pas la parfaite blague que l'exemple de vos *vertus* nous prédispose à conjecturer, qu'il nous extermine à son tour, qu'il nous damne sans remède, et que tout finisse. L'enfer ne sera pas, sans doute, plus atroce que la vie que vous nous avez faite.

Mais, dans ce cas, il sera forcé de confesser devant tous ses anges, que nous aurons été ses instruments pour vous consumer, car il doit en avoir assez de vos visages ! Il doit être, au moins, aussi dégoûté que nous, cet hypothétique Seigneur ; il vous a, sans doute, vomis cent fois, et, si vous subsistez, c'est qu'apparemment, il a l'habitude de retourner à ses vomissements !

Tel est le cantique des modernes pauvres, à qui les heureux de la terre, — non satisfaits de tout posséder, — ont imprudemment arraché la croyance en Dieu. C'est le *Stabat* des désespérés !

Ils se sont tenus debout, au pied de la Croix, depuis la sanglante Messe du grand Vendredi, — au milieu des ténèbres, des puanteurs, des dérélictions, des épines, des clous, des larmes et des agonies. Pendant des générations, ils ont chuchoté d'éperdues prières à l'oreille de l'Hostie divine, et, — tout à coup, — on leur dévoile, d'un jet de science électrique, ce gibet poudreux où la dent des bêtes a dévoré leur Rédempteur... Zut! alors, ils vont s'amuser!

Manger de l'argent! Qui donc a remarqué l'énormité symbolique de cette locution familière? L'argent ne représente-t-il pas la vie des pauvres qui meurent de n'en pas avoir? La parole humaine est plus profonde qu'on ne l'imagine. Ce mot est étrangement suggestif de l'idée d'anthropophagie, et il n'est pas tout à fait impossible, en suivant cette contingente idée, de se représenter un lieu de plaisir, comme un étal de boucherie ou un restaurant-bouillon, où se débiterait, par portions, la chair succulente des gueux. Les gourmets, par exemple, choisiraient dans la culotte, et les ménagères économes utiliseraient jusqu'aux abatis, tandis que des viveurs délabrés d'une noce récente, se contenteraient d'un modeste consommé de leurs frères déshérités. On est étonné du tangible corps que prend un tel rêve, quand on interroge ce propos banal.

*Tout riche qui ne se considère pas comme l'*INTENDANT *et le* DOMESTIQUE *du Pauvre, est le plus infâme des voleurs et le plus lâche des fratricides.* Tel est l'esprit du christianisme et la lettre même de l'Évangile. Evidence naturelle qui peut, à la rigueur, se passer de la sanction du surnaturel chrétien.

C'est heureux pour les détrousseurs et les assassins, que l'animal soi-disant pensant soit si réfractaire au syllogisme parfait! Il y a diablement longtemps qu'il aurait conclu à l'étripement et à la grillade, car la pestilence, bien sentie, du mauvais riche, n'est pas humainement supportable ! Mais la conclusion viendra, tout de même, et probablement bientôt, — étant annoncée de tous côtés par d'indéniables prodromes...

Les riches comprendront trop tard, que l'argent dont ils étaient les usufruitiers pleins d'orgueil, *ne leur appartenait* ABSOLUMENT *pas*; que c'est une horreur à faire crier les montagnes, de voir une chienne de femme, à la vulve inféconde, porter sur sa tête le pain de deux cents familles d'ouvriers, attirés par des journalistes et des tripotiers dans le guet-apens d'une grève; ou de songer qu'il y a quelque part un noble artiste qui meurt de faim, à la même heure qu'un banqueroutier crève d'indigestion !...

Ils se tordront de terreur, les Richards-cœurs-de-porcs et leurs impitoyables femelles, ils beugleront en ouvrant des gueules, où le sang des misérables apparaîtra en caillots pourris ! Ils oublieront, d'un inexprimable oubli, la tenue décente et les airs charmants des salons, quand on les déshabillera de leur chair et qu'on leur brûlera la tête avec des charbons ardents, — et il n'y aura plus l'ombre d'un chroniqueur nauséeux, pour en informer un public de bourgeois en capilotade ! Car il faut, indispensablement, que cela finisse, toute cette ordure de l'avarice et de l'égoïsme humains !

Les dynamiteurs allemands ou russes ne sont que des précurseurs ou, si l'on veut, des sous-accessoires de la Tragédie sans pareille, où le plus Pauvre et, par conséquent, le plus *Criminel* des hommes que la férocité des lâches ait jamais châtié, — s'en viendra juger toute la terre dans le *Feu* des cieux !

LXIX

Huit mois environ après son départ de Paris, où il n'avait pu remettre les pieds, Leverdier reçut, en Bourgogne, cette lettre de Marchenoir :

« Mon Georges bien-aimé,

« Je suis mourant et je n'ai peut-être pas deux jours à vivre. Je commence par là, pour que tu aies moins à souffrir. Quant à Véronique, elle est à *Sainte-Anne*, depuis deux semaines. C'est en revenant de l'y conduire, qu'un camion m'a renversé et m'a écrasé la poitrine. On a trouvé sur moi, par bonheur, une lettre de toi qui a révélé mon adresse, et on m'a rapporté mourant, rue des Fourneaux.

« J'ai râlé pendant plusieurs jours. En ce moment, je t'écris de mon lit, fort péniblement, mais d'un esprit désormais apaisé, comme il convient aux récipiendaires à l'éternité. Je ne suis pas troublé, même par la pensée que cette lettre *nécessaire* va t'assassiner de douleur. Je suis déjà dans la sérénité des morts...

« Dieu a voulu que ma vie s'achevât ainsi, donc c'est très bien et aucune chose ne pouvait m'arriver qui me fût meilleure. Je ne suis plus le *Désespéré*... J'ai dit, tout à l'heure, à ma vieille concierge, d'aller me chercher un prêtre.

« Cependant, mon ami, je ne veux pas m'en aller sans te revoir une dernière fois. Accours, je t'en supplie, si tu le peux, sans perdre une seconde. Ces jours derniers, quand on croyait, à chaque instant, me voir expirer, ma pire souffrance était une soif épouvantable, la soif de Jésus dans son agonie. Je voyais partout des fleuves et des cataractes que mes lèvres desséchées ne pouvaient atteindre, et, — je ne sais comment, — ton souvenir était mêlé à ces visions de mon délire. Ton visage m'apparaissait souriant, au fond des sources, et ma soif de toi se confondait inexplicablement avec ma soif de l'eau des fontaines...

« Tu prieras pour moi, n'est-ce pas, mon unique ami, pauvre cœur joyeux que j'ai fait si triste ! Tu n'es pas un homme de grande foi. N'importe, prie tout de même... Je serai près de toi. Les âmes des morts, vois-tu, nous environnent invisiblement. Elles ne peuvent pas s'éloigner, puisqu'elles n'ont plus de corps et que la notion de distance est inapplicable aux purs esprits. Je me souviens de t'avoir expliqué cela... Dans quelques heures, je vais être l'âme silencieuse d'un mort, d'un défunt, d'un trépassé. Je souffrirai peut-être beaucoup dans ce nouvel état et j'aurai besoin de tes prières. Je t'en supplie, ne me les refuse pas, car je n'aurais plus de voix alors pour te les demander !...

« En aussi peu de mots que possible, je vais t'apprendre ce qui s'est passé depuis ton départ. J'étais enragé de passion pour Véronique, au point de croire que j'étais possédé par quelque démon. Tu ne le remarquas pas et je ne voulus pas t'accabler de cette confidence. Mais la malheureuse fille s'en apercevait trop bien. Elle voyait le mal sans remède, et l'exorbitante douleur qu'elle en ressentait a simplement éteint sa raison.

« Il faudrait n'être pas un moribond pour te raconter cette histoire. Jour par jour, heure par heure, j'ai vu se dissoudre et se déformer, d'une manière horrible, cette belle raison, cette perle exalumineuse du manteau du Christ, cette étincelle d'Orient de la simplicité la plus divine !

« Elle en vint à ne plus me reconnaître... Son Joseph nourricier, son Sauveur, — comme elle m'appelait, — était captif dans une contrée lointaine, et je lui paraissais un bourreau venu à sa place pour la tourmenter.

« J'ai dû subir, dans d'inexprimables affres, la peine sans nom de l'entendre me maudire, en me regardant de ses sublimes yeux égarés, où se peignaient je ne sais quelles images inconnues. Il m'a fallu voir cette infortunée à genoux, pendant des heures, se tordant au pied de son crucifix, et criant à Dieu de me délivrer de ma prison, de lui rendre le pauvre homme qui lui avait donné du pain et qui languissait dans un lieu de ténèbres, pour sa récompense de l'avoir aimée...

« En ce moment, je ne souffre plus de ces choses. Tout ce qu'une âme comprimée et retordue par la plus mortelle angoisse, peut exsuder de douleur, est sorti de la mienne. C'est fini. Je convole maintenant aux angoisses nuptiales de ma définitive agonie.

« Il faut me pardonner, mon frère Georges, de t'avoir laissé ignorer tout cela. Tu m'avais écrit les difficultés imprévues de ton existence nouvelle, acceptée pour l'amour de moi, et l'étroite servitude où te réduisait ton avare tante. J'ai reçu régulièrement les soixante francs que tu m'envoyais tous les mois, et que Dieu te bénisse pour cette charité, mais tu ne pouvais faire davantage, quand il se fût agi de me sauver de la mort. Pourquoi t'eussé-je désolé ?... D'ailleurs, j'espérais vaguement que Véronique reviendrait à elle et je ne pouvais me persuader qu'elle fût vraiment aliénée.

« Ton argent ne suffisant pas, je m'arrangeais pour en gagner d'autres, en faisant n'importe quoi. Je me suis fait homme de peine. J'ai servi des marchands de grains et des déménageurs. Je laissais ma blouse aux magasins où on m'employait, pour qu'on ne connût pas ma détresse, rue des Fourneaux... Quand il devint trop imprudent de laisser Véronique seule à la maison, des journées entières, j'obtins d'un entrepreneur d'écritures du travail chez moi. Je copiais des pièces de procédure et je faisais la cuisine, en surveillant la malade, sous la triple menace du feu, de l'étranglement et du couteau.

« Enfin, cette ressource vint à manquer. Alors, me prêtant au délire de cette agitée, j'imaginais un prétexte quelconque pour sortir, et je courais éperdument dans Paris, me jeter aux pieds des uns et des autres, pour en obtenir un secours immédiat.

« Ce qu'il m'a fallu manger d'humiliations, engloutir de dégoûts, les Anges pâles de la Misère en furent témoins ! Je me suis livré, tête coupée, à mes ennemis. J'ai demandé l'aumône à des êtres abjects qui se sont réjouis de me piétiner au meilleur marché possible. J'ai tendu la main d'un mendiant à des drôles que j'avais conspués avec justice, et que la plus effroyable nécessité me contraignait à implorer de préférence à d'autres, parce que je comprenais que le besoin d'un ignoble triomphe les porterait à me satisfaire... Quelques-uns me refusaient, et, alors, mon ami, quel puits de honte !

« Je n'ai rien pu tirer, par exemple, de ce répugnant industriel que j'ai si jobardement appelé naguère, le *gentilhomme cabaretier*, lequel a fait sa fortune aux dépens des artistes pauvres dont il achalandait sa maison, et à qui j'ai dédié, — en me submergeant d'opprobre, — l'un de mes livres, dans un accès de gratitude imbécile pour cet éditeur *providentiel*, dont je ne voyais pas la hideuse exploitation. Il m'en coûta cher, tu le sais trop, de me laisser engluer par ce Mascarille, par ce bas laquais, que je vis, un jour, cracher rageusement dans un *bock* que l'absence de son garçon le condamnait à servir lui-même, — sans que je fusse éclairé par cet incident ! Il me devait pourtant bien quelque chose, celui-là, pour avoir fait, gratuitement, pendant dix-huit mois, le journal annexé à sa pompe à bière !

« Dulaurier, devant qui je me suis humilié autant que se puisse humilier un homme, m'a congédié en me déclarant, les larmes aux yeux, qu'à la vérité, il avait sur lui quelques milliers de francs, mais que cette somme étant, par grand malheur, en billets à une échéance lointaine, il ne pouvait en monnayer la moindre partie, sans subir un onéreux escompte, dont il ne doutait pas que la seule pensée dût me paraître insupportable.

« Le docteur Des Bois trouva le moyen d'être plus atroce encore. Depuis quatre ou cinq heures, je courais en vain par les rues comblées de neige, dans un état moral à faire pleurer, — ayant laissé Véronique brisée d'une récente crise, sans feu et sans nourriture, exténué moi-même par la faim, la nuit étant sur le point de tomber, et ne sachant plus que devenir. Je rencontrai Des Bois dans l'escalier de sa maison, accompagnant une dame qui allait sortir et dont la voiture stationnait précisément devant la porte. Je priai le docteur de m'accorder une seule minute et je lui glissai dans l'oreille quelques-unes de ces paroles qui doivent atteindre l'âme, où qu'elle soit, fût-ce sous un Himalaya d'immondices ! Il avait déjà commencé à balbutier perplexement, lorsque la dame, qui avait fait quelques pas sous le vestibule, se retournant : — Eh ! bien ? docteur, eh ! bien ? lui dit-elle, en une injonction musicale qui me supprimait. — Pardon ! répondit-il aussitôt, mon cher ami, vous m'excuserez, n'est-ce pas ? et il disparut.

« Cette nuit-là, je marchai à pied dans la neige, de la place de l'Europe jusqu'à Fontenay-aux-Roses, où je connaissais, par bonheur, un homme excellent qui me secourut.

« La seule, parmi les personnes, dites *du monde*, qui m'ait effectivement aidé, c'est la baronne de Poissy, la fameuse *Mécène* qui afficha, quelque temps, pour mes livres et pour mes articles, un si brûlant enthousiasme. Celle-ci, en réponse à un billet de désespoir que j'avais porté chez elle, me fit remettre une pièce de vingt francs par son domestique.

« Georges, cette existence a duré CINQ *mois !* On dit la folie contagieuse. Il faut croire que ce n'est pas bien vrai, puisque j'ai pu conserver ma raison dans cette effroyable tourmente. Le croiras-tu ? N'ayant plus le moyen de dormir, j'ai achevé mon œuvre sur le *Symbolisme !*... Ce sera ton héritage.

« Ah ! les heureux de la vie, qui jouissent en paix d'un beau livre, ne songent pas assez aux souffrances quelquefois sans nom ni mesure, qu'un pauvre artiste sans salaire a pu endurer pour leur verser cette ivresse. Les chrétiens riches, qui admirent ma *Sainte Radegonde*, par exemple, ne se doutent pas que ce livre fut écrit au chevet d'une mourante, dans une chambre sans feu, par un mendiant famélique et désolé qui n'a pas touché un sou de droits d'auteur !... Seigneur Jésus, ayez pitié des lampes misérables qui se consument devant votre douloureuse Face !

« Mais l'horreur qui a dépassé toutes les autres, c'est la dernière scène du drame. L'enlèvement de notre Véronique, le voyage en fiacre et l'internement à *Sainte-Anne*. La malheureuse, que toute ma force ne suffisait pas à contenir, poussait des cris dont mes os se souviendront, je crois, au fond de la tombe !

« Laissons cela. Les forces, d'ailleurs, m'abandonnent...

« J'ai passé ma vie à demander deux choses. La Gloire de Dieu ou la Mort. C'est la mort qui vient. Bénie soit-elle ! Il se peut que la gloire marche derrière et que mon dilemme ait été insensé... Je vais être *jugé* tout à l'heure, et non par les hommes. Mes violences écrites, qu'on m'a tant reprochées, seront pesées dans une équitable balance avec mes facultés naturelles et les profonds désirs de mon cœur. J'ai, du moins ceci, d'avoir éperdument convoité la Justice et j'espère obtenir le *rassasiement* qui nous est assuré par la Parole sainte.

« Toi, mon bien-aimé, veille sur la malheureuse Véronique, après que tu m'auras mis en terre... Pauvre fille !... Chers êtres dévoués, si compatissants et si doux à mon âme triste ! je vous ai chéris l'un et l'autre, par-dessus toutes les créatures, et j'eusse désiré avoir mieux à offrir pour vous que le sacrifice d'une vie saturée d'angoisses, que le miracle de vos deux tendresses a seule empêchée d'être insupportable.

« Hâte-toi, mon Georges, hâte-toi, je crains que tu n'arrives trop tard.

« Marie-Joseph Caïn Marchenoir. »

LXX

« Comme il ne me reste plus que quelques instants à vivre, mon très cher ami, venez vous asseoir sur mon lit, posez ma tête, cette tête qui vous est si chère, sur vos genoux, et mettez vos mains sur mes yeux. Je m'imagine que cette position m'épargnera une partie des peines que l'âme éprouve, lorsqu'elle sort de sa demeure. Quoique la mienne doive souffrir un double tourment, l'un en quittant ce corps qu'elle habite et l'autre en me séparant de vous, soyez persuadé qu'elle ne vous oubliera jamais, s'il reste encore quelque souvenir à ceux qui descendent chez les morts. »

Ainsi parlait à son fidèle Cantacuzène, l'empereur Andronic mourant.

Marchenoir, à son lit de mort, était obsédé de ce souvenir, en attendant son ami, dont l'arrivée venait de lui être annoncée par un télégramme.

Puisqu'il fallait considérer Véronique comme n'existant plus, Leverdier résumait pour lui, désormais, toutes les dilections de la terre. Il aurait voulu réellement, comme cet empereur de l'extrême décadence, poser sa tête, ainsi qu'un enfant, sur les genoux de l'homme qui lui avait valu presque autant qu'un père et sentir sur son visage cette main fidèle, qui l'eût protégé contre les visions possibles de la dernière heure...

Il attendait aussi le prêtre. Il l'attendait vainement depuis la veille. Certes ! il pouvait l'attendre, sa portière, qu'il avait chargée de l'aller chercher, ayant jugé à propos de n'en rien faire.

Ce n'était pourtant pas une méchante femme. Elle l'avait même soigné avec une évidente sollicitude, et avait passé une partie des nuits dans la chambre de ce malade que le médecin avait condamné, dès le premier jour, — comptant un peu, à la vérité, sur l'arrivée de Leverdier bien connu d'elle, pour être payée de sa peine, mais capable, néanmoins, d'une certaine réalité de désintéressement affectueux.

Elle appartenait à ce peuple de Paris que la sottise bourgeoise a plus profondément pénétré qu'aucun autre, et qui la reproduit en relief, comme l'empreinte du cachet reproduit le creux de l'intaille. Il n'était pas nécessaire de la faire bavarder longtemps, pour voir défiler tous les lieux communs et toutes les rengaînes qui constituent, depuis cent ans, au moins, le trésor public de l'intelligence française : « Dieu n'en demande pas tant, — La religion, c'est de ne faire de tort à personne, — Quand on est *honnête*, on n'a pas besoin de se confesser, — Quand on est mort, on n'a plus besoin de rien, » etc. Elle allait très régulièrement au cimetière, le Jour des Morts, avec cent mille autres qui ne connaissent pas d'autre pratique pieuse et qui vont, une fois l'an, porter des couronnes à leurs défunts, pour lesquels ils n'auraient jamais la pensée de réciter une prière, dans l'inébranlable conviction que les *chers absents* sont tous « au ciel ».

— Plus souvent, avait-elle dit, en s'en allant, que j'irais chercher un *curé* pour lui donner le coup de la mort, à ce pauvre monsieur !

En conséquence, elle n'avait pas bougé de la maison, répondant d'heure en heure à Marchenoir que ces messieurs de la paroisse étaient fort occupés, mais qu'elle avait fait la commission, et qu'on allait, pour sûr, en voir *abouler* quelqu'un d'une minute à l'autre...

La matinée avait été d'un tragique formidable. N'ayant pu rien avaler le jour précédent et tourmenté d'une fièvre étrange, il avait demandé à boire.

La vieille qui somnolait au coin du feu, lui tendit une tasse de tisane en glissant un oreiller sous sa tête et, gémissant d'une douleur inaccoutumée qui le mordait à la gorge, il essaya de boire.

Ce ne fut pas long. Dès la première gorgée, il rejeta le liquide, la tasse fut lancée à l'extrémité de la chambre et le moribond poussant une sorte de rugissement, se dressa, terrible. Il prit sa tête à deux mains, comme s'il eût voulu se l'arracher, par un geste de détresse si effrayant que la portière, déjà pétrifiée, tomba sur ses genoux.

Puis, il sortit complètement de ses draps et, se précipitant de l'une à l'autre extrémité du lit, se roula, se tordit, se débattit en râlant comme un démoniaque, faisant éclater ses bandages, se déchirant à nouveau, se rebroyant lui-même, dans des convulsions omnipotentes qu'aucun bras d'homme n'eût été capable de réprimer !

Cette agitation ayant duré près d'une demi-heure, il retomba enfin, comme une masse de chair souffrante écrasée et la vieille goujate n'entendit plus rien qu'un sifflement.

Elle ralluma, en tremblant, la bougie éteinte qui avait roulé par terre, à côté d'elle, et trembla bien plus, quand elle vit, dans sa réginale horreur, l'épouvantable simagrée du *Trismus* des tétaniques !

Rapidement, elle rejeta les couvertures sur le corps rompu de l'agonisant et courut chez le médecin. Ce personnage, ami ancien de Leverdier, et qui, pour cette raison, faisait crédit à Marchenoir de sa science et de ses pansements, trouva son client dans l'état où la garde l'avait laissé. A cet aspect, il haussa les épaules en souriant, rajusta précairement les bandages, parut donner une ordonnance, fit entendre quelques paroles vaines tendant à démontrer au mourant qu'il méprisait les signes manifestes de sa fin prochaine, comme de nuls symptômes, et, se retirant, dit à la commère qui le reconduisait :

— Ma chère dame, il n'y a plus rien à faire. Notre malade n'ira pas jusqu'à demain. Il était déjà perdu. La moitié des côtes fracturées, un poumon en charpie et, maintenant, le tétanos traumatique, c'est complet. Il a dû prendre froid hier, ou avant-hier...

C'était vrai. Le malade était resté à peu près sans feu, comme il convient aux agonisants privés de monnaie.

Mais il s'était passé une chose affreuse pendant la visite. Marchenoir avait regardé le guérisseur avec des yeux fous, dont celui-ci se souvint plus tard.

Le malheureux dont les dents noyées d'écume étaient serrées, à faire éclater l'émail, par le cabestan de la *contracture*, faisait des efforts désespérés pour parler. Ses lèvres retroussées et violettes essayaient en vain de configurer les deux syllabes qu'il aurait voulu pouvoir faire entendre. Comprenant que sa portière avait été infidèle, il désirait, — d'un désir suprême, — que le docteur se chargeât lui-même d'envoyer un prêtre. Dans son impuissance, il montra le crucifix, désigna une feuille de papier, fit à moitié le geste d'écrire. Tout fut inutile.

Il fallut boire cette dernière amertume qu'il n'aurait jamais prévue. Lentement, il sombra dans le plus bas gouffre des douleurs. Tous les vieux supplices de sa vie resurgèrent...

— Mourir ainsi, criait-il au fond de son âme, moi chrétien ! Est-il possible, après tant de maux, que je sois privé de cette consolation ?

Il ne pouvait, il ne voulait pas le croire et il attendait, quand même, un prêtre, se disant qu'à défaut de message humain, la pitié du ciel en aurait, sans doute, suscité quelque autre... Un prêtre quelconque pour l'absoudre et le visage aimé de son Leverdier pour le fortifier !

A huit heures, la vieille femme mit devant ses yeux une dépêche annonçant l'arrivée de son ami dans quelques heures.

— Il arrivera trop tard ! pensa-t-il. Mon Dieu ! exigerez-vous cela encore de ma pauvre âme ?... Les heures sonnèrent, — toutes les heures de cette journée de trépassement... Ni prêtre, ni ami, personne ne venait.

Marchenoir, un peu détendu par l'approche visible de Celle qui allait décidément l'élargir, put enfin articuler quelques mots. Le premier usage qu'il fit de sa voix revenue fut de commander positivement à la créature imbécile qui tricotait en le regardant mourir, d'aller lui chercher ce récalcitrant ecclésiastique qui s'obstinait à ne pas venir.

— Si vous n'obéissez pas, fit-il, je le dirai à Leverdier qui vous le fera payer cher.

Elle avait donc obéi, mais en vain. Le bedeau de la paroisse lui répondit avec majesté que M. le vicaire de service, seul présent, irait, probablement, voir le mourant quand il aurait fini les confessions qui l'occupaient en cet instant, mais qu'il ne fallait pas songer à le déranger. L'ambassadrice ne poussa pas plus avant et revint avec cette réponse.

Marchenoir jeta un regard de désolation infinie sur l'image de son Christ et deux larmes, — les dernières, — sortirent de ses yeux et roulèrent avec lenteur sur ses joues déjà froides, comme si elles eussent craint de s'y glacer.

Que se passa-t-il dans cette âme abandonnée? Entendit-elle, comme il est raconté de tant d'autres, ces Voix cruelles de l'agonie, qui parlent aux mourants du mal qu'ils ont fait et du bien qu'ils auraient pu faire ? Dut-elle subir le spectacle, illustré par les vieilles estampes, du combat des mauvais et des bons esprits acharnés à sa déplorable conquête? Les morts, qui l'avaient précédée dans ce passage, lui apparurent-ils plus sensiblement que dans les rêves de sa forte vie, pour la désoler de leurs annonces d'une sentence effroyablement incertaine? Ou bien, de paniques images, lancées, autrefois, par le pamphlétaire, sur un monde détesté, revinrent-elles, pour l'obscurcir, à ce lit de mort où se tarissait leur source?... Enfin, le Christ Jésus, resplendissant de lumière et environné de Sa multitude céleste, voulut-Il descendre à la place d'un de Ses prêtres, vers cet être exceptionnel qui avait tant désiré Sa gloire et qui L'avait cherché Lui-même, toute sa vie, parmi les pauvres et les lamentables?...

— Tiens! il a passé, ce pauvre monsieur, dit la concierge en entrant, un seau de charbon à la main. Ce n'est pas trop tôt, tout de même, quand on souffre tant!...

L'église voisine sonnait l'angelus de la fin du jour.

Leverdier arriva à onze heures du soir.

www.ingramcontent.com/pod-product-compliance
Lightning Source LLC
Chambersburg PA
CBHW050916230426
43666CB00010B/2201